叫びの都市
寄せ場、
釜ヶ崎、
流動的下層労働者

Cry of The City

原口 剛
Haraguchi Takeshi

洛北出版

第2章 空間の生産

第3章 陸の暴動、海のストライキ

第4章 寄せ場の生成(1) 拠点性をめぐって 217

第5章 寄せ場の生成(2) 流動性をめぐって 277

終章 地下の都市、地表の都市 339

凡例

引用または参照文献は、著者名・発行年・頁数を［ ］で括《くく》って示し（例［原口、二〇一六、一二三頁］）、巻末の「文献一覧」のページに、その詳《くわ》しい書誌《しょし》情報を記した。文献一覧は、著者（または発表機関）名を五十音順に、日本語以外の文献はアルファベット順に並べてまとめてある。

（➡99頁）は、「本書の99ページ以下を参照」を意味する。そのページに、用語や人物についての言及があることを示している。もしわかりにくい語に出くわしたら、参照いただきたい。なお、巻末の索引からも知ることができる。

本書では、読者の読みやすさを考え、いくつかの場合を除き、文献名および引用文中の旧漢字・旧かなづかいを新字・新かなにあらためた。

引用文中の読みにくい漢字には、よみがなルビを付している。若い読者や、日本語を第一言語としない人をふくめた幅《はば》広い読者に、本書がむかえられるように意図した。

引用文中の［ ］内は、引用者＝原口による捕捉《ほそく》・補註《ほちゅう》の挿入《そうにゅう》である。語の意味や文の前後関係がわかりにくい場合に［ ］内に適宜《てきぎ》説明を入れた。また、引用文中の……記号は、語や文や段落を略した箇所、／は原文の改行位置を示している。

註《ちゅう》は、註番号近くのページに傍註《ぼうちゅう》として示した。

ホルモン

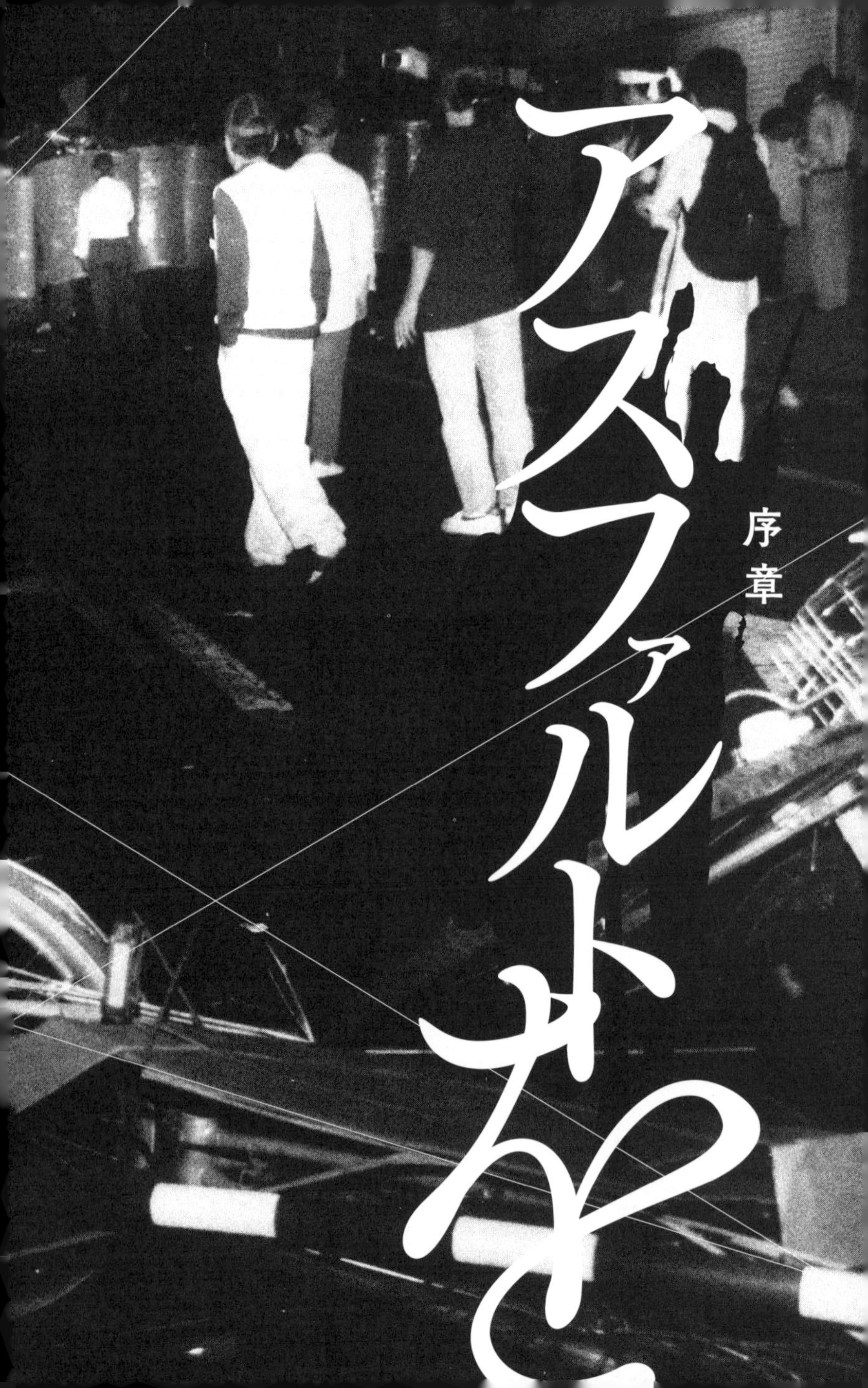
序章
アスファルト

引き剥がす

いい

それは起きた。釜《かま》ヶ崎《さき》、二〇〇八年六月一三日の路上で。

釜ヶ崎銀座《ぎんざ》は、群《む》れをなす労働者でむせ返っていた。要塞《ようさい》のような警察署の屋上に設置されたサーチライトが、機動隊と日雇《ひやとい》労働者の群れを照らしだしていた。噂《うわさ》を聞きつけて集まった若者たちの姿もあった。労働者たちは、機動隊員のジュラルミンの列《れつ》に向かい、酒びんや花火、引き剝《は》がしたアスファルトを投げつけた。群れを追い散らすべく、機動隊は消防車両を投入して圧力水を放ち、労働者を身体《からだ》ごと吹き飛ばした。なおも対峙《たいじ》はつづき、五日間にわたった。路上に現われたのは、暴動の時空間だった。

奇《く》しくもこの日、釜ヶ崎からわずか五キロ北の大阪国際会議場ではG8サミット財務大臣会合が開催《かいさい》されていた。暴動は、サミット対抗運動が各地で沸《わ》き上がる状況下で起こったのである。とはいえサミットのことを、日雇労働者たちが意識していたわけではなかっただろう。この暴動は、食堂で店員とトラブルになった労働者が、西成《にしなり》警察署内での取り調べ中に暴行を受けたという、釜ヶ崎ではありふれたことに端《たん》を発するものだった。この事件に対し、労働組合が警察署前で抗議行動を行ない、この行動に触発《しょくはつ》された労働者たちが、みずから暴動を展開させたのであった。一九六一年以来この地で起こされてきた数々の暴動がそうであるように、この蜂起《ほうき》もまた、自然発生性をその本質としていた。サミットと暴動の日づけの一致は、偶然なのかもしれない。だが、人々が抑圧に抗《あらが》って声を上げ、みずからを組織化するという集合行為の質と強度を考えるとき、この二つの出来事を別々に語らねばならない道理《どうり》はないはずだ。

しかし、この暴動に言葉が与えられることはなく、いまなお語られぬまま、それとして遺棄《いき》されている。だから、なおさら「「日本で唯一《ゆいいつ》起こる暴動」へのこれほどの無関心は、何を意味するのだろうか」と、問わざるを得ないのだ［生田、二〇一二、一三二頁］。〇八年暴動は、一九九〇年代初頭に二度の暴動がおこって以来、じつに十数年ぶりとなる出来事であった。九〇年代の暴動は、マスメディアがリアルタイムで報じたことで、多数の若者を引き寄せた。そうして、労働者の暴動から若者の暴動へと展開していった。このとき暴動は、もはや「釜ヶ崎暴動」ではなく、そこに加わった者たちの範囲《スケール》の拡《ひろ》がりを踏まえれば、控《ひか》えめに言っても「南大阪暴動」

と呼ぶべき集合行為となった。この出来事が明かしたのは、情報をつたい暴動の熱が伝染しゆく力であったといえよう。それゆえ、〇八年の暴動に際しては、情報に対する防疫《ぼうえき》体制が敷《し》かれた。この出来事がマスメディアによって報じられることは驚くほど少なく、おそらくは意図的に無視された。

だがそれとは別の意味で、〇八年暴動が〝語りにくい出来事〟であったことも確かだろう。九〇年代初頭の「最後の」暴動から十数年を経《へ》ていたとはいえ、わずか十数年である。にもかかわらず暴動は、すでに過去の出来事となりつつあった――九〇年代初頭から二〇〇〇年代にかけ、釜ヶ崎をめぐる状況は、著《いちじる》しく変容していたのだ。

九〇年代以降、釜ヶ崎には失業の嵐が吹き荒れた。仕事を奪われ、ドヤの宿泊代を支払えなくなった労働者たちは、その大部分が野宿《のじゅく》生活へと移行せざるを得なかった。釜ヶ崎の街《まち》じゅうに、さらには都市内の各公園に、ブルーテントの野宿小屋が一挙に拡がっていった。こうして新聞紙面や学術誌では、「ホームレス問題」が論じられるようになった。[▼1] このなかで、都市下層をめぐる闘争のフロンティアもまた、釜ヶ崎から都市全域へと拡がっていった。公園をめぐる反排除の闘争は、とりわけ二〇〇〇年代に激化し、〇六〜〇七年にかけて、靭《うつぼ》公園、大阪城公園、長居《ながい》公園でたてつづけに起こされた。他方、釜ヶ崎においては、ドヤに起居《ききょ》する日雇《ひやとい》労働者にかわって、生活保護を受給しながら定住する住民が次第に多勢となり、「労働者のまちから福祉のまちへ」という語り口が定番《ていばん》となっていった。これに歩調《ほちょう》を合わせるかのように、貧困をめぐる言説《げんせつ》からは、「階級」や「闘争」といった敵対性を孕《はら》んだ言葉が急速に衰え、「格差」や「包摂《ほうせつ》」といった言葉が主流となりつつあった。釜ヶ崎をめぐる状況がこのように様変《さまが》わりするなか、暴動はもはや過去の神話になりはてたと、多くのひとが受け止めていたのだ。

それゆえ〇八年の暴動は、あまりに唐突《とうとつ》だった。「労働者のまちから福祉のまちへ」という想像力にとっては、どうにも位置づけようのない出来事(それ)であった。この暴動は、過去から未来へと進む時間を力づくで中断させ、神話となったはずの過去を回帰させた。〇八年暴動は、反時代的な出来事だったのだ。私もまた、〇八年暴動の場に遭遇《そうぐう》し、伝染させられた者のひとりだ。暴動にどのような声を聞きとるかは、人によってさまざまであろう。私がそこで聞きとったのは、過去からの声であった。酒びんや、引き剝《は》がされたアスファルトを投げ入れる労働者の、ひとつひとつの動作は、私にとって、「忘れるな、思い出せ、忘れるな」、という声に聞こえた。それは、自分の声だったのかもしれないし、勝手な思い入れに過ぎないのかもしれない。けれども、暴動の熱にさらされた身体《からだ》は、地面に耳をこすりつけて、アスファルトの下にかすかに響く声を、聞きとらずにはいられなくなったのだ。

1―― 一九九〇年代後半以降、「ホームレス」概念《がいねん》をどのように定義するか、野宿生活者に対する自立支援対策をいかに評価するかなどの論点をめぐり、膨大な議論が蓄積された。これらの議論については、堤［二〇一〇］による簡明な整理を参照されたい。

釜《かま》ヶ崎《さき》という場所

私たちが足を踏み入れ、向き合おうとするのは、釜《かま》ヶ崎《さき》と呼ばれる土地である（図0-1、図0-2）。「地図にない町」［大谷、一九七二］と表現されるように、釜ヶ崎という地名は口伝えで受け継がれてきた通称《つうしょう》だ。このほかに、「あいりん」と呼ばれることも、「ニシナリ」と呼ばれることもある。広さ一平方キロメートルにも満たない土地に、これだけの呼び名があるという事実は、その土地の形成過程がいかに複雑なものであったかをうかがわせる。釜ヶ崎は、資本主義的都市化が始動する近代期にドヤ街[2]として成立して以来、都市の貧民の生活拠点でありつづけてきた。[3]戦後期のドヤ街は、農業の機械化や炭鉱《たんこう》の閉山、造船不況などにより故郷から弾《はじ》きだされた独り身の労働者を吸収し、肥大《ひだい》化していった（図0-3、図0-4）。労働者の人口は、一九九〇年時点でおおよそ三万人ともいわれる。[4]戦後の都市社会は、かれらを使い捨ての労働力として活用し、過酷《かこく》な労働と生活を強いた。

都心近くにありながら、あまりに例外的で、あまりに特異なその土地には、さまざまなイメージが投影された。たとえばマスメディアの記者にとって、釜ヶ崎とは「大阪のカスバ」と称されるべき異世界であった。[5]研究者や調査者にとっては、都市の「社会病理」が集積する例外地であった。[6]そこは、『太陽の墓場』や『がめつい奴《やつ》』をはじめ、さまざまな映画の舞台となった。[7]資本主義や植民地主義を根底から批判し、反撃するための拠点ともなった。つまり、かくも多様な主体、イメージ、実践が寄せ集められ、凝縮《ぎょうしゅく》され、爆発する場であった。あるい

2——釜ヶ崎の簡易宿泊施設は、「ドヤ」と呼ばれることもあれば、「簡易宿所」と呼ばれることもある。「ドヤ」とは「宿」をひっくり返した通称であるのに対し、「簡易宿所」は、戦後期の旅館業法に規定された公式名称としてである。この点について本書では、「ドヤ」という呼称を基本的に用いる。その最たる理由は、それが日雇労働者にとってなじみの、生きられた呼称であるという事実を尊重したいからだ。ただし、本書が依拠する資料のなかでは、それが「簡易宿所」と表記される場合も多々ある。これらの資料に依拠して論述を進める箇所にかぎり、「簡易宿所」という呼称も適宜採用する。

3——加藤政洋や吉村智博の研究が明らかにしたように、ドヤ街としての釜ヶ崎は、すぐれて近代的な都市政策の帰結として生み出された［加藤、二〇〇二。吉村、二〇一二］。江戸期において、ドヤの祖形《そけい》である「木賃《きちん》宿」が集中して立地していたのは釜ヶ崎ではなく、大阪三郷の南端部で紀州《きしゅう》街道に沿って突起のように形成された、長町《ながまち》——現在の日本橋界隈《にっぽんばしかいわい》——であった。やがて明治維新を経て、近代的行政体として成立した大阪市は、伝染病の発生と拡大を、そしてその発生源たる「危険な」貧民を統御《とうぎょ》するための、都市計画技術を体系化させていく。すなわち、一八八六年に「長屋《ながや》建築規則」と称された根拠法を施行《しこう》させたのち、九一年に大阪初のスラムクリアランスを発動させたのである。その標的とされたのが、いくたびかのコレラ流行の発生源となった、長町の木賃宿街であった。これ以後、長町の木賃宿街は、一方では大阪市内での木賃宿営業を禁じる法規制によって、他方では道路の拡張や警察の取り締まりによって、二〇世紀初頭にかけて解体させられていった。この長町の解体を背景として、木賃宿街としての釜ヶ崎が成立したのであった。

図0-1　**釜ヶ崎の位置図（1960年代後半）**

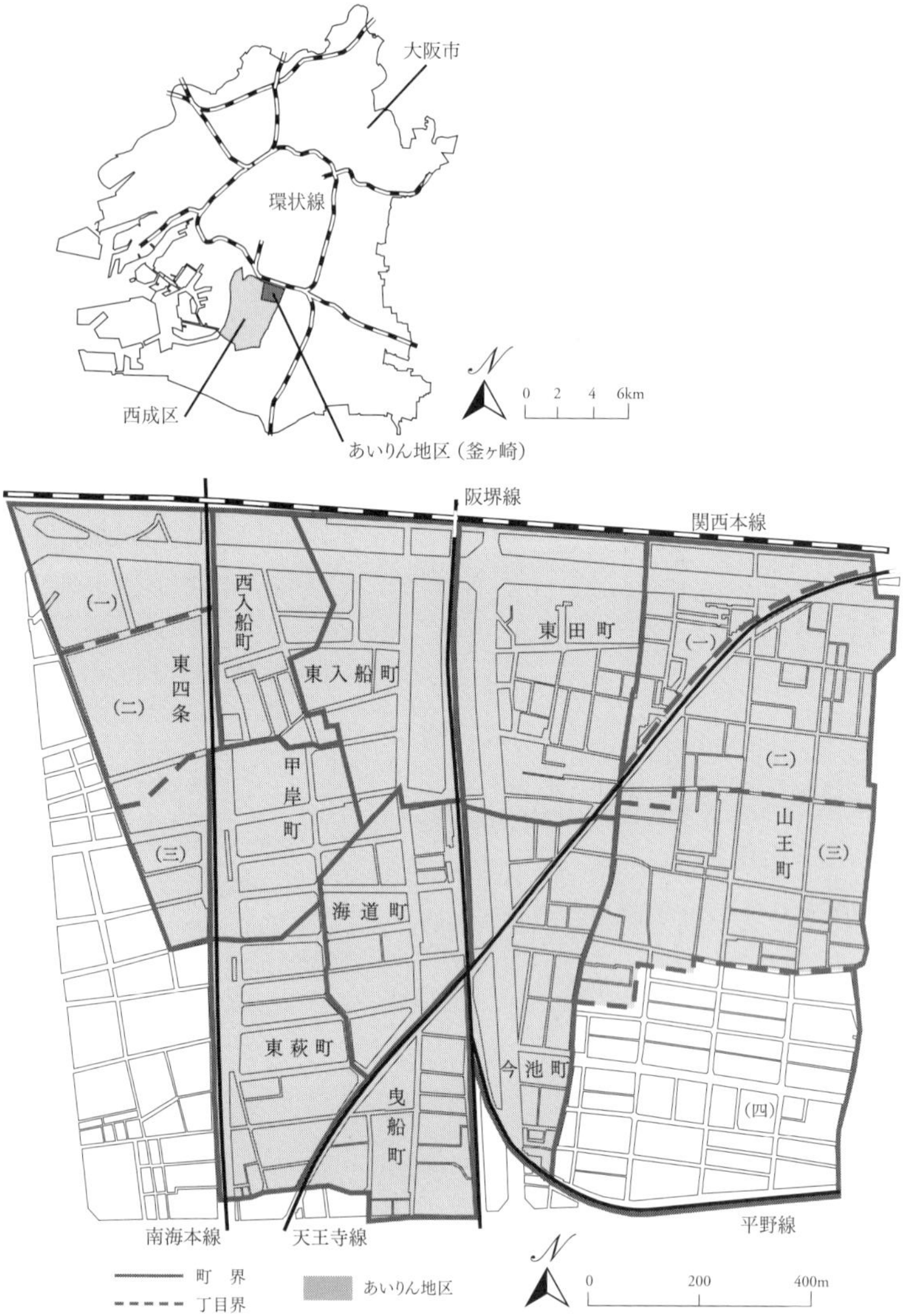

図0-2 1960年代前半の釜ヶ崎における簡易宿所（ドヤ）・バラックの構成

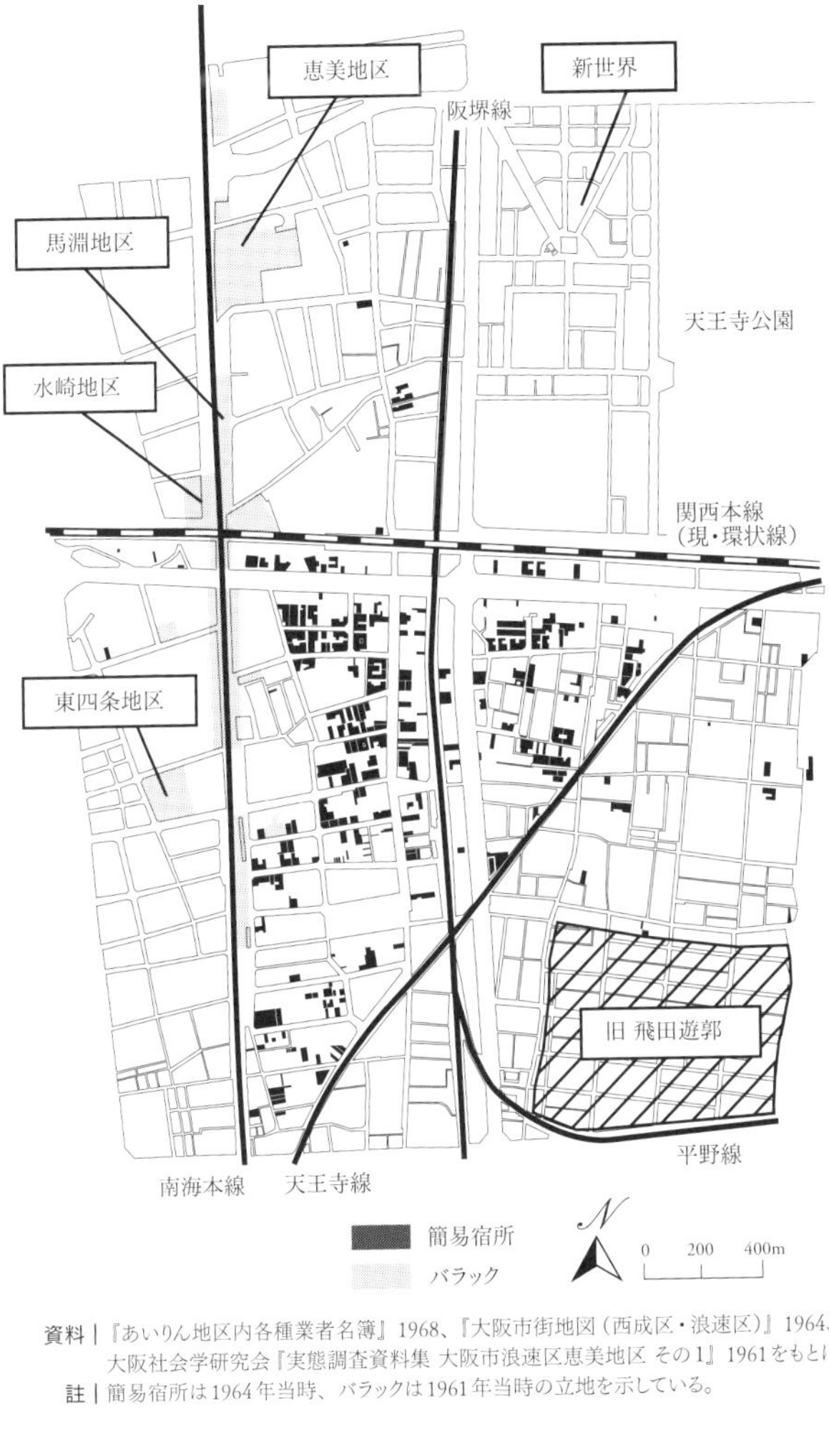

資料｜『あいりん地区内各種業者名簿』1968、『大阪市街地図（西成区・浪速区）』1964、大阪社会学研究会『実態調査資料集 大阪市浪速区恵美地区 その1』1961をもとに筆者作成。

註｜簡易宿所は1964年当時、バラックは1961年当時の立地を示している。

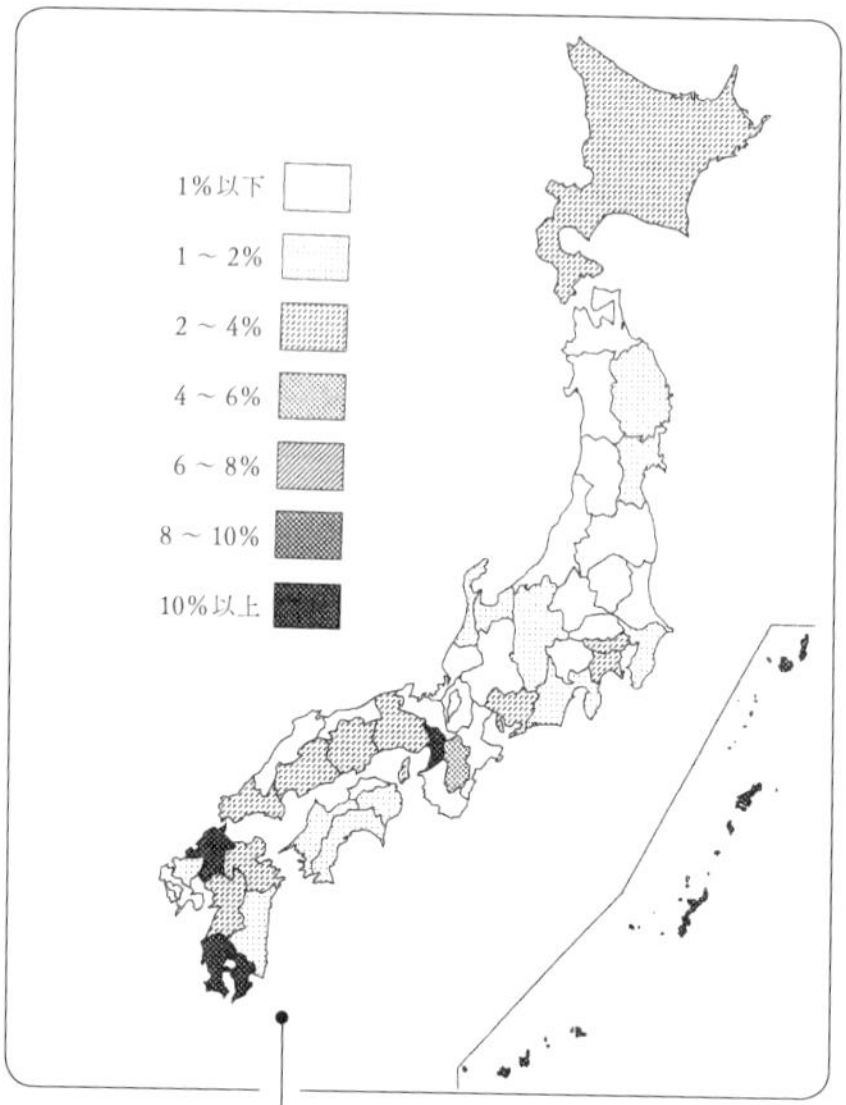

図0-3　**釜ヶ崎労働者職歴調査における出身地**（1987-1988年）

出典｜丹羽弘一「路上からの地理学──大阪ミナミからニシナリ釜ヶ崎へ」、大城直樹・荒山正彦編『空間から場所へ──地理学的想像力の探究』古今書院、1998、186頁。

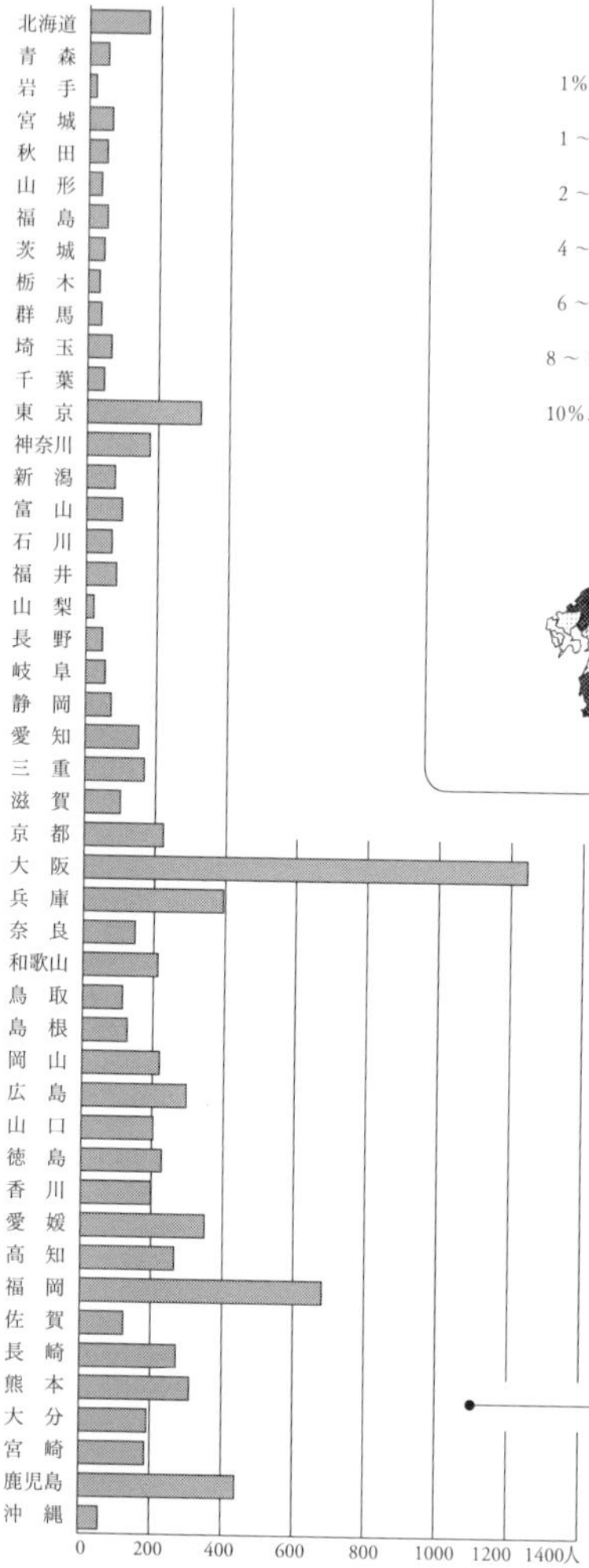

図0-4　**西成労働福祉センター登録労働者の出身地**（1963-1970年）

資料｜上畑恵宣『失業と貧困の原点』、高菅出版、2012年、10頁より筆者作成。

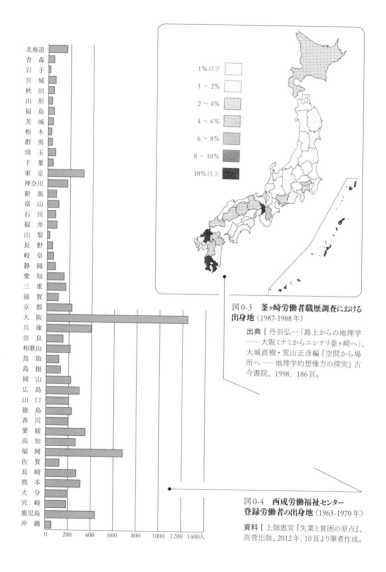

4―― ただし、釜ヶ崎に住まう日雇《ひやとい》労働者の人数は、国勢調査をもってしても正確に把握することはできない。それもひとえに、かれらが流動する存在だったからである。「国勢調査によれば、現在［一九九〇年時点］の釜ヶ崎……には約三万強の人々が居住していて、そのうち約二万一〇〇〇千人《ママ》が日雇労働者であると推定されている。ただ、釜ヶ崎の人口とりわけ釜ヶ崎労働者の総数は、国勢調査だけでは捉えきれない部分がある。それは日雇労働の性格から移動性が求められ、釜ヶ崎に常時住んでいない労働者が相当数存在するからである。たとえば、期間雇用を主とする労働者の中には、半月間飯場《はんば》に入って稼《かせ》ぎ、後の半月をその稼ぎを使って釜ヶ崎で過ごすといった生活パターンを持つものもいるのである。また、季節によって異なるけれども、野宿《のじゅく》生活者も決して無視できる数値ではない。さらに、釜ヶ崎の居住者とはいえないが、ここに隣接する西成《にしなり》区の他地区・浪速《なにわ》区などから、あるいはより遠方の電車通勤で「寄り場」にやって来て、釜ヶ崎から就労《しゅうろう》している者が六〇〇〇人位はいると推定されており、この人たちを釜ヶ崎労働者として加えるとすれば、釜ヶ崎労働者の総数は、先の二万一〇〇〇人と合わせて約三万人に達するものと思われる」［牛草、一九九三、一四〇頁］。

5―― この表現は、一九五〇年代のマスメディアが釜ヶ崎を表象する際にたびたび使っていたものだった。なお、「カスバ」とは、「ここは地の果てアルジェリア、どうせカスバの夜に吹く…」で知られるヒット曲「カスバの女」（一九五五年）の「カスバ」であり、アルジェリアの都市城壁を中心とした旧市街である［丹羽、一九九三、二〇四頁］。

6―― 戦後の釜ヶ崎を対象とした調査研究の嚆矢《こうし》となったのは、一九五〇年代後半から大阪社会学研究会によって行なわれた「スラム」の実態調査である［大阪社会学研究会、一九六六］。この調査以後、釜ヶ崎研究の主流は、大橋薫らによる社会病理学的研究の潮流が支配的となった［大橋、一九六二、一九七二］。これらの研究は釜ヶ崎の実態を詳《つまび》らかにした一方で、釜ヶ崎を「解体地域」とする病理学的視点を有し、それゆえ釜ヶ崎に対する差別と偏見を再生産するものであった。後述の註8で述べるように、一九八〇年代以降、この潮流を徹底的に批判するなかで、解放社会学的研究の潮流が生み出されていく。なかでも一九八〇年に執筆された小柳伸顕による論文「都市社会学は釜ヶ崎差別を再生産する」は、支援の現場から研究者のまなざしとポジショナリティを厳しく問う、もっとも痛烈な告発であった［小柳、一九八〇］。

は、アンリ・ルフェーブルが「都市的なるもの」の本質的形式として論じた「中心性」を体現する場だった[Lefebvre, 1968＝二〇一一、1970＝一九七四]。一九六〇年代末から七〇年代にかけ、この地に日雇《ひやとい》労働者の運動が胎動《たいどう》していくなかで、「寄《よ》せ場《ば》」という呼称《こしょう》が生み出されていく。[8] 江戸期の人足寄場《にんそくよせば》に由来するその呼称によって、ドヤ街としての釜ヶ崎のうちに、連綿《れんめん》とつづく都市下層の歴史的系譜《けいふ》が見出されたのである。[9] 以後、釜ヶ崎は、東京の山谷《さんや》、横浜の寿町《ことぶきちょう》、名古屋の笹島《ささしま》と並ぶ「四大寄せ場」の一つと呼ばれるようになった。本書にとってキーワードであるこの「寄せ場」という概念は、多種多様な人や事物を寄せ集めるような、釜ヶ崎の中心性の力を言い当てている。

しかしながら、いまや、こうした言葉で釜ヶ崎を捉えることは難しくなりつつある。釜ヶ崎の日雇求人は、八九年にピークに達した直後に一転して急減し、数多くの日雇労働者が仕事を奪われた。それ以降、労働市場としての機能は、波を打ちながらも衰退の一途《いっと》をたどっている(左記の**図0－5**)。かつて日雇労働者たちの居所であったドヤもまた、生活保護を受給しながら生活する元《もと》日雇労働者向けマンションへと、さらには国内外の旅行客向けの宿へと転換しつつある[稲田、二〇一一。松村、二〇一一]。このように釜ヶ崎の物的基盤が変容するなかで、寄せ場は急速に解体され、そこに含意《がんい》されていた中心性も著しく後退させられようとしている(あるいは、別種の中心性にとってかわられつつある、というべきかもしれない)。この文章を書き綴《つづ》っている現在も、釜ヶ崎の景観はめまぐるしく変わりつつある。身近な建物が取り壊され、更地《さらち》と

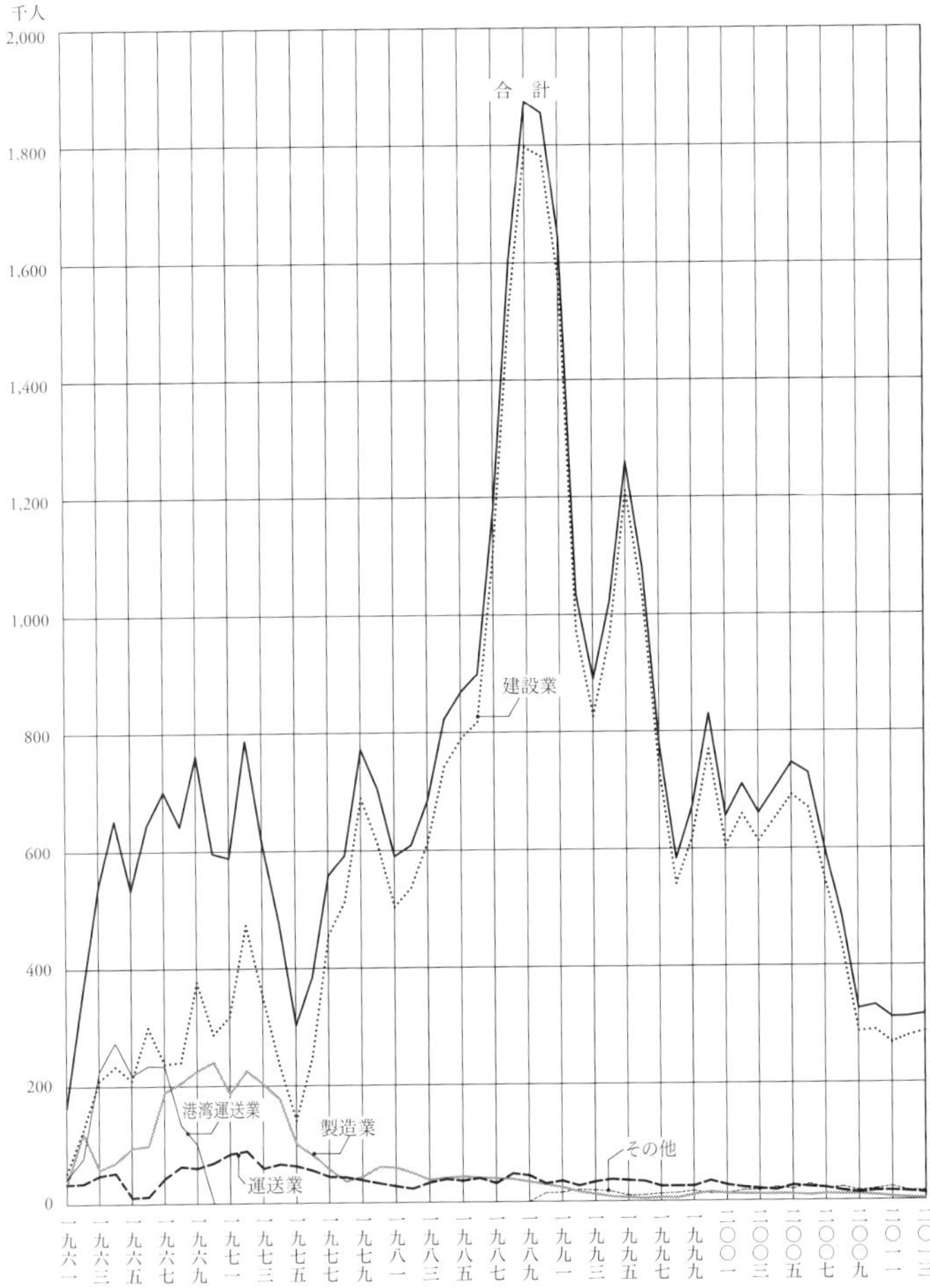

図0-5 **西成労働福祉センターにおける日雇(現金)求人数の推移**
資料｜財団法人西成労働福祉センター『西成地域日雇労働者の就労と福祉のために』各年度版より筆者作成。

なり、異なる建物に置き換わったのち、あれほどなじみであったのに何が建っていたのか思い出せなくなる経験は、誰しも身に覚えのあることだろう。景観が塗り替わるとき、記憶は途切れる。この地で積み重ねられてきた矛盾や衝突、その渦中《かちゅう》から生み出された言葉や実践が、ともすれば忘却されかねない。

景観が変わり、記憶が忘却されるとき、なにが失われてしまうのか。場所によって、受け手によって、そのことの意味はさまざまに異なるだろう。釜ヶ崎のような場所にとって、ことは重大である。二〇〇〇年代以降、「社会の総《そう》寄せ場化」［西澤、二〇〇八］や「釜ヶ崎の全国化」［生田、二〇一六］という言葉が唱《とな》えられるようになった。かつて「日雇労働者」と呼ばれたプレカリアート◀10には、いまや「フリーター」という名前があてがわれ、雇用や生活の不安定性は社会全体に拡大された。釜ヶ崎はもはや例外ではなく、その状況は日常生活の隅々に浸透している。たとえば釜ヶ崎は国内ではじめて街頭に監視カメラが設置された場所のひとつだったが、いまやそれは「防犯カメラ」と呼称を変えられ、都市生活の日常をあらゆる角度から取り囲むようになった。

私たちはすでに、釜ヶ崎的状況を生きている。そうであるなら、釜ヶ崎の記憶を喪失《そうしつ》することは、現在に対する視座《しざ》を獲得するための手がかりを手放してしまうことに等しい。だからこそ、意識的に釜ヶ崎の記憶へと立ち返り、それを再構成することが必要だ。けれどもそれは、そう簡単なことではない。記憶を再現して博物館に漫然《まんぜん》と展示してみたところで、鑑賞のなぐ

7——これらの映画に描かれた釜ヶ崎の表象分析については、水内［二〇〇二］や酒井［二〇一二］を参照されたい。

8——「ドヤ街」は社会病理学的研究が福祉行政と連携《れんけい》しつつ「上から」付与した概念であるのとは対照的に、「寄せ場」とは七〇年代以降台頭する労働運動の渦中において、いわば「下から」生みだされた概念であった。この新たな潮流のなかでは、「寄せ場」を掲げた解放社会学的研究が生み出された。それら一連の研究は、一方では釜ヶ崎に対する差別を徹底的に批判しつつ、他方ではエスノグラフィーの手法などを取り入れながら、寄せ場の労働者の内面世界や主体性を記述した。青木秀男『寄せ場労働者の生と死』は、まさにこの研究潮流のパイオニアである。このほか代表的な研究としては、西澤［一九九五］や青木編［一九九九］、刈谷編［二〇〇六］などが挙げられる。寄せ場を対象とした初めての地理学的研究である丹羽［一九九二］も、この潮流のなかから生み出されたものだ。

9——江戸時代中期に無宿者を取り締まるべく石川島に設置された人足寄場は、近代的刑務所の起源であるとされる。人足寄場は、その後全国各地に設置され、貧民の管理・取締の装置として幕府の体制に組み込まれた。さらには明治政府へと体制が転換されたのちも、「監獄《かんごく》部屋」や「タコ部屋」、「労働下宿」や「人夫《にんぷ》部屋」など、その様態と名称を変えながら、帝国主義の生産基盤を支える土台として組み込まれ続けたのである。近代資本主義の枠組の内における過酷極まりない搾取《さくしゅ》と管理の体制である寄せ場とは、「日本資本主義の創世記における特質であったと同時に、その後もうち続く日本独占資本主義のほとんど体質のようなものとして継続したのであった」［松沢、二〇〇六、一一九頁］。

10——日雇労働者や社外工といった不安定雇用のもとにある労働者は、労働経済学の潮流では「不安定就業労働者」として定義されてきた［江口、一九七九–一九八〇。加藤、一九九一］。これらの国内の研究史を踏まえつつ、雇用の不安定性（プレカリティ）の増大をめぐる世界的な議論と接続させるために、櫻田［二〇〇六、二〇〇八］にならって、本書では「プレカリアート」という概念を用いる。

さみと化してしまうだけだろう。あるいは、釜ヶ崎の通史をただ書き連ねただけでは、むしろ記憶を固く冷凍させてしまうことになるだろう。通史は、記憶を単線的な時間へと串刺しにしてしまいかねないのだ。記憶を呼び覚まし、地中の声を蘇《よみがえ》らせるような時空間を、どうしたら切り開くことができるだろうか。

地図を描くとき、ひとは天空から地上を見下ろす視点にたつ。このときひとは身体の拘束から解き放たれ、ただ視覚だけを特権化させる。だがそれと引き換えに、眼に映るものしか見えなくなる。これに対し本書では、アスファルトを引き剥がし、嗅覚《きゅうかく》と土地勘《かん》とを頼りに地下を掘り進めていくような記述を試みたい。このように土地の深みへと潜《もぐ》っていくのに、まさか手ぶらで臨《のぞ》むわけにはいかない。記憶を展示物と化す事態を避け、地中の声を蘇らせたいと願うならば、なおさらである。このとき問われるのは、空間を論じる視座であろう。次節で述べるように、私たちにとって、空間とは過程でなければならない。本書の試みは、空間を〈動かす〉ことでもあるのだ。

過程としての空間

空間は、容器のように固定されたものとして想像されがちである。この想像力のもとでは、様々な出来事は、空間の中で発生し、展開していくことになる。出来事を展開させる弁証法《べんしょうほう》の契機《けいき》となるのは、時間の経過である。かたや空間は、動きを静止させるための道具と化す。たとえば二次元の地図は、事物の動きを静止させ、その表面上にピン止めさせる。このような想像力を拭《ぬぐ》い去るためには、まず、空間を複数的なものとして捉えることから始めなければならない。

デヴィッド・ハーヴェイは、空間の複数性を次のように論じる。まず、「物理的空間の重要な属性は、いかなる二人の人間も、いかなる二個の個体も、その空間内の正確に同じ場所を占有《せんゆう》することができないことである」〔Harvey, 1973＝一九八〇、二〇八頁〕。私が占めるこの場所は、私にとって唯一のものである。このような唯一性の空間を、ハーヴェイは絶対空間と定義する。さらに、ここで見方を変えてみよう。私がAとB、ふたりの人間を前にしているとするなら、Aにとっての私、Bにとっての私というふうに、少なくともふたつの位置を占めることになる。相対《あいたい》する人間が複数であるほど、私が占める位置も限りなく増殖《ぞうしょく》していくだろう。これは、相対《そうたい》空間として定義されるものである。地図とは、世界を相対空間の言語へと変換させる、表象《ひょうしょう》の装置にほかならない。地図上の特定の地点は、「地点Aの上方」や「地点Bの下方」といった言い回しを用いて、さまざまに位置づけられうる。または、「○○県に位置し」かつ「○○市に位置する」というように、縮尺《スケール》を変えることで、その位置を言い表わすことが可能である。そして、事物が地図上にプロットできるようになるのも、それらが唯一の地点を占めているという前提があってのことだ。

たとえば、ドヤは一定の空間を占め、また、その宿泊者の収容可能人数には限りがある。数多くの日雇労働者を収容するには、別のドヤが別の空間を占めねばならない。このようにして、先述の**図**0－2（⬇25頁）の地図に表わされているように、ドヤ街は都市空間の一角を占める。あるいは、**図**0－1（⬇24頁）のように、ドヤ街としての釜ケ崎を地図上で表わしたとする。この地図を目の前にするとき「ドヤ街とは大阪市西成《にしなり》区の北東部分に位置する」とか、「新世界《しんせかい》や天王《てんのう》寺《じ》公園の南側に拡がる」とか、そう説明することでその位置を指し示すことができる。だが地図とは、なにかを明るみにすると同時に、なにかを覆《おお》い隠してしまうものである。ここでの問題は、このように地図に表わされた空間のなかでは、私たちは過程についてなにひとつ知ることができないということだ。▼[11] 地図は、事物を二次元の表面上にピン止めし、〈動き〉を封じてしまうのだから。もし空間そのものを〈動くもの〉として捉えようとするならば、もうひとつ、別の空間が考えられなければならない。ハーヴェイはこの第三の空間を、関係的空間と定義する。そこでは、事物や出来事が分離されることなく関係しあい、また、それらの事物や出来事から空間を引き剝がすことはできない。空間そのものもまた、絶えず流動するのだ。

資本による空間の生産

関係的空間とはなにか。ハーヴェイにとってそれは、市場の関係性にほかならない。市場を支配するものは、価値であり、その尺度としての貨幣《かへい》である。要するにそれは、すべてがカネと時間で計られ、売り買いの関係性に覆《おお》いつくされた空間だ。そこでは、ありとあらゆるモノは商品へと転化《てんか》される。働き人が労働力商品となり、土地は不動産となる。貨幣はまた、空間を時間距離へと変換し、資本主義の論理のもとへと組み込む。

ここで重要なポイントは、資本主義はこの空間を、決して静止したままではいさせないということだ。ハーヴェイが言うように、「資本主義の時空間性は……絶え間ない流動状態にある」

11——地図上に人やモノのフローを線で図示したとしても、そこで示されるのは移動を跡付けた痕跡《こんせき》であって、移動の過程そのものではない。あるいは、時期の異なる二枚の地図を比較することで事物の変化を示したとしても、地図を変化させたのは時間の経過であり、地図上に過程が表わされることはない。なにより、ここで「過程」というのは、原因と結果からなる因果関係ではなく、対立と矛盾が新たな出来事を生み出すような、動的過程である。

［Harvey, 2009＝二〇一三、二七二頁］。この時空間性のなかで資本は、売り買いを繰り返し、貨幣と商品を交換しながら、剰余《じょうよ》価値を領有《りょうゆう》し、その価値の生産と増殖を絶え間なく追求していく。ここから、「時間による空間の絶滅」［Marx, 1953＝一九六一、五二四－五四〇頁］という、重要な論点が導き出される。商品は市場に到達しなければ価値が実現されることはなく、その流通にかかる時間が長ければ長いほど、価値は損なわれていく。この意味で空間とは、時間を損《そこ》ねるばかりの障害でしかない。資本主義はこの厄介な障害を、あらゆる手を尽くして取り払おうとする。だが逆説的なことに、この点においてこそ、資本主義における空間の問題が浮き彫りになる。

「時間によって空間を絶滅する」という文言《もんごん》は、空間的次元がどうでもよくなってしまうことを意味するものではない。それはむしろ、いかにして、そしてどのような手段によって、資本流通のどちらかというと厳格な時間的要請《ようせい》にかなうように空間が利用され、組織され、創造され、そして支配されるか、という問いをなげかけるものである。

［Harvey, 1985＝一九九一、五八頁］

つまり空間という障害は、新たな空間を生産することによってしか除去しえないのだ。かくして資本主義は、価値の増殖をたえず実現させうる空間を組織化しようとする。鉱山の採石場《さいせきじょう》や工場、港湾《こうわん》や鉄道網や高速道路など、多種多様な建造環境を創出していくのである。こうしたインフラの装置によって、資本による搾取《さくしゅ》の回路は複雑化され、より捉えがたいものになる。なかでも都市空間は、生産、流通、消費が途切れることなきよう緻密《ちみつ》に組織化された、複雑なインフラとなる。都市は、労働者や生活者から巧《たく》みに労働と消費の時間を盗み取りながら自身を巨大化させていくような、略奪《りゃくだつ》と搾取の自動機械と化す。

もちろん労働者や生活者が、受け身のままで黙っているわけがない。資本主義の都市誌には、空間の生産をめぐる資本と労働との階級対立が、深く刻み込まれている。アンドリュー・メリフィールドが指摘するように、資本にとって最大の泣き所は、その本性が流動であるにもかかわらず、自身の運動を絶えず特定の場所へと縛《しば》り付け、固定化させなければならない、という矛盾に存している［Merrifield, 1993, p.521］。たとえば労働力を活用するためには、一定数の労働者が特定の場所に集住することを許さなければならない。すると労働者たちは、そこで生活を築き、相互に関係性を取り結ぶ。ときにかれらは、略奪や搾取に抗《あらが》い、反乱を起こすことにもなろう。このとき資本主義は、自身が創出した空間ゆえに、みずからの存続を掘り崩しかねない脅威の種火《たねび》を生み出すことになる。この種火が飛び火し、燃え拡がるのを食い止めることもまた、資本主義の存続にとって至上命題となる。

ここにおいて空間の生産とは、ただ経済的な過程であるのみならず、同時に政治的な過程ともなる。ジョルジュ・オスマンによる一九世紀パリの改造は、もっとも広く知られる最初期の事例だろう。一八四八年革命をはじめとする階級闘争において、入り組んだ路地や立て込んだ家屋《かおく》で構成されたパリの都市空間は、労働者階級がバリケード戦を繰り広げる陣地《じんち》として機能した。オスマンは、これらの路地や家屋を突き抜ける大通りを建設することで、労働者街や貧民街を解体させ、かれらを周縁《しゅうえん》へと追いやったのだ。それは、階級戦略であると同時に、都市のインフラを資本主義の論理――資本の第二循環――へと組み込もうとする実践であった〔Harvey, 2011＝二〇一二、二一一頁〕。このような事例はパリに限らず、資本主義の胎動《たいどう》期にある都市化の過程に、さまざまに見いだされる。そのような普遍性ゆえに、フリードリヒ・エンゲルスはこの過程に、「オスマン化」〔Engels, 1887＝一九六七、二五七頁〕という名を与えたのであった。「オスマン化」という言葉に示されるのは、空間の生産過程には階級対立とその政治が根深く刻み込まれているという事実である。

場所の地勢学

ハーヴェイの議論は、パリ・コミューンから近年のオキュパイ運動（ニューヨーク）に至るまで、階級闘争の長い歴史をくまなく見通す壮大な視野を有している。しかし、その理論構築が精密さを増すほどに、空間の生産をめぐる政治的な論点は、次第に後景に退《しりぞ》いていく。その理論からは、恐慌《きょうこう》へ至る資本主義に固有の矛盾が緻密《ちみつ》に解き明かされ、また、そのたびに創造されては破壊される都市空間の動態《どうたい》が、体系的に描き出される――そして私たちは、労働者の姿を見失う。こうしてハーヴェイの都市論は、資本主義が主人公の物語へと行き着いてしまうのだ。都市空間に生きる労働者や生活者は、いったいどこにいるのだろう。労働者とは、労働力商品である以前に、身体や感情をもった存在ではないだろうか。職場でこき使われたあとに場末《ばすえ》の酒場で怒りをぶちまけることもあろう。人気《ひとけ》のない道路をスケートボードで滑走《かっそう》したり、夜中のガード下のカベに落書きしたりもするだろう。そうしてかれらは、空間を生きる。かれらもまた、関係性を取り結び、空間を生み出していくのではないか。

あまりに経済中心主義的なハーヴェイの論を批判し、彼との論争を繰り広げたドリーン・マッシーが手繰《たぐ》り寄せようとしたのは、まさにそのような空間の可能性であった。マッシーにとっても、空間とは関係性が生み出す産物である。だがその関係性は、資本の運動や市場の透明性のみに還元されるべきものではない。たしかにハーヴェイがいうように、それは支配的な関係性として在り、いまや地球上を覆《おお》い尽《つ》くそうとしている。だが、商品世界がどれだけ覆い尽くそうとも、その関係性のみですべてを説明できるわけではない。

「移住する岩たち」という謎めいた文言から始まる論考のなかで、マッシーは地層のイメージとメタファーを呼び覚ましつつ、自身の論を展開している。マッシーにとって、「ここ」という唯一的な空間、すなわち場所とは、それぞれが固有の時間性をもつ諸々の軌跡《きせき》がもつれ合う場である。「そこでは、出会いの連続、折り合わせや遭遇《そうぐう》の蓄積がひとつの歴史を作り上げている」［Massey, 2005＝二〇一四、二六五頁］。遭遇の蓄積としての場所は、それゆえの重みをもつ。重みによって沈殿《ちんでん》することで、地層を堆積《たいせき》させていく。資本主義の商品世界は、この表層の部分を広く覆い尽くす。だがその真下には、資本の眼にはたやすく映り込まないような、重層的な深みがあるのだ。またそのような関係性は、深みにおいて拡がりをもつ。マッシーが論じるように、場所の運動が足下で響かせるうねりは、ローカルな束縛を超え出ようとする闘争の線を走らせ、他の場所の諸闘争と結びあいながら「等しいもの」を生み出していく［同書、三四二頁］。地下の深みのなかで、他の場所との関係性は複雑にもつれあい、思わぬ仕方で共振《きょうしん》しあう。折り重なった地層は、ある層は劇的に隆起《りゅうき》し、その下の層はゆっくりと沈降するという具合に、さまざまなリズムと速度をもって動く。ときに緩慢《かんまん》な、ときには劇的な地殻変動を、絶えず引き起こしていく。そうして、表層部分の商品世界に亀裂を入れるような力が、思わぬかたちで――それとして――噴《ふ》き出すこともあるのだ。

シンディ・カッツは、このような場所の地勢《ちせい》を地図化する方法を、カウンター・トポグラフィと呼んだ［Katz, 2001］。トポグラフィック・マップとは、一般的に地形図と訳される。そのもっとも基本的な作図の方法は、同じ高さや深さにある地点を線でつなぎ、等高線を引く、というものだ。本書では、トポグラフィに地勢（学）という訳語をあてよう。この概念をもって、カッツはどのような地図製作《カルトグラフィ》の可能性を切り開こうとしたのだろうか。たとえば、単一的な過程とみなされがちな「グローバル化」の過程とは、実のところ市場の力を拡張させては場所を引き裂いていくような、不均等発展のプロセスである。それは、空間を均質化させる以上に、空間を歪《ゆが》ませる。それゆえグローバル化が及ぼす影響は、場所によって著しく異なり、それへの応答や対抗も多種多様となる。とはいえ、それはただ世界をばらばらに引きちぎり、断片化していくだけの過程ではない。「時間－空間の圧縮」［Harvey, 1989＝一九九九］という概念で表現されるように、遠い隔《へだ》たりを〈近さ〉へと変換させるグローバル化の過程は、ときに、かけ離れた場所に同じような状況を生み出すことがある。このとき、かけ離れた場所が互いに共振しあう条件と可能性が生み出される。カッツは、そのような状況の相同を地形図でいう高さや深さになぞらえ、そこで生み出されうる相互作用の過程を等高線になぞらえた。それは、諸闘争が生み出す多様な線をなぞることによって作図することのできる、場所の地勢図である。

関係的空間を論じるハーヴェイの視座とマッシーやカッツの視座は、たしかに大きく異なる。だがいずれにしてもかれらは、空間を〈動くもの〉として、終わりなき過程として考えようとしたのだ。そのように捉えるならば、二次元的な地図で凝《こ》り固まった世界を解き放ち、描きなおすことが可能になるだろう。この視点から釜ヶ崎という土地に向き合ったとき、いったいどのような地勢が立ち現われるだろうか。寄せ場という概念で含意《がんい》される空間を、流動的下層労働者と名づけられる存在を、どのように描き出すことができるだろうか。本書で試みたいのは、そのようなことだ。

本書の問い——線を追跡する

前述したように、釜ヶ崎はたしかに、「あまりに例外的で、あまりに特異な」土地である。けれども、本書の目的が、例外性や特異性それ自体をあげつらうことにあるのではない。ハーヴェイが論じるように、どのような場所であれ、それは資本主義が空間を組織化しようとする運動の帰結として生み出された産物である。したがって探究すべきは、釜ヶ崎がいかにして例外化され、特異化されたのかという、その過程であろう。また私たちは、釜ヶ崎という空間の生産を、他の空間との関係性なしに考察することはできないことも確かだろう。その関係性とは、市場的な関係でもあり、地勢学的な関係でもある。肝心なことは、釜ヶ崎というひとつの場所のうちに、関係性が複雑にもつれあい、対立や矛盾が引き起こされる地点を見出すことだ。そうして、その複雑な糸をたどり、釜ヶ崎が本来有《ゆう》するはずの他の空間との関係性を解き明かしていくことである。要するに私たちは、釜ヶ崎という場所をひたすら掘り下げることで、別の空間へと連なる地下通路を見出し、地図化させたいのだ。

地下を掘り進める先に私たちが目指すのは、高度経済成長期にあたる、一九五〇～七〇年代の層である。というのもそれは、寄せ場としての釜ヶ崎の原点ともいうべき時代なのだ。そこには、探究すべきふたつの重大な論点がある。寄せ場という言葉が指し示すのは、日雇《ひやとい》労働力の供給地としての釜ヶ崎だ。現在でもそうであるように、釜ヶ崎の住人の圧倒的多数は、日雇労働者として生きてきた、単身の男性である。けれども、ずっとそうだったわけではない。一九六〇年代の釜ヶ崎は、単身の男性だけでなく、子どもや家族の姿であふれかえっていた。しかしながら七〇年代以降、このような家族の風景は次第に失われ、釜ヶ崎は単身男性の労働者の空間へと塗り替えられた。そうして労働者たちは、建設土木産業や港湾《こうわん》運送業、造船業や原子力産業をはじめとする製造業において、重層的下請《したう》け構造の最底辺労働力として酷使《こくし》されたのである。なぜ、いかにして、釜ヶ崎はそのような空間へと改造させられていったのか。これが、問いのひとつである。

だがこの時代に関する論点は、それだけに尽きるものではない。たとえば、七〇年代の釜ヶ崎で流通していたミニコミ誌『労務者渡世《ろうむしゃとせい》』には、次のような一文がある。

> おれたちは釜《かま》に寄せられ、センターに寄せられ、どこかへ行くなり死ぬなり勝手にしろと散らされているのだ。釜は自由な労働者の寄り場でなくてはならないが、いまは「寄せ場」にすぎない。そして寄せ場と呼ぶことに抵抗する労働者の気持ちがこめられている。〔労務者渡世編集委員会、一九七五a、三四頁〕

ここで見過ごしてはならないのは、「寄《よ》せ場《ば》」という言葉が、ときに「寄《よ》り場《ば》」とも言い換えられたという事実である。この言い換えによって、労働者を「寄せ集めた空間」という釜ヶ崎の認識は反転される。釜ヶ崎は、労働者がみずから寄り集まるべき場所となるのだ。日雇労働者は労働力商品としての刻印を振り払い、そこに群《む》れとしての相貌《そうぼう》が現われる。一九六一年以来起こされてきた暴動とは、まさにそのような相貌が爆発し、街《まち》を埋め尽くした瞬間であった。このとき、決して商品世界には回収されないような、もうひとつの地勢（それ）が切り開かれる。この地勢を記述するために、私たちもまた、釜ヶ崎に対する認識を反転させ、もうひとつの問いを立てなければならないだろう。

釜ヶ崎では、暴動をはじめとして、労働と生存をめぐる数々の闘争が積み重ねられてきた。激烈な闘争のなかで、労働力として寄せ集められた労働者たちは、強いられた土地をおのれのものとして領有《りょうゆう》した。日雇労働者たちや活動家たちは、いかなる闘争を繰り広げ、どのようにみずからの空間を生み出していったのか。また、この同じ時代に生み出された言葉に、「流動的下層労働者」がある。流動するかれらの身体は、人口移動というにはあまりに無秩序な軌跡を描き、その身体は去ったと思いきや押し寄せるような群れとなる。かれらの通り道は、資本の眼には映らぬ地層の深みを潜《くぐ》り抜けるのだ。その流動は、いかなる空間を生み出したのか。寄せ場は、いかにして形成されたのか。

冒頭で述べたように、本書は反時代的な書物である。とはいえ、現在から目をそらしたいわけではない。むしろ、自分自身がいまどこに立っているのかを深く理解するためにこそ、あえてアスファルトを引き剥がそうとするのだ。いまのところ過去からの声は、くぐもって聞き取ることができない。おそらく私たちは、テレビやケータイの液晶画面の明るみに慣れてしまったせいで、聞き取るための身体能力を劣化させてしまったのだろう。もし寄せ場と呼ばれる時空間を再構成することができたならば、私たちはきっと、これまでになくはっきりとした声で、地中の叫びを耳にすることになる。寄せ場の記憶に触れ、あらためて地上を振り返ったとき、まわりの風景はその眼にどう映るだろうか。過去からの声は、現在を生きる私たちの耳元に、なにをささやきかけるのだろうか。

第1章 戦後寄せ場

の原点
大阪港と釜ヶ崎

釜ヶ崎の最寄り駅、新今宮《しんいまみや》駅から大阪環状線外回《かんじょうせんそとまわ》りの電車に乗り、弁天町《べんてんちょう》駅で地下鉄中央線に乗り換える。そこから大阪港に向かって二駅のところに、大阪港駅がある。

駅の周囲はかつて「築港《ちっこう》ダイヤモンド地区」と称された人工島で、その名の通り六角形の形状をしている。中央線はその南北を区切るように真ん中を横切って走り、大阪港駅は島の中心に位置する。この人工島は、大阪における近代化の序幕時に造成された港湾《こうわん》の拠点である。この島の地名である「築港」は、近代期以降ずっと物流の拠点であった歴史を物語っている。◀1 だが現在では、この地は築港という名前よりも、「天保山《てんぽうざん》」という地名で広く知られている。島の北側には、「天保山ハーバービレッジ」、「天保山マーケットプレイス」といった、一九八〇

資料1-1　天保山の位置と空間

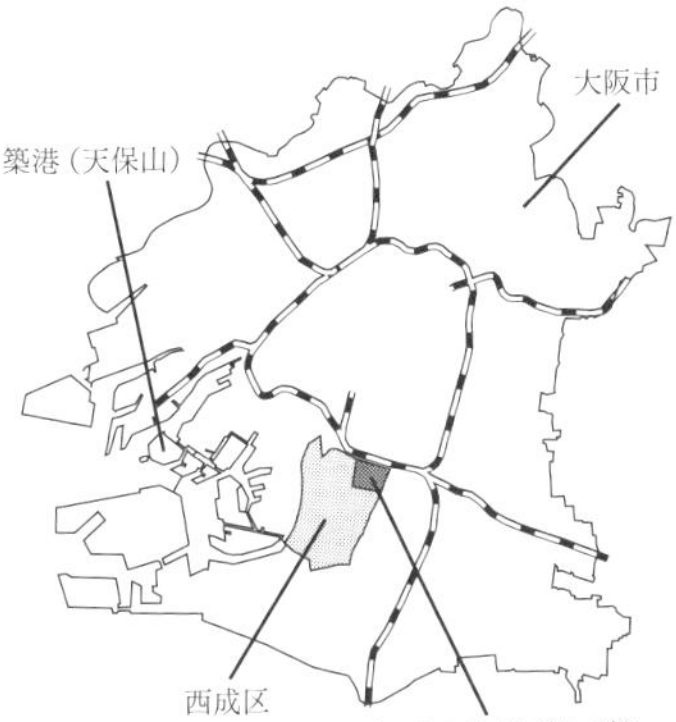

1――一八六八年に大阪港が開港された当初の時期は、近世以来の川湊《かわみなと》を利用した交易が行なわれていたが、大型船は川筋を上った交易拠点の川口居留地までたどりつけないため、近代的港湾《こうわん》の新建設が急ぎ求められるようになった。こうして天保山は新たに埋め立てられて近代港湾として改変され、この地は築港と呼ばれるようになった。第一次世界大戦勃発《ぼっぱつ》直後の一九一五年以降、工業の勃興《ぼっこう》とともに築港は本格稼働《かどう》をはじめ、以後大阪港の中枢機能を担っていく。港頭地帯には倉庫が、その後背には工場が次々と林立し、築港は港湾労働者で溢《あふ》れかえるようになった。

年代以降のウォーターフロント開発が生み出した消費施設が並び立つ。なかでも水族館「海遊《かいゆう》館《かん》」は、大阪の主要な観光スポットとして名高い。これらの消費空間は「天保山」という名を付して宣伝され、かたや「築港」という名は、それほど知られていない。

「天保山」が名指すのが新たに生み出された消費空間であるのに対し、「築港」が名指すのは、この地がもともと労働の空間であったという事実である。かつて地理学者のウィリアム・バンギは、「人間の景観は地図のレイヤーみたいなものだ」と言った［Bunge, 1979, 173］。この人工島においては、古くからの労働の空間のうえに、消費空間のレイヤーが折り重ねられている。消費空間に入れば、人々は足下の土地の記憶から完全に切り離される。たとえば海遊館を目当てにやってきた消費者は、サメやマンタが泳ぎまわる水槽《すいそう》の真下がもともと労働者たちの空間だったことを意識することはなかろう。とはいえ、そのことに気づくのは難しいことではない。歩く方向を少し変えてみるだけでいいのだ。消費空間は、島の北部に集中させられている。観光ガイドブックが誘導するコースから足を踏み外し、島の南側に入っていくと、がらりと景観は変わり、立ち呑《の》み屋や風呂屋が点在する姿が飛びこんでくる。目に映ったのは、労働の空間の残像《ざんぞう》である。

一九七〇年代まで、この地は港湾《こうわん》労働者で溢《あふ》れかえっていた。仕事終わりの労働者にとって、汗と汚れを落とす風呂屋や、仲間と呑《の》みかわす立ち呑み屋は欠かせない場所だった。また、寄《よ》せ屋《や》もひしめきあっていた（下の資料1－2）。国内外からの荷を運ぶ本船のなかで、廃品のなかからアカ（銅線《どうせん》）を拝借する。バレないように腰《こし》に巻きつけて陸に持ち帰ったあと、寄せ屋で換金《かんきん》すれば、ちょっとした銭《ぜに》が懐《ふところ》に入るのだ（資料1－3からは、「いろものの持出しは窃盗です やめましょう」という文字を読みとることができる）。岸にあがる途中で足を滑らせて海に転落し、腰に巻きつけたアカの重みでそのまま海底に沈んでしまった労働者のエピソードは、いまでも古老《ころう》の元労働者たちが、立ち呑み屋でわざと滑稽《こっけい》に語る十八番《おはこ》でもある。

たしかに現在の商店街はさびれているが、そこには、労働者の存在の痕跡《こんせき》があちらこちらに残されている。たとえば、築港高野山《こうやさん》の境内《けいだい》に入ってみるといい。「大阪港湾労働殉職《じゅんしょく》者の碑《ひ》」が、静かなたたずまいで建っている（資料1－4）。この石碑は、この地がかつて港湾労働者でひしめき

資料1－2　築港にひしめく寄せ屋
出典｜平井正治氏所蔵写真（複写）

合っていたことを、そして、数多くの労働者がこの港で命を落としたことを、ひっそりと語り継いでいる。それでは、誰がこの港で働いていたのだろうか。このように問いかけるとき、私たちはいずれ、築港と釜ヶ崎とを結ぶ線を垣間《かいま》見ることになろう。

本章で私は、この線をたどり直してみたい。対象とするのは、一九五〇年代半ばから六〇年代の大阪港である。高度経済成長の只中《ただなか》にあったこの時期、築港をはじめとする大阪港一帯には、貨物が殺到していた。これらの貨物はいったい誰の手によって運ばれていたのか。そして、その労働を担う者たちは、どこから供給されていたのか。これらの点のひとつひとつを、当時の資料をもとに明らかにする作業は、海底に沈んでしまった労働者の眠りを覚ましながら、築港と釜ヶ崎との関係性を浮かび上がらせていくことだろう。

資料1-3 **港湾ストの光景**
出典｜平井正治『無縁声声』藤原書店、2010年、344頁。

資料1-4　**大阪港湾労働殉職者の碑**
（筆者2016年撮影）

一九五〇-六〇年代の港湾労働の地理

港湾労働は、一九七〇年代にコンテナ化を軸とする機械化によって劇的に変容させられた。一般に、コンテナ化によって機械化された運搬方法が「革新荷役《にやく》」と呼ばれるのに対し、数多くの労働者の手による従来からの荷役方法は「在来荷役《ざいらい》」と呼ばれる。一九六〇年代後半から七〇年代にかけての世界的なコンテナ化の波は、各地の港湾の景観を塗り替え、労働者を切り捨てていった。現在では、コンテナふ頭《とう》やクレーンが立ち並ぶ景観が当たり前のものとなっているが、これは革新荷役が在来荷役を一掃《いっそう》していった帰結である。

では、在来荷役とはいかなる労働だったのか。その特質を、港湾労働の性質、港湾産業の特徴、労働市場の構造、労働の地理という四点から、まずはそれぞれ確認しておこう。

港湾労働の性質

在来荷役のもとでの港湾労働がきわめて過酷《かこく》な肉体労働であったことは、想像に難《かた》くない。荷役労働は、沖合《おきあい》に停泊する本船内での船内荷役と、岸壁で荷を倉庫へ運ぶ沿岸労働とに大別され、前者に携《たずさ》わる労働者は「沖仲仕《おきなかし》」、後者は「陸仲仕《おかなかし》」と呼ばれる。重労働である荷役労働のなかでも、もっとも過酷なのは沖仲仕の労働であった。仲仕は多種の重量の貨物を運ばねばならず、しかも沖合の本船は、足元が定まらない労働現場だったのである。

また、港湾労働は、熟練《じゅくれん》を要する労働であった。そのことは、さまざまな労働者に付された職人的な名前にあらわされている。たとえばハイツケ師とは、倉庫に荷物を積みあげる倉庫労働者だ。かれらは、重い荷物を放り投げては、それらを正確に積み上げていく。製材にワイヤーをかけるのはカケ屋、ワイヤーを外すのはハズシ屋である。いずれも、熟練するのに五年は要するのだという。肩でかついで荷を運ぶ、ただそれだけでも技術が必要となる。船と陸をつなぐ歩み板の上を歩くとき、細い板は労働者の歩くテンポでぐらんぐらんと上下に揺らぐ。そのタイミングを身体《からだ》で覚え、揺れの反動を利用してすばやく歩み板を渡れるようにならなければならない。また、手鉤《てかぎ》で荷物を仕分ける労働者を鉤師《かぎし》という。九〇キロもあるブラジル産コーヒー袋を手鉤でひっかけて、ひとつひとつを右から左へとすみやかに運ぶ。上手にひっかけないと、袋はばらばらに崩れてしまう。[2] 平井正治《ひらいしょうじ》によれば、「使う現場、使う土地によって手鉤に限らず、それぞれ名称も違えば、使い方も変る」［二〇一〇、一七六頁］。米俵《たわら》に使われる「米鉤」、麻袋《あさ》（外米・豆・麦・コーヒー・種実類）に使われる「ノンコ」や「ジョリキ」、雑貨用の「長柄」、綿花《めんか》専用の「綿鉤」、「外国の手鉤」、といった具合だ（資料1－5）。それぞれの手鉤を

2――以上の記述は、元港湾労働者K氏への聞き取り調査（二〇〇七年六月二日、七月一日、七月二日の計三回実施）による。

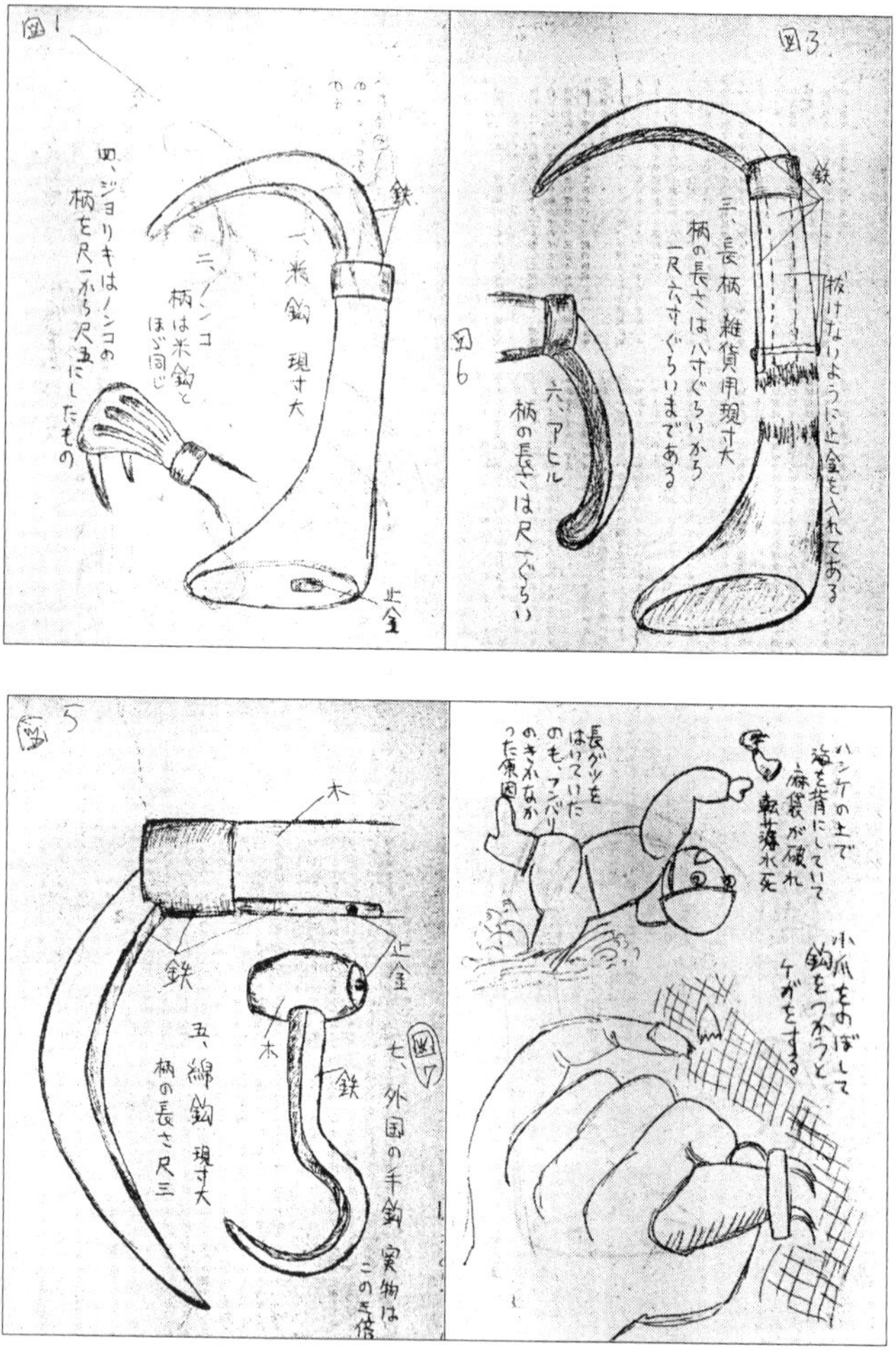

資料1-5 **手鉤の種類** 出典｜平井正治『無縁声声』、藤原書店、2010年、177頁。
註｜上段左より、**四**：ジョリキ、**二**：ノンコ、**一**：米鉤、**六**：アヒル、**三**：長柄、**五**：棉鉤、**七**：外国の手鉤。図は縮小して収録されている。

使い分けるには、もちろん、相当の熟練が必要となる。

さて、後述する重層的下請け労働のもとでは、過酷《かこく》な労働であるほど、労働市場の最下層部の労働者に押し付けられるのが常である。船内労働は、多種多様な港湾労働のなかでももっとも過酷かつ危険な労働だ。それゆえ、沖仲仕の多勢は、最下層の労働者たちであった。しかし、労働市場の最下層といっても、かれらが未熟練であったわけでは決してない。むしろかれらは、常雇《じょうやとい》労働者よりも熟練した労働者であることが多かったのである。

港湾産業の特徴——波動性と重層的下請け構造

港湾産業のなによりの特徴は、その「波動性《はどう》」にあると言われる。これは、時期によって荷役の量が大幅に増減する特徴を指す言葉である。港湾運送は、信用状の開設や倉庫利用者の出荷の商慣習により、月末および月初めに配船が集中する。また、天候や潮流の変化によって本船が入出港するスケジュールには遅延《ちえん》がつきものとなり、波動性はいっそう予測不可能なものとなる。荷役量は月単位で大幅に増減するだけでなく、年単位でも経済の動向によって大きく変動する。後述するように、とりわけ一九五〇年代後半から六〇年代にかけて、高度経済成長とともに港湾を経由する荷物の量は急激に増大していった。このような荷役量の波動性によって、必要とされる労働力の量もまた、大幅に変動したのだった。

この波動性ゆえに、港湾運送業では重層的な下請《したう》け構造が形成されていた。港湾運送業の上位企業は、系列《けいれつ》関係を軸として階層的な下請け制度を形成することで、波動性がもたらす経営上のリスクを回避しようとする。結果として、元請《もとう》けの上位企業は運送業務契約の取り付けや指示命令に特化し、零細《れいさい》な下請け業者が運送事業の中心的行程を担うという形態が一般化されていた。港湾への労働力供給もまた、この下請け構造によって規定された。喜多村昌次郎《きたむらしょうじろう》は、「港湾労働の問題の多くは、雇傭《こよう》慣行を決定する制度的なものではなく、むしろ作業の段階的請負《うけおい》を前提として存立する、港湾運送業の構造的形態にあるというべきであろう」として、次のように指摘している。

第一次、または第二次下請の労働者によって、現実の荷役作業が行われている現在、この関係はさらに雇傭関係を規定し、波動性から来る危険負担を、次々にバトンタッチして行く経路をたどる。すなわち、第一次下請常用労働者より低い第二次下請常用労働者の労働条件、そして下請業者に共通する高い日雇《ひやとい》依存率は、階層的な日雇港湾労働者の発見を見、優先班、または指名日雇→登録日雇→未登録日雇（ヤミギャング）という経路で吸収されている。〔喜多村、一九六四、二三八頁〕

このような重層的下請け構造のなかでも最下層部に位置づけられる日雇労働者こそが、沖仲仕《おきなかし》として、もっとも過酷な船内労働に携わっていたのである。

労働市場の構造

上述のような重層的下請け構造の帰結として、港湾への労働力の供給経路もまた重層化され、複雑な様相を呈《てい》していた。大阪府労働部によって一九五六年に編纂《へんさん》された『大阪港における港湾労働者の実態調査』（以下、五六年報告書と略す）をもとに労働力の供給経路を図化したものが、下記の**図1－1**である。荷役労働へと供給される労働者は、公共職業安定所の登録労働者、飯場《はんば》宿泊者、路上求人の労働者という、三種類に大別される。また、彼らを雇い入れ、あるいは仲介するのは、公共職業安定所の登録労働者であれば求人連絡員、飯場宿泊者・路上求人の労働者であれば飯場である。後述するように、戦後の職業安定行政は、公共職業安定所の拡充をつうじて

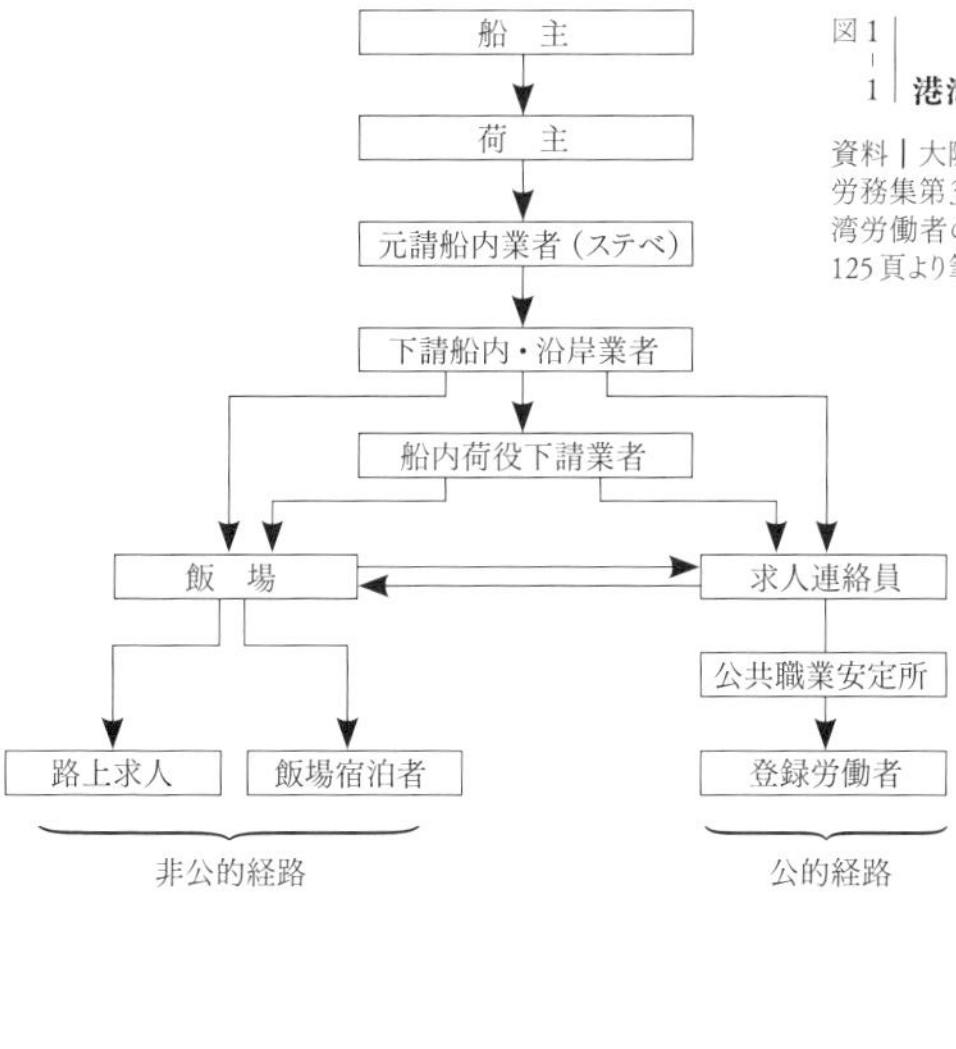

図1－1　**港湾労働力の供給経路**

資料｜大阪府労働部『港湾関係労務集第3集 大阪港における港湾労働者の実態調査』、1956年、125頁より筆者作成。

飯場や路上求人を排除することを目的として掲げていた。この点に照らし合わせ、以下では、公共職業安定所をつうじた供給経路を「公的経路」、飯場や路上求人をつうじた供給経路を「非公的経路」と呼ぶことにしよう。

だが、ここで次のことを急ぎ述べておかなければならない。公的経路と非公的経路の実態は、決して明確に区別できるようなものではなかった。たとえば、「求人連絡員」とはどのような存在であったのか。「ここに言う求人連絡員は事業所の正規の従業員であり、しかも相当の経験年数をもつた労務担当の責任者または現場監督者がほとんどであって、言うなれば事業主の代理者として雇用の実権を持つたものである。従《したが》つて業務の繁閑《はんかん》期における労働者の選択に際《さい》しては、雇用員数、求人条件、賃金等の変更までも自由に即時《そくじ》に決定することができる」〔大阪府労働部、一九五六、一一四頁〕。ここで述べられるように、求人連絡員とは、業者から派遣《はけん》された労務担当責任者や現場監督者である。かれらは、労働者の雇用に関する実権をほぼ全面的に差配《さはい》し、職業安定所の職員はかれらを管理するにすぎなかった。求人連絡員とはかくも絶大な実権を握る存在であったがゆえに、その求人活動は職業安定所の管理の目を容易に逃れていた。五六年報告書は、その実態を次のように打ち明けている。「この実権者〔求人連絡員〕の関心、好意をかち得んとする労働者がその後をつき纏《まと》い、ひいては安定所附近《ふきん》の道路上等で直接取引が行われた事例も少なくなかった」〔同書、一一四頁〕。すなわち、職業安定所の求人連絡員みずからが、職安周辺において路上求人を繰り広げていたのである。

さらに、五六年報告書は次のような実態も赤裸々に明かしている。「届出のあった求人連絡員でも事業所の嘱託《しょくたく》名義で正式雇用関係のない、即《すなわ》ち必《かな》らずしも、求人者の代理者と見ること《ママ》のが適切でないものも含まれている。他にこれら求人連絡員とつながりを持つヤミ手配師《てはいし》（主として飯場《はんば》の親方）が、職業安定所とは無関係に、本船入港時の荷役のため、彼等の配下にある労働者を求人連絡員を経由し、または直接荷役業者に提供している」〔同書、一二五頁〕。つまり、労働力供給を専業とする手配師が、求人連絡員を名乗り、あるいは求人連絡員をつうじて、労働力仲介業を展開していたのである。このように、公的経路と非公的経路の区別は名目にすぎず、後者が前者を蝕《むしば》むような状況にあった。となると、これらの区別はもはや無意味に思われるかもしれないが、それでも労働市場の分断を分析するうえで見過ごすことはできない。そこからは、国家と資本の矛盾が露呈《ろてい》するさまを垣間見ることができるからだ。この点は、次節の考察で明らかになるだろう。

労働の地理

それでは、実際の労働力供給において、公的経路と非公的経路はどのように機能し、その帰結としていかなる労働の地理が形成されたのだろうか。各職業安定所の日雇労働者雇用状況を示したのが、次頁の表1－1である。ここからわかるように、船内・沿岸業者ともに労働力供給の媒介地は大阪港・境川《さかいがわ》の職安労働出張所が中心であり、大浪《おおみなと》・野田《のだ》・西成《にしなり》・天六《てんろく》・玉造《たまつくり》の各出張所が補完的役割を担っていた。しかし、むろんこれだけではない。ここで示されるのは公的経路のみであり、以下で述べられるように、この背後には非公的経路が分厚く存在し、機能していた。

> 職業安定機関による港湾日雇い労働の登録者は……その大多数が境川《さかいがわ》及び大阪港の両労働主張所に所属しているが、安治川《あじかわ》北岸、桜島《さくらじま》方面の沿岸荷役については野田《のだ》労働出張所において紹介するものも相当にあり、また港湾労働荷役作業は波動性《はどうせい》が大きいので……最高時の求人に対しては、前記二つの労働出張所では到底充足が出来ないので、大阪市内の他労働出張所に即時《そくじ》連絡して、応援させるようにし、更に私設寄場、手配師等が、公共機関以外からの刈出し狂奔して辛うじて求人の要求に応えている。一例をあげれば、昭和三十一年九月十七日は同月中最も多くの求人を受理した日であるが、これに対し境川労働出張所から一、二九八、大阪港から八〇七、合せて二、一〇五人を紹介し、応援労働出張所から三五四人

表1-1　**各職業安定所の日雇労働者雇用状況**

	大阪港	境　川	大　浪	野　田	西　成	天　六	玉　造
船内業者	1,005	216	25	60	−	−	−
沿岸業者	392	311	5	28	36	29	10

資料｜大阪府労働部『港湾関係労務集第3集　大阪港における港湾労働者の実態調査』、大阪府労働部、1956年、83-86頁より筆者作成。

註｜船内業者は1956年9月28日から10月3日の雇用総数、沿岸業者は同年9月28日の雇用数を示している。

……及び飯場収容の労働者約三〇〇人、総計二、七五九人……を紹介させたが、それでも求人数に充たず、霞町の立ん坊などに相当数の依存を餘儀なくされた実情にある。

〔大阪府労働部、一九五六、一一〇頁、傍点は引用者〕

ここで述べられるように、港湾への労働力供給は公的経路のみでは実現することができず、「私設寄場、手配師等」からなる非公的経路が欠かせない役割を担っていた。ここで注目すべきは、「霞町《かすみちょう》の立《たち》ん坊《ぼう》などに相当数の依存を余儀《よぎ》なくされた」という一文である。ここでいう「霞町」▼3こそ、釜ヶ崎での路上求人にほかならない。一九五六年の時点ですでに、港湾労働力の供給が飯場や手配師等の非公的経路に大いに依存するものであったこと、そして、釜ヶ崎の日雇労働者が欠かせない労働力だったことを、たしかに確認することができる。

3——霞町（かすみちょう）とは、釜ヶ崎地域内の太子《たいし》交差点付近の一帯を指す呼称である。一九五〇年代当時のこの一帯では、青空《あおぞら》労働市場が繰り広げられており、「霞町」とは釜ヶ崎と並ぶもうひとつの呼称であった。しかし、青空労働市場の機能があいりん総合センター（➡後述の78頁の写真、111頁の地図）の一帯へと整理されていくのにしたがい、この呼称は廃《すた》れていった。この呼称については、『労務者渡世《ろうむしゃとせい》』に次のような一文がある。「霞町が徐々に使われなくなったようには、釜ヶ崎という名前がスタレませんように」〔労務者渡世編集委員会、一九七六、六二頁〕。「霞町」という呼称の名残《なごり》は、近年まで阪堺《はんかい》電車「南霞町」駅という駅名として残されていたが、この駅名も二〇一四年に「新今宮駅前」に変えられてしまった。

　ここで、上畑恵宣《うえはたしげのぶ》が大阪府労働部西成《にしなり》分室（のちの財団法人西成労働福祉センター）に登録する「求人連絡員」の実態を調査すべく、一九六一年に収集した資料▼4をもとに作図した、次々頁の図1-2、図1-3を確認してみよう。釜ヶ崎から労働力を雇い入れる業者は、大正《たいしょう》区から西淀《にしよど》川《がわ》区にかけての大阪港湾《こうわん》一帯にほぼひろく立地していることがわかる。とりわけ港湾労働の中枢であり、大阪港労働出張所が位置する港《みなと》区は、求人業者の最大集積地となっており、また、「主たる業種」としても、港湾運送業が多数を占める。重層的下請け構造の底辺部において日雇労働者を買い入れるこれらの業者もまた、末端の零細業者であった。ここで図示された求人業者の少なからぬ割合を飯場《はんば》経営者が占めるものと思われるが、その状況については次のように記述されている。

> これらの飯場は、普通民家……を利用したものもあるが、多くは東、西田中町《にしたなかまち》、八幡屋《やはたや》元町《もとまち》、入船町《いりぶねまち》あたりの仮設住宅（ジェーン台風〔一九五〇年〕後その住居をうばわれた罹災《りさい》者を収容するため、応急措置として設けられた至極お粗末《そまつ》な建物）にその庇《ひさし》を延長してつくられたバラック建《だて》のもので占められている。板囲《いたがこ》い、トタン葺《ぶき》、八帖《じょう》一室に一五人〜二〇人が収容されているのだから、その雑居《ざっきょ》ぶりが想像されよう。
> 〔大阪府労働部、一九五六、一一九頁〕

労働力の売買は、売りと買いから成る。労働力を売る側に着目するとき、その中心地が日雇労働者の集住地である釜ヶ崎であることは間違いない。だが、売りと表裏一体の買いに着目するとき、労働の地理の広がりは一転して別の様相をみせる。すなわち、買い手の業者の立地は、大阪港の湾岸一帯へと一挙に広がっていくのである。このように労働力の売りと買いの双方に着目するならば、ドヤ街や飯場といった景観を伴いながら、湾岸一帯から釜ヶ崎にかけて広がる、ひとつづきの都市下層労働の地理が浮き彫りとなってくるだろう。そのような関係性においてこそ、釜ヶ崎という空間は理解されなければならないのだ。一九五〇年代半ばから六〇年代時点においてのこのような関係的空間を理解することは、寄せ場としての釜ヶ崎の原点を把握するうえで決定的に重要となる。

ここでもう一点、重要なことを補足しておこう。これら最下層の求人業者や飯場が労働者を供給する先の産業は、決して特定の分野のみに限定されるわけではないということだ。図1-2で示されているのは、あくまで「主たる業種」にすぎない。じっさい五六年報告書には、港湾労働に従事する日雇労働者について次のような記述がみられる。「港湾作業の適格者であっても入港船舶の少ない閑散《かんさん》時には土木建築、工場雑役《ざつえき》等他《ほか》の職場へも就労しなければならない」〔同書、一一二頁〕。これらの求人業者や飯場は、求めに応じて港湾運送業や建設業、製造業など、

4——この資料は、西成労働福祉センター編『西成地域日雇労働者の就労と福祉のために』の原資料となったものと考えられる。

図1-2 **求人業者の立地**（大阪市）
資料｜上畑恵宣氏提供資料「求人連絡員実態調査」より筆者作成

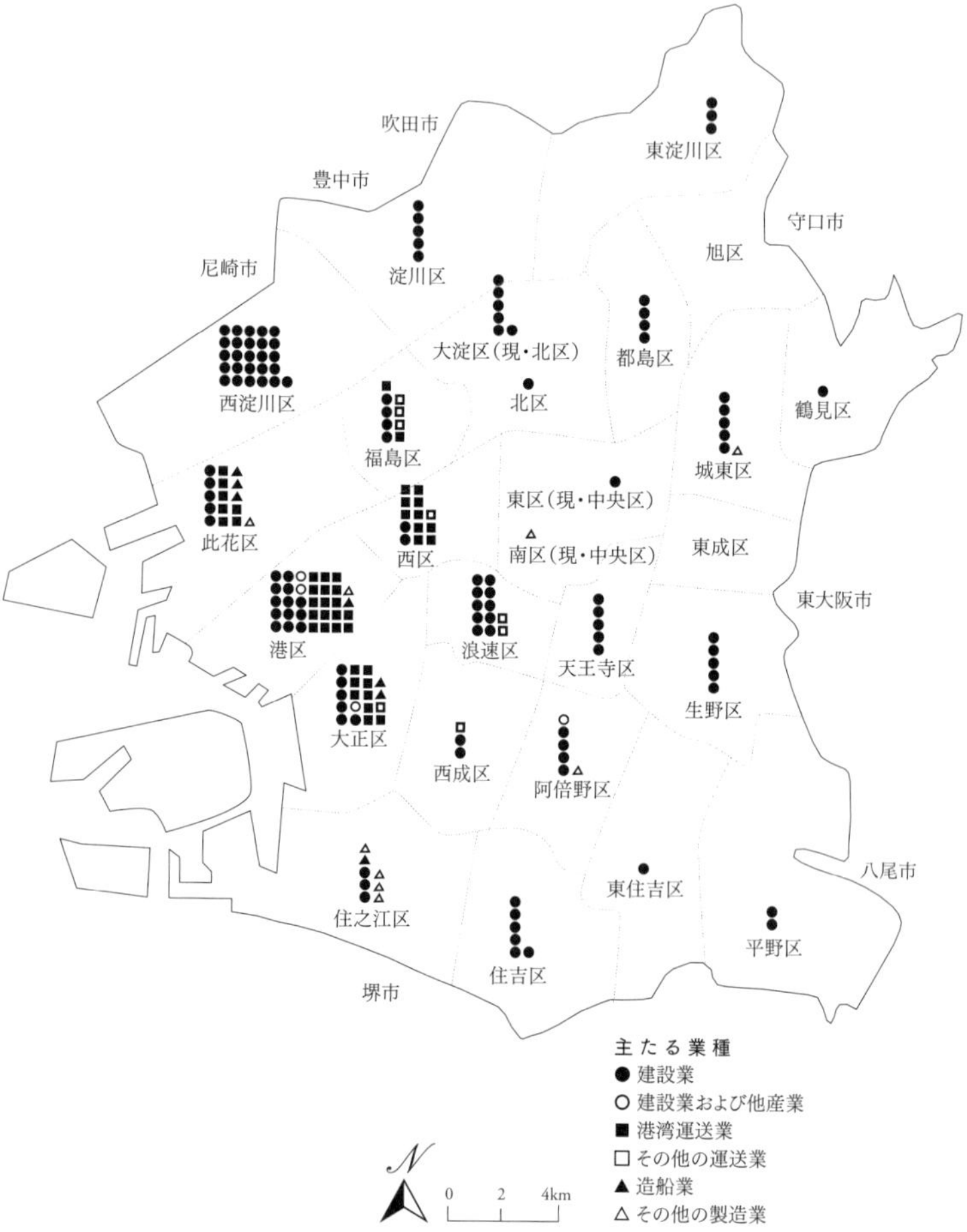

図1-3 **求人業者の立地**（大阪府）
資料｜上畑恵宣氏提供資料「求人連絡員実態調査」より筆者作成

多種多様な産業に、配下の労働力を供給していた。また、それらすべての産業が、ここでみたような重層的下請け構造を有していた。したがって飯場労働者や釜ヶ崎の労働者は、あらゆる産業の最下層部へと送り込まれうる、多能工《たのうこう》的存在であった[5]。だからこそ、第2章で明らかにするように、港湾運送業に必要とされた多数の労働者が、六〇年代後半には建設業へと、そのまま駆り出されていったのである。

国策と資本の矛盾

主流社会で釜ヶ崎が語られるとき、つねにつきまとうのは、その法外性をめぐる言説《げんせつ》である。不法投棄や軽犯罪といった違法から、生活保護受給者へのバッシングなどの道徳的非難に至るまでが口《くち》の端《は》にのぼり、しかもその口調はますます厳しくなっている。だが、これら表層的な——そして往々にして誤ったイメージと差別にもとづく——法外性や特異性に関心が集まる一方で、釜ヶ崎を規定する根底的な法外性に目が向けられることはほとんどない。そのひとつが、労働力の売買をめぐる歴史的な法外の構造である。

釜ヶ崎では、一九七〇年にあいりん公共職業安定所が設置された。しかしこの職安は、職業紹介事業を実施せず、[6] あいりん総合センター階下の労働市場において、求職者と求人者が直接に労働力の売買を取引する形態を追認《ついにん》している。しかも、これを管理・監督するのは公共の職業安定所ではなく、財団法人である西成労働福祉センターに託《たく》されていた。このような労働力売買は「相対《あいたい》方式」と称され、あくまで例外として制度化された売買である。言い換えれば、法外の制度が「公認」されてきたのだ。このような法外の制度は、いかにして確立されたのか。じつは、前節「**一九五〇―六〇年代の港湾労働の地理**」（➡62頁）で述べた一九五〇年代半ばにおける労働力供給の公的経路と非公的経路の関係は、その原点ともいうべき位置を占めている。

まずは、戦後の労働法の概要を確認しておこう。敗戦後のGHQ占領期において、「日本の

5―― それゆえ労働者の世界では、建設業や港湾運送業、炭鉱業といった産業分野に共通する語彙が受け継がれてきた。たとえば建設業の現場において、世話役の労働者は「ボーシン」と呼ばれ、その呼称には「棒心」や「棒芯」といった漢字があてられる。その語源について、寺島珠雄は「ボースン＝boatswain水夫長からきたもの」であろうと指摘し、国境をこえ海を渡り歩く海運・港湾運送業の労働世界に由来するものと推察している［寺島、二〇一三、七六頁］。

6―― あいりん公共職業安定所が職業紹介事業を実施しない実態に関しては、二〇一五年四月に大阪地裁により違法判決が下された。この判決を受け、当職安において一六年四月から新たに職業紹介事業を実施する方針が決定された。

典型的な封建制度の残滓《ざんし》である港湾のボス制度を根絶することは、日本の民主化の最重要部門の一つである」と謳《うた》われたように、飯場や手配師といった非公的経路を一掃《いっそう》することは民主化の最重要課題のひとつとされた。

この方針にのっとり、戦後の職業安定法は、「労働者の基本的人権を尊重し、労働者の自由意思に基づく民主的な職業紹介制度を確立し、労働者募集方法の規制、労働力供給事業の禁止等によって、古い労働関係に代《かわ》る新しい労働秩序を樹立」することを基本理念として掲《かか》げた〔労働省職業安定局、一九七〇、一五七頁〕。つまり、公共職業安定所の機能の拡充をつうじて労働ボスや労働力供給事業を根絶することが目指されたのである。だが、はやくも朝鮮戦争（一九五〇－五三年休戦）の「特需《とくじゅ》」により労働力不足が生じた一九五二年には、職業安

資料1-6　**西成労働福祉センターが併設された「あいりん総合センター」**
（筆者撮影 2007年）

定法施行《しこう》規則が改正され、労働力供給事業に対する規制は緩和《かんわ》された。この時点ですでに、労働力供給事業排除という国家の原則と、すみやかな労働力供給を求める資本の要請とのあいだには、矛盾が胚胎《はいたい》されつつあった。

それでは、一九五〇年代の大阪港における状況はどうか。前節でみた五六年報告書（➡67頁）が明かすように、港湾へと労働力を供給するうえで、公共職業安定所は、飯場や手配師の仲介を許さざるを得ない状況にあり、公的経路と非公的経路を実態として区別することはもはや困難であった。国策として労働力供給事業の排除が謳われていたにもかかわらず、このような矛盾がもたらされた要因について、五六年報告書は二点を指摘している。第一に、熟練の問題に対する職安の能力の限界である。すでに述べたように、港湾の荷役《にやく》はきわめて多様な熟練労働から成っており、「カギ持ちひとつにしても、多種多様であって、これを求人者の要求するとおり適格配置をすることは言うべくして容易ではない。五年、十年の年期を入れたもの、しかも仲間の生活に飛込《とびこ》んでスイもアマイも噛《か》みわけたエキスパートでなくしては、またときとしてはプライベートなポケットマネ《ママ》が機《き》をみてばら蒔《ま》かれる立場のものでなくしては出来ない芸当である。現在の官庁機構下において、更《さら》に経験の浅い、専門的な知識を何等《なんら》持つて《ママ》いない職業安定所の職員に直《ただ》ちにこれを期待することは相当の困難」であった［大阪府労働部、一九五六、七八頁］。それゆえ、職業安定所内において求人連絡員が労働力供給の全権を握る状況が、生み出されたのである。

第二に、そしてより重要なことに、波動性を常とする港湾運送業における資本の要請という要因があった。

午後四時になって突然船が入る。それ！ 労働者を集めろ、といった事態が発生した場合、安定所へ申し込んだとて殆《ほと》んど絶対的にその要求は叶《かな》えられぬ。入港時は予定が立つようで実は容易に立たぬのである。殊《こと》に外国船はそれがひどく予定どおり入港することはめったにないのである。だから突然入港の場合はもとより、一応入港が予定されている場合でも、夕方の入港のために朝から労働者雇用の約束をしておくことは甚《はなは》だ危険なのである。……そこで、飯場《はんば》なるものがまことに便利な存在となる。安定所には一定の時刻を過ぎれば人はいない。が、飯場には何時でも人はいる。働きに出ている者は別として直《ただ》ちに実数がつかめる。如何《いか》なる火急《かきゅう》な求人でも飯場の親方《おやかた》が一旦《いったん》引き受けたとなれば、自己の飯場で足らないところは他の飯場へ連絡もし、なお不足の場合は立《た》ちん坊《ぼう》を刈《か》り集めてでも求人者の注文は完全に満足させる。だから、飯場はアテに出来ると求人者は言うのである。たとえ予定より早く、若《も》しくは遅れて入港したとしても、荷役に手間ヒマをとらせるような不始末は許されない。すぐ目と鼻のところに神戸港という強敵が控《ひか》えているのである。

〔大阪府労働部、一九五六、一二三頁〕

国家にとって労働力供給業者は、民主化を阻害する最大要因のひとつであり、これの排除が至上命題とされていた。しかしながら港湾・海運資本にとって、飯場や手配師《てはいし》等の労働力供給業者は、必要な時に必要なだけの労働力を供給してくれる欠かせない存在だったのである。この点に私たちは、戦後民主化の理念と資本の要請とのあいだに根底的な矛盾が存したことを確認することができる。

この矛盾は、五六年報告書が苦渋《くじゅう》をにじませながら吐露《とろ》する状況であった。だが、一九五六年という時点は、いわゆる高度経済成長のとば口《ぐち》にすぎない。たとえば下記の**図1－4**に示されるように、大阪港に入港する船舶の規模は一九五〇年代半ば以降に急激に増大していった。一九五五年から六五年にかけ、入港船舶総トン数は、約二・五倍の五一七三万超にまで達したのである。このような急激な貨物量の増大は、既存の港湾稼働《かどう》能力

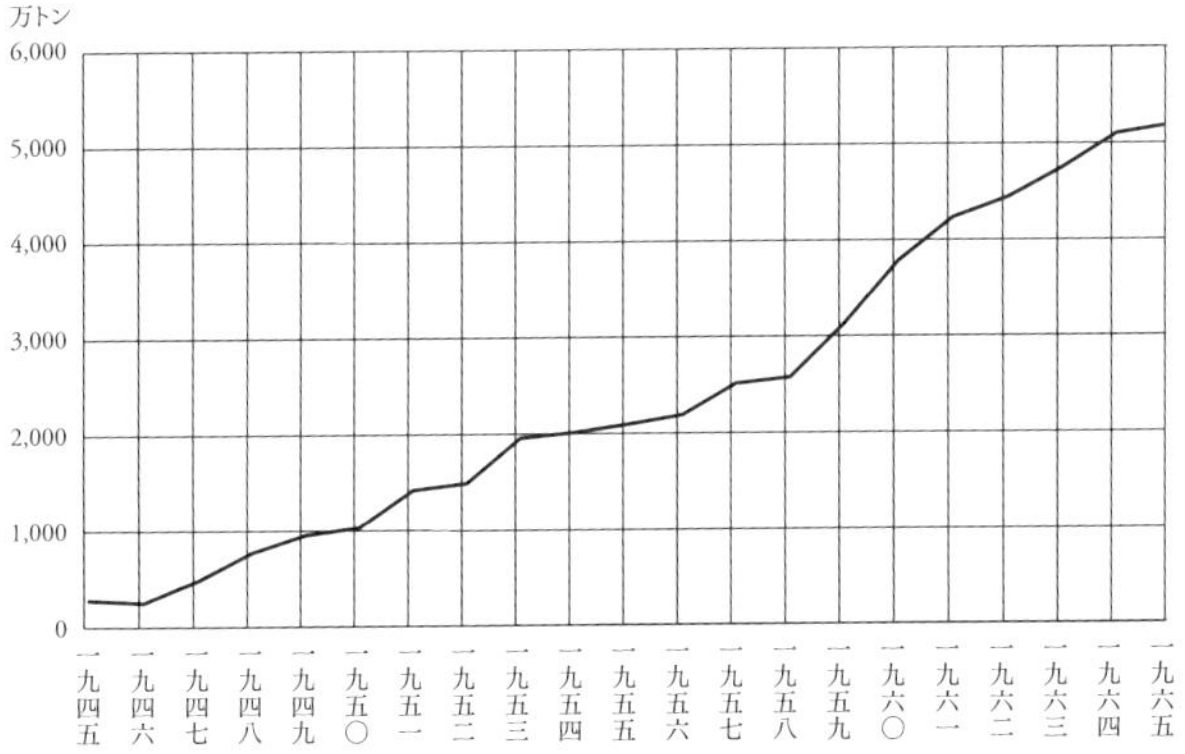

図1－4 **大阪港入港船舶規模の推移**（総トン数）
資料｜大阪市海運局『大阪港勢一班』、各年度版より筆者作成。

をはるかにオーバーする事態であり、その頂点として六〇年代には、「船混《ふねこ》み」と呼ばれる問題を引き起こすにいたった。すなわち、一九六一年から六二年にかけ、輸入貨物が殺到して本船が入港待ちとなる停滞《ていたい》状況が生み出されたのである。船混みは主要港のすべてで起こったが、大阪港では六一年七月に入港待ちの船舶が一〇〇隻《せき》を超え、八月には延べ待ち時間が一万時間を突破するほどであった〔大阪市港湾局、一九九九、一四七頁〕。平井正治(➡63頁)が語るように、この損失時間はそのまま莫大《ばくだい》な額の損益として海運・港湾資本を直撃する。

船の停船《ていせん》料が高い。一トン今四百円ぐらいかかるから。一万トンの船を一日留めたら四百万円かかります。港の費用がいります。タグボートやら、レーダーやら、それで水の補給やらしんならんし。検査があるし、検疫《けんえき》せんならんし。停船料というのはそのぐらいかかります。それで徹夜になるんです。そういう停船料の高さもあって、荷役が遅れたら、そのあとの船がつかえる。先船が、契約過ぎたら罰金を払う。しかもあとの船に、もし足の速い食べ物類が積んであったら、これは他の埠頭《ふとう》へ回さんならん。そしたら、艀《はしけ》〔停泊中の本船と陸とを行き来する小舟〕を余分に使わんならん、臨時チャーターせんならんから。すごう高《たこ》うつきます。
〔平井、二〇一〇、一九七頁〕

一九五〇年代後半にかけての貨物の急増と、その頂点としての船混みは、港湾に混乱の極みをもたらすものであった。上記で平井が示唆するように、それは間違いなく、より多量の労働力を必要とする切迫をもたらしたはずである。事実、下記の図1-5に示されるように、五〇年代後半から六〇年代にかけて荷役量は急増していった。では、このとき港湾には、誰が動員されたのであろうか。

次頁の図1-6をみると、五〇年代から六〇年代にかけ、港湾荷役に従事する常雇の労働者数にはほとんど変化がみられないのに対し、日雇労働者数は急増している。未曾有《みぞう》の規模で貨物が殺到するなかで、海運・港湾資本は、膨大な数の日雇労働者を動員することによって事態を乗り切ろうとしたことがわかる。では次に、かれら日雇労働者はどこから動員されたのか。この時期に港湾関係の公共職業安定所が機能を拡充させた形跡はみられ

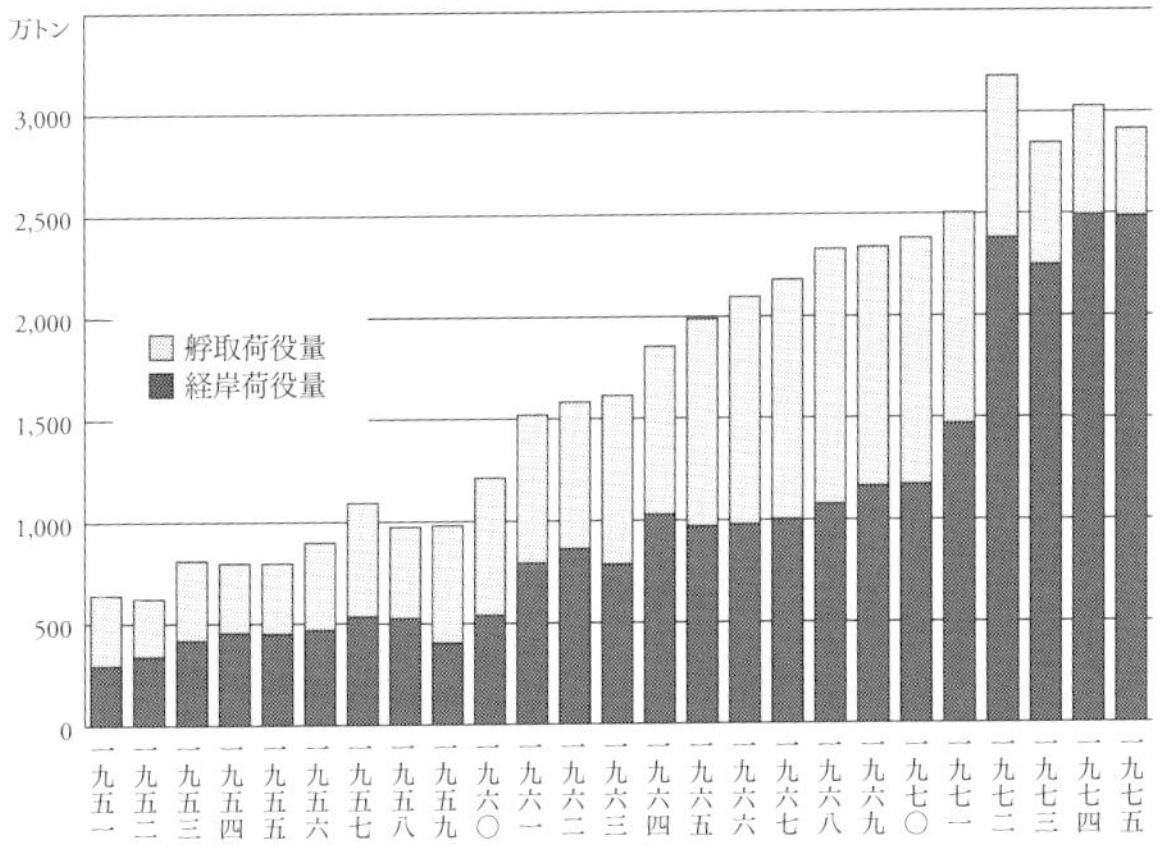

図1-5 **大阪港における荷役量の推移**
資料|大阪市海運局『大阪港勢一班』各年度版より筆者作成。

ない。[7]かわってその比重を大きく増大させるのが、釜ヶ崎の存在であった。次章でも述べるが、一九六一年の暴動を契機として、釜ヶ崎内には大阪府労働部西成分室が新たに設置され、その機能は財団法人西成労働福祉センターへと引き継がれていった。一九六四年発行の西成労働福祉センター事業報告は、飯場と釜ヶ崎との関係について、次のように記述している。

> 港湾業者が西成区霞町《かすみちょう》に労働者を募集に来だしたのは、約五年前からと言われており、それまでは境川《さかいがわ》方面で募集していたが、大半の労働者が西成の簡易宿所《かんいしゅくしょ》（通称ドヤ）に帰るため、現場で作業を終了した際、話合い、次の日の就労《しゅうろう》契約を結び、下請《したうけ》

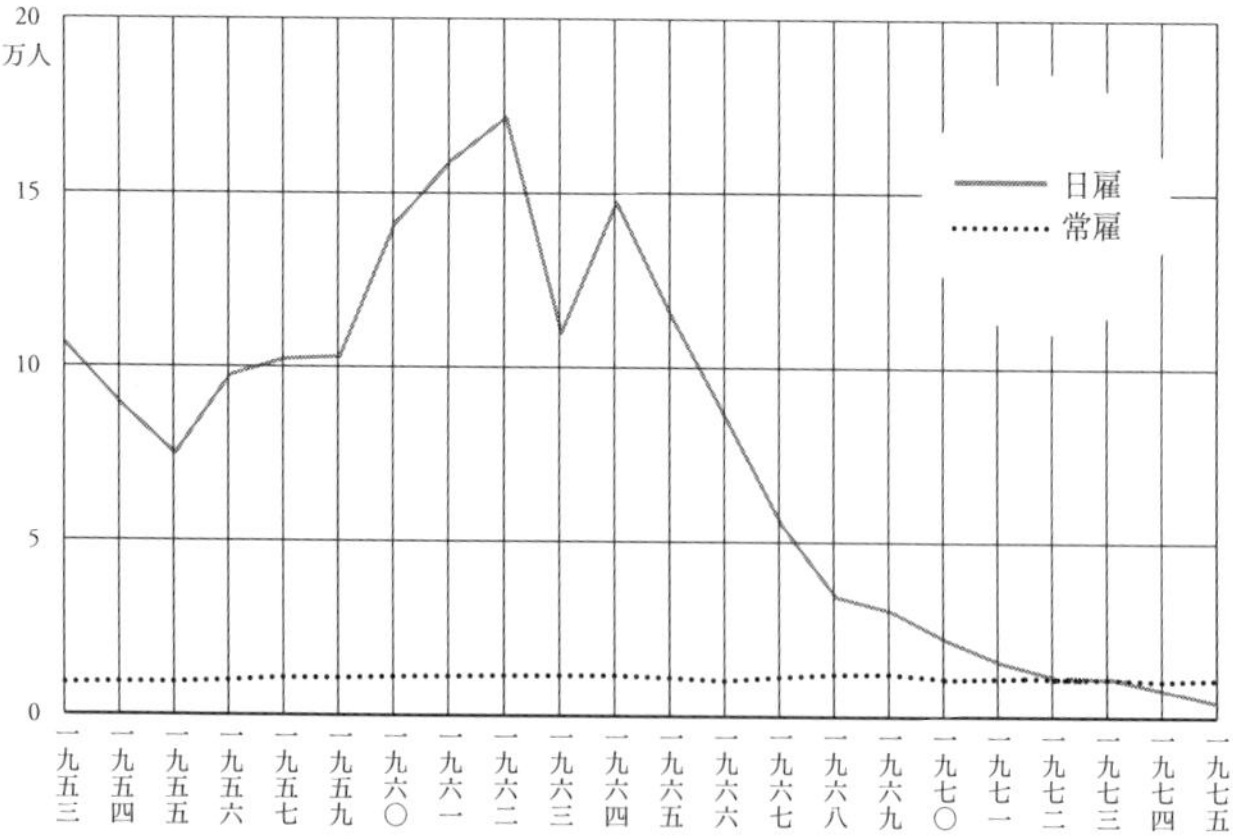

図1-6　**大阪港における常雇／日雇労働者数の推移**

資料｜近畿海運局『近畿海運局要覧』各年度版より筆者作成。

註｜日雇人員は一ヵ月あたりの延労働者数。なお、69年以降は資料の表記が一日平均に変更されているため、月延べ数に換算して表記している。

（飯場）が建てた宿泊所に泊めはじめた。これが本船飯場が増加して来た原因の一つと言われている。これに加えて、業者は土建飯場にも労働者の提供を依頼したため、本船、土建と両道を掛けた飯場も多数発生するにいたった。現在港区に約一六〇ヶ所の飯場が存在すると、いわれている。このうち本船飯場が約六五ヶ所、その中で当センターに募集に来るのは約二三ヶ所である。一ヶ所の飯場に平均二〇名の労働者をかかえていると見られるので、本船飯場だけで約一三〇〇名（季節的に変動する）の労働者が飯場に入っていることになる。これらの労働者の大半は西成区南霞町のドヤに居住していた労働者が多い。飯場が自己飯場内にかかえている労働者で、なお不足する時、当センターに現金求人の募集に来る。

［西成労働福祉センター、一九六五］

この記述から、一九五〇年代後半に、港湾業者による釜ヶ崎での求人が急増したこと、そして、飯場を経由する非公的経路が肥大化したことを読み取ることができる。この状況は、労働の地

7――具体的には、大阪港・境川・大浪橋の各労働出張所を管轄《かんかつ》する信濃橋職業安定所の「一日平均就労数（月平均）」は、一九五八年・六一年・六四年にかけて、以下のように減少している。四三一二名→一六九三名→一四〇九名。同じく「有効求職者数（月平均）」も、以下のように推移している。七三五一名→二一六七名→一八〇七名［大阪府労働部職業安定課、一九五九、一九六一。大阪府労働部職業管理課、一九六五］。

理の変化としても現われていた。一九六〇年代半ばに、雑誌『大阪人』には次のような記述がみられるようになった。

さっき防犯が手ウスになるという話がちょっと出ましたが、最近〔大阪の〕港区は治安面では非常に悪いですね。なにしろ飯場《はんば》が多い。空地が多いから不法占拠で飯場が建つんですよ。それがまたタコベヤ並みのひどいのばかり。
——やっぱり港湾労務者の飯場なんですか。
……それと、市内の建築場へ出て行く大工、トビ〔高所で建築作業する職人〕、土方《どかた》〔土工〕などの供給源もありますね。……段々釜ヶ崎的になってきているんですわ。

〔大阪都市協会、一九六五、二七三頁、傍点は引用者〕

住みよいという面からの問題点として港湾労働者の飯場がふえ、港区の釜ヶ崎化として、以前は飯場ふきんの公園の木がいためられるとか、あるいは学校のガラスに投石が多く年間の被害が相当数にのぼりＰＴＡが非常に迷惑するとか、また夜間は危険で女のひとり歩きはとうてい出来ないから、何とかして欲しいとの声がずい分《ぶん》出ていた。

〔大阪都市協会、一九六六、三五五頁、傍点は引用者〕

「段々《だんだん》釜ヶ崎的になってきている」、「港区の釜ヶ崎化」といった表現からは、釜ヶ崎－大阪港を結ぶ労働の地理が急膨張した事実をうかがい知ることができるだろう。このような労働の地理の変化は、飯場やバラックが乱立する景観として現われた。それは、高度経済成長下の港湾において、飯場や手配師等からなる労働力供給の非公的経路が大々的に活用された事実を、ありありと示す景観だった。

港湾における労働者階級の状態

このように飯場や手配師が活用されるに至ったのも、ひとえに、それらが港湾・海運資本に対し柔軟かつ迅速《じんそく》な労働力を供給する、実に合理的な労働力供給システムを実現していたからである。だが、資本にとっての「経済的合理性」とは、労働者にとってみれば、きわめて不条理な暴力と搾取《さくしゅ》の経験だったことを忘れてはならない。

大阪港は工業港としての性格が強いため、石炭、スクラップ鋼材《こうざい》、鉱石《こうせき》類などの原材料の輸入物資の荷役が多かった。なかでも石炭などのバラ荷や、スクラップなどの汚れる貨物の荷役、有害な化学薬品や鋼材などを扱う危険な労働は、日雇労働者に押し付けられていた。ふたたび平井正治の証言に耳を傾けてみよう。日雇労働者が繰り広げた港湾労働運動のひとつに、風呂場設置の闘争がある。それは、日雇労働者がいかに過酷な労働に従事させられたかを物語るものである。平井はいう。

この入浴でも、汚れ仕事で、とくにスクラップとか、黒鉛の粉末、牛や馬の生《なま》の皮のくさい蛆虫《うじむし》わいた、あんな仕事して上がってきた時いうのは、港区に風呂屋が何軒かあるけど、風呂屋の下足場《げそくば》に、その仕事に行った人は身体を洗って来てくださいと。風呂へ行くのに、汚れを先に、冬でも、職安の水道で洗って下足場に新聞敷《し》いて全部丸めこめておいて、そうでないと風呂へ入《い》れてくれへん。〔平井、二〇一〇、一八四頁〕

また、明らかに有害かつ危険な物資の荷役を担うのも日雇労働者であり、しかもかれらは危険性を伝えられることなくその労働を強いられていた。

〔積み荷をみるとそこには〕ポイゾンって書いてある。ポイゾンて言うたら毒薬や。外国のマークはみな、ポイゾンと書いて、シャレコウベの絵が書いてある、字の読めん人でもわかるように。こんな毒薬の何か化学薬品の、こんな上に重い荷物をどんどん下《おろ》して、これはたまらんわ、と。きいたら、これがやっぱり何か引火性の毒薬やったんや。そんなもんも知らなんだら、その上に荷物どんどん下していって、一つガッと荷物が動いて摩擦《まさつ》したら爆発するかもわからん。
〔同書、二〇〇頁〕

有害物質のひとつに発がん性物質のアスベストがあるが、この荷役もやはり、日雇労働者が担わされていた。アスベスト労働に際し防塵《ぼうじん》マスクと防塵メガネを配布するというたやすい措置《そち》すら、日雇労働者が座り込んで抗議することによってようやく実現されたのである。

これほど過酷で危険な労働を強いられたことから、港湾では日雇労働者の死傷が絶えなかった。平井によれば、一九六六年から七〇年まで、大阪港では毎年二四～五人の日雇労働者が命を落としたのだという。日々の労働の過酷さを示す一例を挙げよう。沖仲仕が従事する本船での船内労働において、船内倉庫の温度はマイナス二五度となっている。船内に積まれた輸入品の肉や魚は冷凍されて石のような硬さとなり、手鉤《てかぎ》（⬇64頁）でもはねかえってくる。そのような極寒のなかでも、手袋はゴム引き一枚でなければならない。綿《めん》の手袋をその下に入れようものなら、汗で綿が凍ってしまい、脱いだときに手の皮ごとめくれてしまうからだ。ゴム引きの手袋、防寒ジャンパー、防寒長靴だけで、こうした労働に携《たずさ》わる。過酷な労働であるから、一時間作業を行ない一時間の休憩を挟《はさ》むことを繰り返す。真夏であれば、外の気温は三五度にまで上る。かたや船内倉庫の温度はマイナス二五度、その温度差はなんと六〇度だ。屈強な労働者であっても、この温度差に吐き、高血圧で倒れる者が跡を絶たなかった〔同書、二〇一頁〕。

このような労働者の日々の犠牲を象徴する事件が、一九六八年のハッチ蓋《ぶた》事件であった。船の上のハッチが外れ、その上にいた労働者たちが一五メートル下の船底まで一気に突き落とされたのである。この事故によって、たった一日に四人の労働者が命を落とし、うち二名は日雇労働者だった。平井は、この事件を契機として闘争委員会を組織し、以後日雇労働者の労働争議を次々と展開していった（その展開過程は第3章で詳述していくこととしよう）。

また、日雇労働者は、業者の意のままに長時間労働や条件違反を強いられる存在でもあった。「雑貨の荷役といつわつて連れて行き、人の嫌《いや》がる貨物の荷役作業を強制」したり、「はじめは五時までの定時の条件（約束）で作業につかせ、時間がくると、『代《かわ》りの人が来ないから』とか『船の出航時間に間に合わせるため』とか云《い》ってオールナイト残業を強制する」といったことは日常茶飯事だったのである。[8] このような状況に対し、炭鉱労働や建設労働の世界では、最下層の日雇労働者がとりうる抵抗手段のひとつは、現場を放棄して逃げ出すことであった。それは、「トンコ」と呼びならわされる、昔からの実践術《サバイバル》である。[9] だが、沖合の本船内が労働現場となる沖仲仕の場合は、まわりを海で囲まれ陸から隔絶《かくぜつ》されているため、トンコすることすら不可能だった。そのうえ、「万一親方のご機嫌を損ねた場合、明日からの運命は明らかである。幾日も仕事は与えられないであろう。やがて住居（飯場《はんば》）も追われるに相違ない。その場合職業安定所に頼っても登録もして貰《もら》えぬとなれば彼等でなくとも弱くなるのは必定である」〔大阪府労働部、一九五六、一二四頁〕。日雇労働者は、労働が終わりを迎えるのを待ってひたすら耐え忍ぶほか、なすすべがなかったのである。

しかも、こうした過酷な労働は、労働者を分断する階層性によって強圧され、統制されていた。労働現場において、常雇《じょうやとい》労働者は互いを「仲間」と呼び合う。日雇労働者は、かれら常雇労働者の「仲間」内から排除されるだけではない。常雇労働者と日雇労働者のあいだには、

8――『朝日新聞大阪市内版』、一九六六年三月一〇日。

9――「トンコ」という語彙《ごい》がもつ歴史性について、寺島珠雄は次のように解説している。「トンコの語源はわからない。朝鮮人労働者の多かった戦中戦前の炭坑《たんこう》では、トマンカスあるいはトマンカッソというのがトンコと同じ意味で使われ、それは朝鮮語だったと理解されていたが当否を確認していない」〔寺島、二〇一三、七六頁〕。この解説を踏まえるならば、「トンコ」と呼ばれる実践は、炭鉱や港湾の労働世界に共通する都市下層の日常的実践であると考えられる。また、その語源が朝鮮人労働者の記憶に連なる可能性が示唆されている。興味深いことに、この点は、筑豊《ちくほう》の炭鉱労働世界の用語「ケツワリ」を解説した上野英信による次の指摘とも重なり合う。「ケツワリとは逃亡・脱走の意であり、動詞としてはケツをワルというふうに用いられている。ケツワリ坑夫《こうふ》といえば脱走坑夫のことになる。よく尻割という漢字が宛てられるけれど、これはバケツを馬穴と書くのと同じく、まったくの宛字にすぎない。もともと脱走を意味する朝鮮語の「ケッチョガリ」の転訛《てんか》であることは明らかだ。係員のことをヤンバンといったり、飯をくえというところをパンモグラといったり、炭鉱で日常用語と化した朝鮮語がすこぶる多いが、これはすでに明治時代からかなり多くの朝鮮人移民が流れこんできているためである。たとえそれが不幸な出会いであるにせよ、地の底における日本人と朝鮮人との結びつきは歴史的に深い」〔上野、一九六七、一〇八－一〇九頁〕。

支配－被支配の階層性の楔《くさび》が打ち込まれていた。すなわち、常雇労働者は「作業における現場監督、班長として職制ないし、中枢的《ちゅうすう》位置におかれ、アンコ〔日雇労働者〕を「追廻《おいまわ》す」（労働強化）役割を担っている」〔三塚、一九六七、七一頁〕。

十五番ブイに停泊中のインド貨物船。九千三百トン。船倉《せんそう》は深い。二十メートルもの鉄バシゴをつたってスクラップの山におりた。すぐ作業が始った。起重機がうなる。船倉の上から〝追廻し〟と呼ばれる荷役班長がどなりだした。／「それっ、じじい、モッコから離れるな。腰おろすたびに百円さっぴいたる。」「そこの赤シャツ、へっぴり腰で、女でも抱く気か」仕事はプレス運びだ。旅行用トランクほどの大きさに押しつぶされた鉄クズをノンコ（手かぎ）でひっかけ、かつぎあげ、モッコに移す。重さ四、五十キロのプレス運びを三十分もやると、手袋が破れ、両手がスクラップのトゲで、血に染った。小学校の教室を二つ合わせたほどの船倉に、鉄クズの粉がいっぱい広がる。金属質のほこりが口と耳にようしゃなくはいり込む。胃袋が鉄粉で固められたような不快感。吐き気がひどい。黄色いヘルメットのアンコたちは、げえげえいいながら鉄の固まりととっくむ。その間も〝追回し〟はアンコたちに罵声《ばせい》を浴びせつづけた。▼10

こうした常雇労働者／日雇労働者の支配－被支配の関係に加え、日雇労働者たちのあいだにも、かれらをさらに分断する階層性が存在した。たとえば、顔なじみゆえに優先的に雇用される労働者は「直行《ちょっこう》」や「顔付《かおづ》け」、その時々で雇入れられる労働者は「一現《いちげん》」と呼ばれ、細分化されていた。なかでも「「一現」は、作業現場でも「仲間」「直行」と違う色のヘルメットを着用させられ、差別の目印」にされた〔三塚、一九六七、六八頁〕。「直行」の日雇労働者は、このように「一現」の労働者に比べれば明らかに優遇され、また、「〔日雇労働者の〕中でも顔付け、又《また》は指名労働者は能力、技術面において常用労働者以上のものを持った者が多く、これらのものは常用労働者より日額にすれば一割程度高い賃金を支払われて」いた〔大阪府労働部、一九五六、九二頁〕。だが、たとえばオールナイト残業などの過酷な要求は、「直行」の日雇労働者であればこそ強いられる縛《しば》りであった。「直行」の労働者が自身の優位をたもつためには、業者や親方の不条理な労働強化の要求に応《こた》えつづけなければならなかったのである。

このような階層性のもとで、業者が直接に雇用する常雇労働者は最低限の人数に抑えられ、波動性からもたらされる荷役量の増減は多量の日雇労働力を動員することで調整されていた。常雇労働者の役割は、「追廻し」にみられるような日雇労働者の監督・指示であったから、荷役労働の実質は、日雇労働者によって担われていたと考えるべきだろう。このように多量に動員

10――――『朝日新聞大阪市内版』、一九六六年三月一〇日。

される日雇労働力は、海運・港湾資本にとって、波動性に対応するだけでなく、労働力費用を安あがりに抑えるうえでも肝要《かんよう》であった。日雇労働者であれば低賃金で雇い入れることができ、また、優先的に雇用する「直行」労働者の場合であっても、相対的《そうたいてき》な賃金の高さの見返りに、はなはだしい労働強化を課すことができたのだから。

さらに、このような複雑かつ柔軟な労働力供給経路は、飯場や手配師が媒介することで機能する装置であった。飯場の場合、経営者は親方として自身の飯場に収容する労働者を斡旋《あっせん》する。他方で手配師は、みずからは労働者を抱え込むことすらなく、「中間で労賃をピンハネするか、または労賃の一部を手数料（手配料）として受け取る」ことを専業とする［三塚、一九六七、六七頁］。このような飯場・手配師による媒介を経るなかで、日雇労働者の賃金は、二重三重にかすめ取られた。たとえば飯場においては、労働者は食事代や寝具代を含む飯場代を支払わなければならないほか、賃金からは斡旋料が差し引かれていた。◀11 労働者への賃金は、就労先の業者から飯場の親方へと一括して支払われたのち、親方のさじ加減により個々の労働者に分配される。

各個人には果して正当な賃金が手交されているやら？　どれほどのピン刎《は》ねがあるやも知れない曖昧なやり方に先《ま》づ疑惑の眼は向けられる。勿論《もちろん》賃金は、労働基準法で作業終了後、直接労働者に支払われねばならぬのであるが、仮りに形式はそのように整えてあるとしても、実情としては親方がその飯場《はんば》労働者の印形を全部預《あず》かっていて、一人で領収印を押してしまう場合が多いのであるから、その間どのようにでもごまかしはきくと云《い》うものである。……或《あるい》は労働者が真面目に働いてそのため作業能率が予定以上に運んだときなど、雇用者からは奨励金《しょうれい》と云った意味で一人当たり一〇〇円～一二〇円が賃金とは別に支給されるが、それは労働者に知らされない限り、親方のフトコロに納まってしまうおそれなきにしもあらずと云うことである。こんな余得《よとく》があればこそ、親方はどんどん太ってゆくのである。

［大阪府労働部、一九五六、一二一頁］

あるいは以下のように、元請《もとうけ》企業から依頼される労働者数よりも少ない労働者で現場に従事させ、かれらの労働強化と引き替えに収益をあげるやり口もあった。

薄《うす》ぐらい船倉《せんそう》で、ヘルメットを数えてみた。初めて気づいたのだが、四人の〝ゆうれい人夫〟がいたのだ。／荷役業者の協定で、スクラップ作業は一船倉《せんそう》当り二十一人が基準とされている。荷役会社はこの基準に見合う人夫料《にんぷ》を下請業者に支払っているはずだ。この船倉を受け持った業者には、二千六百円のオールナイト賃金四人分、一万四百円の

11――幹旋料は一九五〇年代半ば当時で三〇円が一般的であった。このことから、これらの飯場は通称「三〇円宿」等と呼ばれていた。

不労所得がころげこんだ勘定《かんじょう》になる。▼12

重層的下請け構造のなかで、増大する一方の荷役は、それが過酷かつ危険な労働であるほどに「下へ下へとシワよせ」される。そして、資力も乏しい最下層部の業者は、この状況を「日雇労働者の低賃金、長時間労働、労働強化によってきり抜けようとする。そのために導入されているのが労働ボス支配による日雇の差別的雇用、すなわち低賃金利用」だった〔三塚、一九六七、六九頁〕。要するに、多数の無名の日雇労働者の犠牲によってこそ、船混《ふねこ》みを頂点とする一九五〇〜六〇年代の港湾の危機は乗り切られ、高度経済成長が実現されたのである。冒頭で述べた「大阪港湾労働殉職者の碑《ひ》」（⬇61頁）がいまなお静かに物語るのは、この事実である。

もうひとつ、五六年報告書（⬇67頁）には重要な記載《きさい》がある。飯場に起居《ききょ》する労働者の出身地だ。

彼等の出身地は四三都道府県、沖縄、朝鮮に及び、大阪府の七三を筆頭に、兵庫の三三、徳島の三一、朝鮮の二七、熊本の二六、鹿児島の二五、愛媛の二四、広島の二〇、香川の一九、高知の一七、岡山の一六、福岡の一五、東京の一二、富山、和歌山、奈良の各一一、北海道、大分の各一〇といった順であり、一名もいないのは岩手、山梨、埼玉の三県、不明が一四〇……。〔大阪府労働部、一九五六、一一八頁〕

残念ながら、かれらひとりひとりが港湾労働にたどり着くまでにたどった軌跡《きせき》までは、資料から読み取ることができない。だが間違いなく言えるのは、かれらが国内外の土地、とりわけ周縁の地を出自とする移民労働者だったということである。

封じ込められた例外

この章を締めくくるにあたって、いまいちど重要な論点に立ち返っておこう。戦後の労働法は労働市場の民主化を理念として掲げ、公共職業安定所の拡充によって、労働ボスや手配師を排除する原則を打ち立てた。しかしながら一九五〇年代半ばの時点ですでに、労働市場の下層部では、飯場や手配師の介在が、柔軟かつ安価な労働力供給を求める港湾資本にとって不可欠なものと化していた。このような国家の理念と資本の要請との矛盾は、その後、はたして解消されたのだろうか。答えはあきらかに否、である。それどころか、一九五〇年代から六〇年代

12——『朝日新聞大阪市内版』、一九六六年三月一〇日。

にかけ、飯場や手配師が介在する労働力供給経路は、急激に膨張《ぼうちょう》していった。経済成長をひた走るなかで、大阪湾岸一帯に濫立《らんりつ》する飯場に労働力を確保し、釜ヶ崎のドヤ街にさらに予備的な労働力を確保するというかたちで、日雇労働力の供給経路が地理的に配列されていったのである。

国家の理念と矛盾をきたしたまま、なし崩し的に非公的な労働力供給経路が膨張しつづけたのは、この制度が資本の要請に適した、じつに柔軟《フレキシブル》な労働力供給を実現させたからである。しかし、重層的下請け構造に規定されたこの労働力供給の形態は、周辺的な労働者を、ひたすら不条理かつ不当な状況に追いやるものであった。その最大勢力が、釜ヶ崎のドヤ街に住まう労働者たちだったのだ。いわば釜ヶ崎の日雇労働者は、国家と資本の矛盾を一身に背負わされたのである。

また、そのような矛盾は、労働市場の地理的編成《へんせい》を伴うものであった。その帰結としてなされたのは、釜ヶ崎への矛盾の押し付けと封じ込めである。一九六一年の暴動に対処するために財団法人西成労働福祉センターが設置される際、その労働紹介業務について、政府は例外的措置として、「相対方式《あいたい》」の採用を認めた（➡77頁）。この相対方式の採用は、すでに露呈《ろてい》していた国家の理念と資本の要請との矛盾を追認する措置だったといえるだろう。この例外的制度が、一九七〇年代以降もそのままに受け継がれていったのである。このように、迅速《じんそく》な労働力供給を実現すべく形成された非公的労働力経路と、労働市場の民主化を掲《かか》げた国家の理念とが孕《はら》む矛盾は、その後も決して解決されることはなかった。その矛盾は、釜ヶ崎という特定の空間において、例外として「公認」することで外部化され、封じ込められたのだ。もし釜ヶ崎の法外《ほうがい》性を問題とするなら、真っ先に取り上げられなければならないのは、釜ヶ崎に押し付けられたこの歴史的かつ根底的な法外性であろう。

しかし、釜ヶ崎の例外化と封じ込めは、たんに労働市場の分断作用の帰結として実現されたのではない。このような例外的労働市場を生み出すためには、それに適した建造環境が創出され、また、場所イメージが構築されなければならなかった。つまり、空間が生産されねばならなかった。この空間生産の過程は、労働市場だけに注目していては捉えることができない。急いで大阪港駅に向かい、電車に乗って新今宮駅へと戻ろう。次章において私たちはようやく釜ヶ崎に立ち、そこから問うことになる。

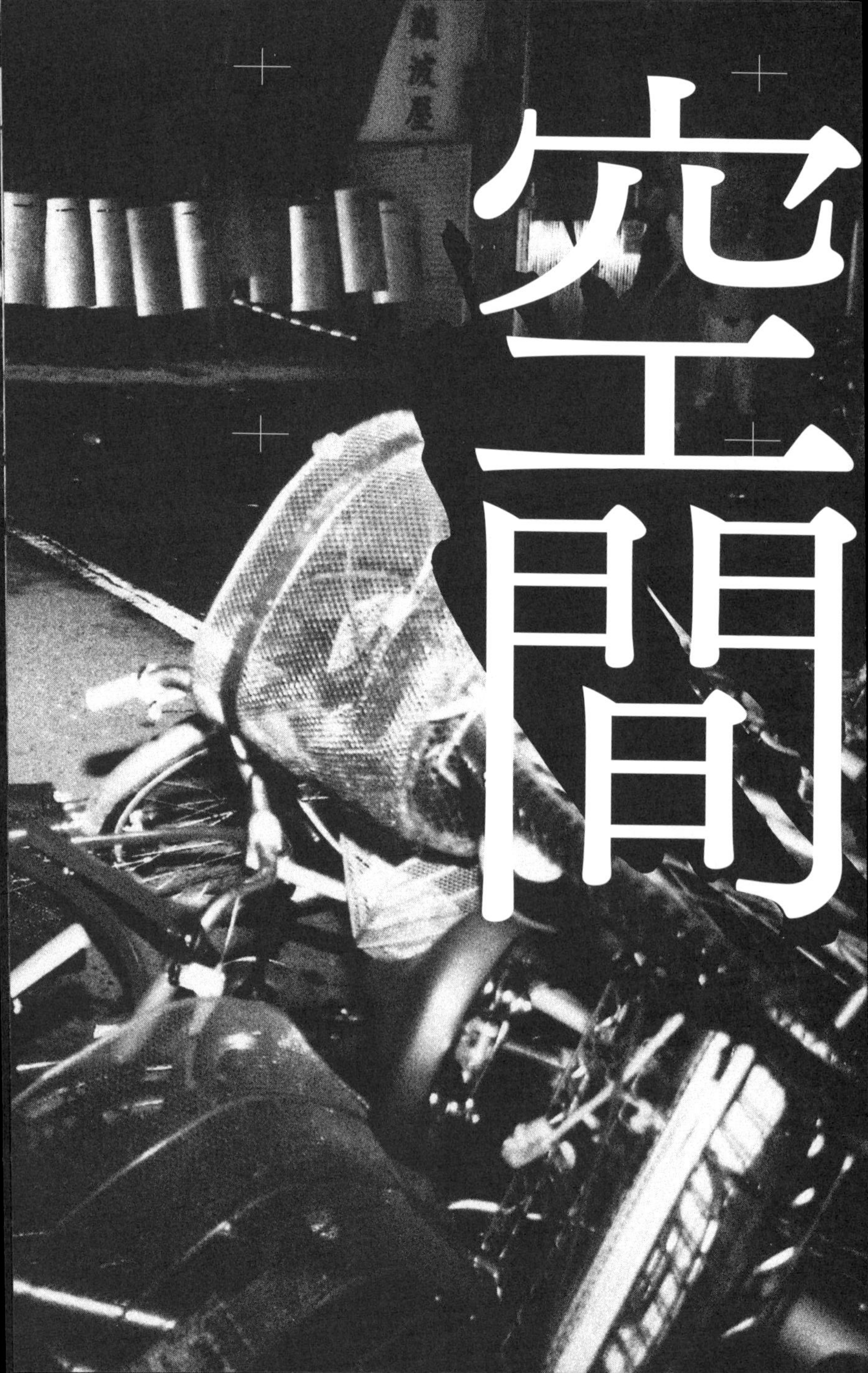
穴空間

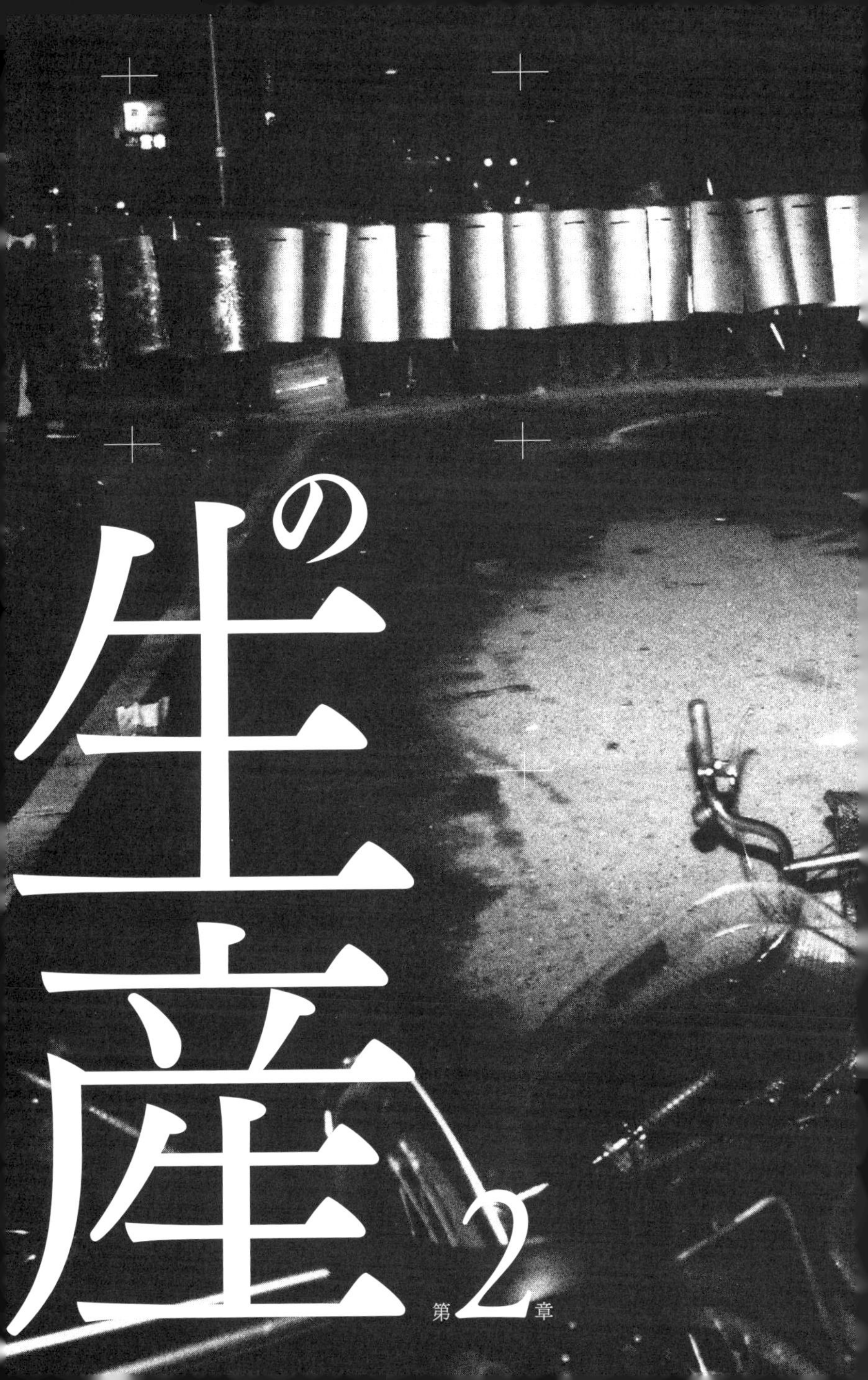

第2章

の生産

植民地の世界は分割された世界だ。おそらくはこれを記述するときに、現地人(indigènes)の町と欧州人の町、現地人のための学校と欧州人のための学校があるなど、今さらに指摘する必要もないだろう――南ア連邦にアパルトヘイトのあることを指摘する必要もないように――。だがこの分割の内部に入りこもうとするならば、そこに含まれた力づくの境界のいくつかを明らかにするのも無駄ではあるまい。植民地世界、地理的な配置、これに接近することによってわれわれは、〔植民地世界の〕骨格を決定することができる。

〔Fanon, 1961＝一九九六、三八頁〕

釜ヶ崎は、暴力が刻みこまれた土地である。

新今宮《しんいまみや》駅を降り、四方に並び立つドヤを眺めながら銀座《ぎんざ》通り（旧紀州《きしゅう》街道）を南へ歩くと、やがて西成《にしなり》警察署が目に入ってくる。身の丈《たけ》をはるかに越える高さの鉄格子で防備し、屋上には暴動鎮圧《ちんあつ》用のサーチライトを常設させた、要塞《ようさい》のような建物だ。鉄格子を見上げた視線を横へ滑《すべ》らせると、監視カメラが目を光らせている。いったい何から防備し、何を監視しているのか。そもそもなぜ、そんなことをしているのか。少なくとも釜ヶ崎が、暴力で制圧された土地であることには気づかされるだろう。その瞬間、身体《からだ》が警戒心でこわばる。

釜ヶ崎は、幾重《いくえ》にも分断された土地でもある。

たとえば、点在する大小の公園や公有地は、その多くがフェンスで囲われている。なかでも釜ヶ崎に隣接《りんせつ》する天王寺《てんのうじ》公園は、立ち入り禁止のメッセージをもっとも露骨《ろこつ》にかもしだす景観だ。この公園は、もともとは誰もが利用できる無料の開放地だった。しかし一九八七年の天王寺博覧会の会場とされたあと、九〇年にはフェンスで囲われた有料公園へと改造されてしまう。有料化の是非を問う裁判のなかでは、その目的が日雇《ひやとい》労働者や野宿《のじゅく》生活者を園内から追い出すことにあると、なんの屈託《くったく》もなく公言されている。最近になって天王寺駅周辺では、急速にジェントリフィケーションが進んだ。天王寺公園はふたたび改造され、フェンスは取り払われたが、野宿生活者や日雇労働者の姿は、より徹底的にかき消されようとしている。

これら暴力の景観から目をそらしたまま、釜ヶ崎という土地を記述するわけにはいかない。フランツ・ファノンは、「植民地化された世界は、二つにたちきられた世界だ」と述べた[Fanon, 1961 = 一九九六、三八頁]。釜ヶ崎の界隈《かいわい》において、私たちは植民地的な世界のありようを、まざまざと見せつけられるのだ。この土地の植民地的要素をほかにも挙げるなら、たとえば地名である。政策的な議論や、新聞やテレビなどのマスメディアにおいては、通常この土地は「あいりん（愛隣）」地域と名指される。いかにも押しつけがましいこの地名は、国家や自治体が「上から」付与《ふよ》した標識であり、その証拠にそこに住む労働者がこの地名を口にすることは、まずない。労働者にとってこの土地の名は、あくまで釜《かま》ヶ崎《さき》（あるいは「ニシナリ」）である。だが、国土地理院の発行する地図に目を凝《こ》らしてみても、釜ヶ崎という表記は見当たらない。釜ヶ崎は、この土地に住んできた数多《あまた》の無名の住民によって語り継がれた地名でしかない。公文書に書き記された地名と、巷《ちまた》でひそやかに語られる地名との差異は、統治する者／される者との非対称的な関係性を、はっきり示している。

このような都市の植民地的空間は、いかにして生み出されたのか。前章で私たちは、労働市場の動態を分析するなかで、例外的市場として釜ヶ崎が位置づけられる経緯《けいい》をたどった。だがその視点だけでは、暴力の景観が現われ出る過程は理解できない。そのような市場が「構造的一体性」［Harvey, 1985＝一九九一、一七〇頁］を獲得するためには、特定の空間が組織され、生産されねばならないからだ。そして、このように空間への問いにたつとき、釜ヶ崎のありようを根底から規定する力を考察する道筋が開かれる。アンリ・ルフェーブルが述べるように、空間の生産とは、政治と暴力に満ちた過程なのだから［Lefebvre, 1974＝二〇〇〇］。

この章では、一九六〇年代から七〇年代初頭の釜ヶ崎対策下において、日雇労働力の供給地としての釜ヶ崎が生み出される政治的な過程を論じる。この過程のなかでは、研究者の調査、マスメディアの報道、政策をめぐる議論から、制度の編成《へんせい》や建造環境の創出に至るまで、さまざまな表象《ひょうしょう》や言説《げんせつ》、実践が相乱れている。慎重に見極めなければならないのは、多種多様に生み出される表象や言説が、ある一定の方向へと収斂《しゅうれん》していく潮目《しおめ》であり、それが物質的な空間生産へと組織化される結び目である。この潮目と結び目は、その土地が「社会問題」として世間の耳目《じもく》を集めるような、重大な危機が生じる時期に見いだされるものだ。一九六一年の第一次暴動は、まさにそのような出来事であった。ただし、暴動という出来事を境《さかい》に、釜ヶ崎が突如として人々の意識に浮上したわけではない。私たちは、暴動が解釈される前後の文脈をこそ、注意深く読み解かなければならない。そして、こわばった自分の身体《からだ》がいかなる空間のなかに置かれているのかを、測量しなおさなくてはならないのだ。

一九六〇年・釜ヶ崎の社会空間

暴動前夜の時期、釜ヶ崎はいかなる社会空間として存在していたのであろうか。釜ヶ崎のドヤ街としての系譜《けいふ》には、いったん白紙となった時期がある。アジア太平洋戦時中、木賃《きちん》宿街は戦災による被害を受け、敗戦直後は国鉄関西本線（現・JR線）沿いにたった七軒を残すだけとなっていた。[1] しかし、焼け跡は戦災復興土地区画整理事業の対象となり、一九五〇年代のドヤ街は戦前よりもいっそう大規模なものへと再生していった（その様相は、一九六〇年代前半の釜ヶ崎の地域構成を図化した25頁の**図**0-2に示されている）。ここで、下記の**表**2-1から、敗戦後の簡《かん》易《い》宿所《しゅくしょ》（ドヤ）数の推移を確認してみよう。一九五〇年に一二軒《けん》存在していた「下宿」は、わずか五年間で一〇七軒に増加している。一九五〇年から五五年にかけての時期に、ドヤ街としての釜ヶ崎が再生したことを確認することができるだろう。[2] ただし、この簡易宿所数は許可を受けている宿の数であると考えられるが、これ以外にも無許可の簡易宿所が存在し、それらは表向き「日払《ひばら》いアパート」[3]として営業を行なっていた〔磯村・木村・孝橋、一九六一、一〇六頁〕。

来たるべき暴動へと昂《たか》まりゆく熱を感知してのことだろう

1――『朝日新聞大阪市内版』、一九四八年七月一二日。

2――一九五八年に五七軒へと減少しているが、これは旅館業法の改正を受けて「下宿《げしゅく》」から「簡易宿所」へ転換する途上にあったことによるものと考えられる。

3――「日払いアパート」とは、実質的に簡易宿所でありながら、旅館業法の規制をくぐり抜けるためにアパートの看板を掲げた、いわば「もぐり」の簡易宿所である。

年次	簡易宿所（下宿）数		
	大阪府	大阪市	「釜ヶ崎」
1950	152	111	12
1955	301	275	107
1958	72	72	57
1959	147	147	129
1960	152	152	134

表2-1 **簡易宿所数の推移**（1950~1960年）
資料｜土田英雄「四　住居（釜崎実態調査報告）」、ソシオロジ8(3)、1961、28頁。

表2-2 柴田のルポルタージュにおける主要記述

資料①	南海電車の萩の茶屋駅をすぎるとガード下のすぐ東側。市電の霞町からいけば釜ヶ崎の“立ちんぼ通り”を南へ、西成警察署の前をちょっと通り過ぎると南海天王寺線の踏切の小さな公園がある。この公園と南海本線のガード下の間、ここにわれわれの“職安横丁”がある。まん中に通称西成職安、お役所流にいえば「大阪府阿倍野公共職業安定所西成労働出張所」。朝まだ暗いうちにはざっと四千人の日雇労務者が群がって活況を呈するが八時にはもう紹介は終わってそれぞれの現場に散ってしまうので、構内はひっそりとする。……表門の前がメーンストリート。そのまわり、勝手きままに建ったドヤ、日払いアパート。くねくね曲がってはくっつく路地に群がるめし屋。一帯によどむ臓物の強烈なにおいに慣れなければ、横丁の住人にはなれない。 ――(『朝日新聞大阪市内版』1960年2月9日)
資料②	もとの飛田遊郭のなかとその回りの映画館。昼間は女客が多い。こんな女もいる。ドヤ賃は前払いだから映画代を払って金がなくなるとドヤへ帰れぬ。時間をつぶして、夕暮れから通りに立ち、客を拾って金をとる。これではじめてその夜のねぐらと商売の場所になる部屋へ入っていく。ぎりぎりの体の切り売りである。 ――(『朝日新聞大阪市内版』1960年2月13日)
資料③	職安横丁の路地あたり、ゴミ箱を横にしてベッタンをやる子、チャンバラでかけまわる子。父が日雇、母が旅館の掃除婦という形が多い。日払いアパートの家には昼の間だれもいない。この子らは朝、十円玉をいくつかにぎらされ「これで昼たべとき」といわれる。金のない朝がある。親はしかたなく「自分で何とかしいや…」受け取る子もべつに悲しむ様子はない。生活力という意味では、この子らはたくましい。 ――(『朝日新聞大阪市内版』1960年2月14日)
資料④	阪堺線南霞町駅前の十字路を中心に、地下鉄動物園前駅の上り口、関西線のガード下、ほの暗い夜あけの寒気のなかにつっ立っている男をあわせると五百人になろうか。こうして、その日の仕事にだれかが連れてきてくれるのを待つ。連れにきてくれるまでいつまでも立っているので“立ちんぼ”という。……オート三輪やトラックで乗りつける“求人”がある。われ勝ちにとび乗るのだが、注文の数より多すぎて、手配師に肩をつつかれ降ろされてしまう。 ――(『朝日新聞大阪市内版』1960年2月16日)
資料⑤	アベノの近鉄百貨店から西へのびる舗装道路。南海本線が高架でこの道をまたぐ。ここで目をガードの真下に落とすとコンクリートの側壁にへばりつく小屋、小屋…。イヌ小屋をやや大きくしたというか、牛小屋を半分に割ったというか、ひょこゆがんだ老朽バラックが折り重なるように連なっている。ガードの脚と脚との中には、小屋の上に小屋をのっけた二階建もある。ここ、西成区西入船、東四条両町の密集バラック地域には約三百軒の小屋、二千人近い人たちが暮らしている。 ――(『朝日新聞大阪市内版』1960年2月18日)

か、この時期、釜ヶ崎は『太陽の墓場』（一九六〇年）をはじめ、映画作品やルポルタージュの舞台となっていた。一九六〇年二月九日から二月二〇日にかけて、『朝日新聞大阪市内版』には「大阪のどん底〝釜ヶ崎〟に住んでみて」と題するルポルタージュが掲載《けいさい》された。足を踏み入れたのは、柴田《しばた》俊治《としはる》記者である。このルポルタージュは、その詳細さにおいて当時の釜ヶ崎に関する記述のなかでも群《ぐん》を抜いており、▼4 同時期に実施された大阪社会学研究会の調査とあわせて、釜ヶ崎対策にも大きな影響を与えた。▼5 ここで、柴田の足取りと視線に沿いながら、当時の釜ヶ崎の社会空間を俯瞰《ふかん》してみよう。

右記の**表**2－2は、柴田のルポルタージュから主要な記述を抜粋《ばっすい》したものである。資料①にある「職安横丁《しょくあんよこちょう》」とは、阿倍野《あべの》公共職業安定所西成《にしなり》労働出張所（以下、西成職安と略す）を中心とする東萩《ひがしはぎ》町一帯を指す。一九五〇年に西成職安が設置されたことで、この周辺には簡易宿所が

4——丹羽弘一は柴田のレポートを「戦後の釜ヶ崎にかんする、おそらく最もはやく具体的な、大衆的なメディアによって伝えられた報告」〔丹羽、一九九三、二〇七頁〕と評価している。

5——大阪市民生局長の松本幸三郎は、大阪社会学研究会の「大阪市西成区福祉地区実態調査報告」と柴田のルポルタージュについて、「両者とも対策事業の計画実施に確固たる基礎資料と改善意欲への迫真的な衝撃を与えるものであって、私は当事者として、この二つの貴重なレポートに対し深く敬意を表するものである」と述べている〔松本、一九六一、六一頁〕。

林立し、このことがドヤ街としての釜ヶ崎の再生の契機となった。西成職安では、早朝「ざっと四千人の日雇労務者が群がって活況《かっきょう》を呈《てい》」し、その様子は「まるで人間のセリ市」であったという。[▼6] ところで釜ヶ崎には、このような公共職業安定所だけでなく、青空《あおぞら》労働市場における労働力の売買も、大っぴらに繰り広げられていた（資料2－1の写真）。前掲の表2－2・資料④で記述されるように、早朝の路上で日雇労働者は手配師《てはいし》を介して就労する。「われ勝ちにとび乗るのだが、注文の数より多すぎて、手配師に肩をつつかれ降ろされてしまう」とあるように、労働者がその日の仕事にありつけるかどうかは、手配師のさじ加減で決まる。そればかりでなく、前章でみたとおり、送り出された先の現場もまた、過酷な搾取《さくしゅ》や暴力に支配されていたのだ。

それでは、住《す》み処《か》としての釜ヶ崎はどのような姿をみせていたのだろうか。職安横丁の周囲には、たくさんの日払いアパートが立地していた。そこには主に家族持ちの労働者が生活していたため、資料③にあるように、職安横丁の路地には「ゴミ箱を横にしてベッタンをやる子、チャンバラでかけまわる子」の姿であふれていた（資料2－2の写真）。漫画『じゃりン子チエ』に表現されているのは、このような釜ヶ崎の原風景である。かたや日払いアパートの内部構造は、きわめて狭苦しいものだった。「各家は上下とも幾部屋にも仕切られて別々の世帯が住んでいる。アパートはたいてい三階建、天井は低い。各階とも狭い廊下の両側に二畳の部屋が並ぶ」。一世帯当たりの畳数は平均二・二畳、一人当たりの畳数は〇・八畳であったという〔磯村・木村・孝橋、一九六一、一〇八頁〕。さらに、資料⑤にあるように、南海《なんかい》本線に沿って、浪速《なにわ》区恵美《えみ》地区、水《みず》崎《さき》・馬淵《まぶち》地区、東四条《ひがししじょう》地区から東萩町にかけては、バラック地帯が形づくられていた[7]（資料2－3の写真）。「平均四、五人、最高七人の家族が住んでいる」とあるように、日払いアパートと同じく居住者には家族持ちが多く、数名の所有者による借家経営が行なわれていた。また、ドヤ街としての釜ヶ崎には、旧飛田遊郭《とびたゆうかく》が隣接している（資料②）。この遊郭は、一九一二年の「南の大火」によって廃止となった難波新地《なんばしんち》の遊郭の代替地として、一九一六年に設置されたという経緯をもつ。飛田遊郭は一部を除いてほぼ戦災を免れ、戦後はここを中心として山王《さんのう》町一帯には青線《あおせん》地帯が形成された[8]。一九五八年に売春防止法が完全施行されて以降、遊郭は公式には「廃業」となったが、「料亭」という看板のもと営業は継続して行なわれていた。

6――『朝日新聞大阪市内版』一九六〇年二月一〇日。

7――このうち水崎町は、戦災で焼け出された人々が関西本線のガード下と化粧品会社・中山太陽堂裏手の国鉄（現JR）用地に住みだしたことを契機とするもので、その後ジェーン台風（一九五〇年）の罹災《りさい》者や、市内各所の占拠地から追い出された人々が集まり、一大バラック地区へと膨張していった。また、恵美地区の形成は、戦後に新《しん》世界《せかい》の松映劇場跡に住んでいた三〇世帯を、地主、警察、区役所が恵美小学校裏の空き地に移動させたことが契機となった。その後この地が飽和状態になると、バラックは南海本線沿いの道路予定地へと拡大し、馬淵地区が形成されるに至ったのである［大阪市整地課管理係、一九六一、三－五頁］。

●――次頁の写真――資料2－1――青空労働市場（路上求人）の風景（出典、上畑恵宣収集写真アーカイブ［上畑淳子氏より寄託、大阪市立大学都市研究プラザ管理］）

子どものいる風景
（青木秀男氏提供）

資料2-2

資料2-3　**バラックが並び立つ光景**
（同氏、提供）

柴田の記述からは、一九六〇年当時の釜ヶ崎には、さまざまな歴史をもつ複数の社会空間が折り重なっていたことがわかる。青空労働市場は、あくまでその構成要素のひとつでしかない。だが、釜ヶ崎対策を経た一九七〇年代以降の釜ヶ崎は、まさに「寄せ場」という位相《いそう》で名指すことがふさわしいような、単身男性日雇労働者の集住地へと変えられていった。いかなる論理と力が、釜ヶ崎の空間改造を実現させたのだろうか。

場所の構築――焦点とフレーム

土地とはそもそも、境界をもたない無定形な拡がりである。なるほど河川や山麓《さんろく》といった自然の地形は、土地を区切る原初の境界であるように思われるかもしれない。だがもともとの自然ですら、地球規模の長い時間でみれば動くものなのだから、不動の場所や境界などはありえない［Massey, 2005＝二〇一四、二五〇－二六九頁］。まして創造と破壊を本質とする都市空間において、境界を引くという制度的実践は、なおさら問題含《ぶく》みのものとなる。

これに反して私たちは、都市空間ですら、固定したものとして捉えがちである。そのような地理的想像力は、私たちが都市を知覚するうえでのイメージと信念とに依《よ》っている。たとえば「大阪」という都市は、一方では——グリコの看板や通天閣《つうてんかく》といった——シンボルや映像の寄せ集めとしてイメージされる。場所イメージそれ自体は、ぼんやりとしており、輪郭《りんかく》も定かではない。だが他方で、そのような場所は地図のうえで境界づけられ、その位置を確定しうるという信念をも有している。都市「大阪」は、大阪府や大阪市といった行政区界としても表わされうる、というように。一定の土地をひと塊《かたまり》の場所としてイメージさせる表象（ルフェーブルのいう「表象の空間」）と、その土地を境界で区切り、面で分割する地図的描写（「空間の表象」）とは、対立をはらんだ別種の空間でありながら、互いを支えあう関係にある［Lefebvre, 1974＝二〇〇〇、八〇－九二頁］。

8——大阪市民生局の調査は、以下のような実態を報告している。一九五六年四月三〇日時点で「赤線《あかせん》地区業者並《ならび》に接客業者」として山王町四丁目に業者数二〇三、「女給」が一三五〇人。「青線地区業者並に接客婦等」としては東田町・松田町・山王町一帯に業者数一一三、「売春婦」が一八〇人。「散在している売春容疑者並に婦女等」としては、旅館・下宿屋・娼家《しょうか》といった業態で、山王一・二・三丁目および東田町付近に業者数七三、「売春婦」が一四〇人、である［大阪市民生局福祉課、一九五七、五八－六〇頁］。なお、「青線」とは一九五七年の売春防止法の施行以前に非合法で売春が行なわれていた地帯を指し、「赤線」は公認で売春が行なわれていた地区を指す俗称である。

表象と境界の変化は緩《ゆる》やかなものだから、私たちの眼には相対的《そうたいてき》に固定したものとして映る。だが、それらが目に見えて急激に変化し、分節化されるような局面がおとずれることもある。人々の集合的意識を束《たば》ねるマスメディアが担う役割は、とりわけ大きい。このとき、一定の土地の拡がりがひと塊の場所としてくくり出され、明確な対象として人々の意識にのぼるようになる。研究者の調査や政策的議論もまた、そうして醸成《じょうせい》された場所イメージを前提としながら発せられ、表象や境界の分節化をますます補強していく。「長町《ながまち》」取り払いの計画過程に加藤政洋《かとうまさひろ》が見出したのは、このような「場所の構築」をめぐる文化政治であった［加藤、二〇〇二］。

場所の構築過程を分析するうえで注目すべきは、あるひと塊の場所を浮き彫りにしていくような眼の組織化であり、とりわけその焦点とフレームである。それは、私たちが写真を撮影し、現像するまでの過程になぞらえることができるだろう。ぼんやりとしたイメージしかもたない場所であっても、そこを中心として知覚が編成《へんせい》されるような焦点は、必ず存在する。視角を切り取るフレームは、まだ定まっていないかもしれない。けれども、いくたびも場所がイメージされ、幾重にも表象が折《お》り畳《たた》まれていくうちに、ぼんやりしていた場所の像もやがてくっきりしたものとなる。それとともに、場所をひと塊の対象として浮き上がらせる視角のフレームが、明確な輪郭を帯びるようになる。いったんフレームがしっかり固定されてしまえば、もはやフレームの存在が意識されないほど、その視角は人々にとって自明のものとなる。それが、政策的な議論が展開するうえでの視座ともなっていくのである。

「西成」イメージの形成

釜ヶ崎一帯の土地が社会問題として焦点を合わせられる契機をたどっていくと、一九五〇年代後半の時期にさかのぼる（次頁の表2－3）。一九五八年、売春防止法が完全施行され、飛田遊郭が「廃業」に追い込まれた時期と前後して、飛田本通商店街を中心に「暴力ポン引き」が多発し[9]、対処すべき問題として浮上していた。[10]このような事態に対し、地元住民や商店会は、「環境浄化」に向けた運動に取り組み始める。[11]この動きに応じて西成警察署は、一九五九年に「売春、麻薬、暴力などの私服を中心とする捜査班と、制服のパトロール班の二つからなり総勢七十一人」で大阪府警西成特別取締隊を組織した。また地元の商店会は、「取締隊の発足と歩調を合わせて毎晩十一時すぎまでマイクで通行人とポン引きに〝警告放送〟」するキャンペーンを展開した（資料2－4の写真）。このよ

9――これによって飛田本通商店街では「「無理やり引っ張り込まれて金をまきあげられた」とか、「すぐイソネンをつけるので危うくて歩けもしない」という声が高まり、通行人が減り売り上げも激減した」（『毎日新聞大阪市内版』、一九五七年、一二月九日）。

10――『毎日新聞大阪市内版』、一九五七年六月二六日、同年七月一八日、同年九月一日。

11――一九五七年に飛田本通青年会が「暴力ポン引き追放にご協力ください」と印刷したビラを配布する運動を開始し（『毎日新聞大阪市内版』一九五七年一二月九日）、一九五八年八月二日には、西成区山王萩之茶屋地区暴力排除住民大会が開催された（『毎日新聞大阪市内版』、一九五八年八月三日）。

表2-3　**1950年代～61年8月の釜ヶ崎関連記事**（毎日新聞大阪市内版）

1956（昭和31）年	
1月10日	〈みんなのために〉西成の日雇労務者にウドン
2月17日	一泊50円三百名収容　日雇い労務者に宿泊所
5月7日	〈みんなのために〉　運転手泣かせの釜ヶ崎
7月19日	“砂漠の街（釜ヶ崎）”に文化を
7月30日	〈暴力新地図〉③　ヒモという街娼会社
8月10日	〈暴力新地図〉⑫　無法者
1957（昭和32）年	
2月24日＊	赤線地帯はどこへ行く
6月26日	暴力ポン引きを逮捕　飛田付近に巣食う7人
7月18日	歓楽街を食う悪の花　飛田新地付近の暴力団の生態
9月1日	横行する暴力、内紛　暴力ポン引241名を送庁
12月9日	明るい町はわが手で　飛田本通青年会　暴力ポン引追放
12月25日	暴力売春団　西川組親分ら送庁
1958（昭和33）年	
2月7日	余命5十余日　大阪の赤線地帯をみる
3月1日＊	さすがさびしく　飛田で解散式
3月2日	引越しも忙しく　飛田の女性　更正へ解散式
6月14日＊	スラム街から不就学追放　“十円貯金”で仕上げ　大阪釜ヶ崎　学齢期の子に予備校も
7月6日	西成　不就学児追放へ立つ　全区をあげて運動
7月18日	暴力追放へ立ちあがる区民　西成
8月3日	西成を明るい町に　住民3万が願いをこめて決起大会
8月23日	西成に日雇さんの俳句会
1959（昭和34）年	
5月9日	〈時評〉西成地区の浄化運動
5月11日＊	西成という町（上）　正に日本の“カスバ”たたいても死なぬ根強さ
5月11日＊	西成　底なしの“悪の病巣”“麻薬”で120人逮捕
5月12日＊	西成という町（中）　敗残者の吹きだまり
9月12日	〈大阪ウィークリー〉明るくなったか“西成の町”一向減らぬ“夜の女”
10月1日	〈道〉紀州街道①　うっかり車も走れない　人呼んで“釜ヶ崎ドヤ街”
1960（昭和35）年	
5月19日	朝日放送　反響呼んだ「どん底の町釜ヶ崎」
9月21日	夜の「釜ヶ崎」視察
12月24日＊	西成の悪　誇張しすぎる　防犯協会マスコミへ要望書
1961（昭和36）年	
1月21日	〈投書〉釜ヶ崎にほしい明るい施策
4月27日	ドン底の町に内職会館

5月21日	50人を"一日里親"西成の民生委と婦人会
6月10日	〈投書〉密造酒と釜ヶ崎
8月2日	西成　群集3千が暴徒化　派出所焼き警察襲う
8月2日	西成で"山谷"の二の舞　通る車を片っぱし　突き倒し、燃やす　猛暑に狂った? 凶暴さ
8月2日＊	この目で見た"西成の暴動"背景をさぐる本社記者座談会
8月2日＊	西成　厳重な警戒をしく　警官千人を動員
8月3日	騒乱罪適用も検討　西成の集団暴力
8月3日	西成暴動　解決へ　地元のあせり　悪い立役者"流れ者"家を与えても働く気ない1万人
8月3日	昨夜も騒ぎ繰り返す　西成　警戒くぐり押しかけた2千人　派出所、車に放火
8月3日	〈そこでひとこと〉本当に残念だ　集団暴力事件
8月3日＊	西成事件　治安確保の対策急ぐ
8月3日＊	西成の暴力　その特異性　"ヤクザ"にも反目　暴徒に急変するヤジ馬
8月3日＊	怒る住民"もう我慢ならぬ"　西成　防犯協会が警察、府会に要望
8月4日	警察隊6千で鎮圧　高姿勢で実力行使
8月4日	〈社説〉西成の集団暴力事件
8月4日	"西成"を救うには
8月4日	"実力"に逃げまどう"西成暴徒"　装甲車先頭の警官隊　西成署周辺　さながら市街戦
8月4日	"台風"よりも厳戒　暴徒におののく西成住民
8月4日＊	西成事件　厳罰、即決処分で
8月4日＊	西成事件の社会学的分析
8月4日＊	きょうも警官6千人　一般市民立ち入るな
8月4日＊	19人の拘置請求　大半が"暴力前科"
8月5日	厳戒で一応平静　西成　なお小ぜりあいも
8月5日	〈投書〉西成事件に思う
8月5日	〈国内〉　生活向上へ施策を　西成事件
8月5日	西成事件が教えるもの
8月5日	"ツキ"の落ちた狂熱の町西成　カゲひそめた"暴徒"
8月5日	こんごの対策"西成通"の見方
8月5日	〈みんなのために〉"釜ヶ崎"と"西成"の呼び名
8月5日＊	"行路病人"に差しかえ？　警察が西成の重傷者に
8月6日	西成事件　てんやわんや集
8月6日	決意新たに　"西成対策"　大阪市会
8月6日	"西成"の平和を保つには　地元民はこう考える
8月6日	〈時評〉1日も早く施策を　西成　市民の深刻な不安
8月6日＊	今夜から3割へらす　西成警備
8月7日	"宇宙船"見えぬかな？　夜空見上げ平穏の西成
8月7日	"行路病人"と認定　西成事件　負傷者の治療費
8月7日＊	西成対策を総合的に　府知事と市長が共同声明
8月7日＊	「警官に落度ない」　府警監察官室　発端の事故処理に結論

8月8日	西成に窓　“お役所臭”抜き　職業あっせん機関を
8月8日＊	西成事件主役は手配師暴力団　幹部に逮捕状
8月9日	手配師暴力団　西成事件の主役
8月9日	自警団（西成）も追及
8月10日	西成　浄化へ基本方針　府、市連絡会議
8月10日＊	計画的な“反警”暴動　西成事件
8月11日	2千人あぶれる　西成　手入れで日雇労務者
8月12日	暴力手配師　大都市で暗躍　からむ人手不足
8月12日	ヤミ手配師締め出す　労働面の西成対策　寒川府労働部長が語る
8月16日	〈投書〉西成事件に警察の反省を
8月16日＊	中学生ら4人をさらに逮捕　西成事件
8月17日	“山谷”を越すスケール　西成事件の総まとめ
8月17日	西成　総評でも対策委
8月17日＊	釜ヶ崎専従係おく　府警・生活相談にも乗る
8月18日＊	あれから半月の「西成」　なお消えぬ病根
8月19日	さらに5人逮捕　西成事件
8月19日＊	西成事件の捜査　地検、府警と食い違い　扇動の立証困難
8月20日	また1人逮捕　西成事件の投石者
8月20日＊	西成事件　臨時国会で追及　江田書記長語る
8月21日	〈投書〉西成事件の再反省
8月21日＊	西成事件　まず63人を提訴
8月22日	話し合いの“場”を　市会民生保健常任委
8月26日＊	また4人提訴　西成事件
8月27日	ジカに見た“西成ドヤ街”　底辺に失わぬ向上心　本社記者潜行記
8月27日	“西成”で国補要請　府・市　3つの対策たてる
8月28日＊	西成対策に注文する・上
8月29日	単身者の分散へ　西成対策　港区に簡易宿泊所
8月29日	西成対策　地元議員、鋭い質問
8月29日＊	西成対策に注文する・中
8月30日	西成事件　さらに2人提訴
8月30日＊	西成対策に注文する・下
8月30日＊	求人側に護衛も　西成　手配師の妨害に備え
8月31日＊	府警、陣容建て直し　西成の手薄に乗じる暴力団

註1｜　＊は夕刊記事。
註2｜　新聞記事の収集に関しては、財団法人大阪社会運動協会が所蔵する記事資料集から釜ヶ崎関連記事をピックアップしたうえで、大阪市立大学学術情報総合センター所蔵の最終版・マイクロフィルムで確認・補足するという手続きをとった。社会運動協会所蔵の当該時期の資料が毎日新聞大阪市内版であったことから、ここではそれを分析対象としている。

資料2-4 **商店街の「暴力追放」キャンペーン**
出典｜ 井上青龍 © 撮影年不明
（井上治子氏による掲載許諾）

うに、商店街・近隣住民・警察から成る「暴力とポン引き」に対する包囲網は、一九五〇年代後半をつうじて拡充されていった。▼12

これらの取り組みは「事実」の報道として繰り返しマスメディアで報じられるが、幾重にも表象が折り畳まれるなかで、この土地に対する視角のフレームは次第に定まり、くっきりと輪郭をあらわすようになっていった。一九五九年五月、『毎日新聞大阪市内版』の紙面上で「西成という町」と題して三回にわたり掲載された記事は、資料2-5のような地図を示しつつ、次のような言説《げんせつ》を提示している。

〝こわい〟というのは区の東北角、山王《さんのう》町一帯を指す。山王町の山をとって付近を通称〝ヤマ〟と呼ぶ。南海天王寺線《なんかいてんのうじ》と平野線に囲まれた山王町、隣接の阿倍野《あべの》区旭《あさひ》町、それに東田《ひがしだ》町の一部を加えた、ほぼ一キロ四方が問題の〝ヤマ〟なのだ。〝ヤマ〟の中心に当たるのが旧飛田《とびた》の特飲街〔特殊飲食店街〕。それをとりまいて戦後、赤《あか》線《せん》地帯ができあがり、さらに天王寺線を越えた西側には昔ながらの「釜ガ崎」がひかえている。▼13

資料2-5　**新聞記事「西成という町」掲載地図**（出典｜毎日新聞大阪版1959年5月11日夕刊）

この記事は、売春問題に焦点をあてながら、「こわい」場所として山王町一帯を浮き彫りにさせ、ついでに隣接の釜ヶ崎にも言及することで、ふたつの場所を並置《へいち》している。この山王町一帯と釜ヶ崎の関係性については、次のように記述される。

今までみたように、西成は二つの顔をもっている。釜ガ崎がスラム街とすれば、山王町、東田町は暴力で表わされるだろう。どちらかといえば釜ガ崎は生活力のない人たちが多く、他方は何をしてでも生きのびるグレン隊〔「ぐれた」人たちの集団〕やヤクザが多い。しかし、この二つの町は、もちろん底辺で結びついていて、二つの性格がまじり合って西成という特殊な環境を作り出し、東京にも見られないものを持っている。[14]

これらの言説においては、「釜ヶ崎＝スラム／山王・東田町＝暴力」というフレームが成立しており、それらが「底辺で結びついて」いる構図までも示唆されている。この記事の書き手の認知のなかでは、決してついでに釜ヶ崎に言及しているわけではないのだ。さらに、これらの場所の全体像を一括《いっかつ》する表現として、区名である「西成」が流用されるのである。

12――『毎日新聞大阪市内版』、一九五九年九月一二日。

13――『毎日新聞大阪市内版』、一九五九年五月一一日夕刊。

14――同上。

知を組織する研究者の眼もまた、このような視角のフレームを組み込みつつあった。一九五九年から六〇年にかけて、大阪社会学研究会は釜ヶ崎の調査を実施した。[15] あらゆる地域調査がそうであるように、調査報告の冒頭では、対象地域の定義がなされる。そこでは、釜ヶ崎をどのような範域《スケール》で区切り、定義するかについて、「釜ヶ崎を昔のように入船《いりふね》地区中心に考えるもの」、「入船地区を中心に、甲岸、海道、東萩の諸町を包含《ほうがん》するもの、なお、このほかに東田町を加える場合もある」、「第二の考え方にさらに山王町一帯や今池町を加えるもの」という三つの定義が検討されている。

> このうち、第一の考え方は、地域全体の構造が変化しているので、もはや通用しない。残るのは第二、第三の考え方であるが、ここで問題になるのは、何を指標として地域の範囲を設定するかである。本来の釜ヶ崎は、木賃《きちん》宿（➡23頁）や長屋と貧困層つまり貧民街というのが観念の構成要素をなしていたが、この条件からすれば、もっとも妥当するのは第二の考え方である。……次に最近の釜ヶ崎の観念化にあたっては、貧民街的な性格と同時に反社会性ないし暴力的行為が大きな条件となっているが、とにかく〝西成〟――これは元来区名であるが――という俗称《ぞくしょう》が生《う》れ、これがこのあたり一帯をさして、暴力の町釜ヶ崎の代名詞にさえなっている。
>
> ［益田、一九六一、九頁、傍点は引用者］

最終的に、大阪社会学研究会は第二の考え方を「狭義《きょうぎ》の釜ヶ崎」とし、第三の考え方を「広義《こうぎ》の釜ヶ崎」とする方法を「釜ヶ崎の現実をもっともよく捉えたもの」として定義している。[16]「貧民街」を指標とした範域《スケール》である「狭義の釜ヶ崎」と、「反社会性ないし暴力的行為」を指標とした範域《スケール》である「広義の釜ヶ崎」という定義のうちには、「釜ヶ崎＝スラム／山王・東田町＝暴力」という構図が無自覚に組み込まれている。

以上でみたように、第一次暴動前夜の時期に、「暴力と貧困」を指標としながら、一定の土地をひと塊《かたまり》の場所として表象する機制《きせい》は、すでに成立していた。そこに見いだされるのは、山王・東田町に対し「暴力」という場所イメージを、釜ヶ崎に対し「スラム」という場所イメージを付与して区分したうえで、ふたつの場所がたがいに関連するものとして上位の表象（「西成」）のもとに包含するという、フレームの構図である。

ところで、このように釜ヶ崎を「スラム」として映し出す言説においては、職安地区が当時の釜ヶ崎を代表する景観として語られていたことに注意しておこう。職安地区は、バラック、日払いアパート、簡易宿所が混淆《こんこう》し密集するという意味で、「あらゆる小地域の要素を大なり

15——大阪社会学研究会の実施した釜ヶ崎調査は、大阪市社会福祉協議会［一九五四a、一九五四b］、大阪市民生局庶務課［一九五七］のような一連の「スラム」実態調査の一環として実施されたものである。

16——大阪社会学研究会によるこの定義は、警察署や保健所などの調査報告資料にも反映されている。

小なり未分化のままに含んでいる」空間であった〔磯村・木村・孝橋、一九六一、一〇四頁〕。なによりこの職安地区には、家族持ちの労働者がたくさん居住していた。たとえば、一九六〇年の大阪市会でなされた釜ヶ崎対策を求める質問では、釜ヶ崎には「きわめていんさんな不良住宅にたくさんの世帯がたむろして」おり、「これはいわゆる普通の日雇労働者とか独り者が住むのではなく、子供があり、奥さんがあるというようなものが日家賃をだして入っている」と述べられている〔大阪市会、一九六〇、二六六頁〕。このように、「スラム」としての釜ヶ崎は、当初は劣悪な生活環境や不就学児童問題といった家族の貧困問題として構成されていたのであり、その後に見られるような、青空《あおぞら》労働市場をつうじて就労する日雇労働者の労働問題に焦点が合わされていたわけではなかった。かれらの像は、いまだぼんやりとしたものでしかなかったのである。

「あいりん」の成立

「暴力」や「スラム」といった場所イメージがすでに成立していたなかで、一九六一年八月一日に勃発《ぼっぱつ》した第一次暴動は、「猛暑に狂った？凶暴さ」[17]という記事見出しが示しているように、暴力性を強調しながら報じられた[18]（128頁以下の表2-3）。さらに、「突如として」起きたこの事態を理解可能なものにするために、次のようなまやかしの地理的説明が付け足されていく。

〝釜ヶ崎〟一帯には旅館百六十四、簡易宿舎三百十六、下宿二十五のいわゆる〝ドヤ〟があり、もぐりのものまで合わせると四百に近い。ここにざっと一万人の日雇労働者、土方《どかた》など、いわゆる〝無籍者《むせき》〟がひしめき合っている。……風俗営業法から旅館のみはずれたため警察は立ち入りの権限がなく、ドヤの中はいわば無法地帯だといえる。[19]

第一次暴動が「暴力」のイメージを強調して報じられたことに呼応して、この言説では、ドヤ街としての釜ヶ崎は「無法地帯」とされている。けれども、このような表象は第一次暴動によって初めて生み出されたのではない。釜ヶ崎や山王町一帯を、「暴力と貧困」という場所イメージに重ね合わせて映し出す機制は、一九五〇年代後半にすでに形を成していた。ただし、そこには決定的な変化も見いだされる。視角の焦点は、「ヤマ」から釜ヶ崎へと、明らかに移動しているのである。ここにおいて、それまで周辺的でぼんやりした像しか結ばなかった日雇労働者の存在に対し、はっきりと焦点が絞《しぼ》られるようになった。つまり、日雇労働者の蜂起《ほうき》が報じられる際、マスメディアはかれらに焦点を合わせつつも、すでに形づくられた手持ちの地

17――『毎日新聞大阪市内版』、一九六一年八月二日。
18――マスメディアによる「暴動」に対する意味づけのより詳細な分析に関しては、丹羽［一九九三］を参照されたい。
19――『毎日新聞大阪市内版』、一九六一年八月五日。

理的表象を、当たり前のように動員した。かれらの蜂起は、その型に流し込まれ、解釈されたのである。「暴動」と名づけられた集合行為のうちに、日雇労働者の叫び声を聞きとろうとする回路は、まったく働かなかった。

それればかりでなく、暴動やそれへの対策がマスメディアによって広く報じられるなかで、釜ヶ崎や西成といった地名と場所イメージは、幅広くまき散らされた。これは、近隣住民にとって深刻な事態であった。暴動勃発《ぼっぱつ》の四日後には、「「西成暴動」という見出しの記事が紙面をにぎわしましたが、事件の起こった釜ヶ崎は西成のほんの一部で、全部ではありません。なぜ釜ヶ崎事件とせず、西成事件と呼ばれたのですか」という西成区民からの投書が寄せられている。[20] そこには、釜ヶ崎や西成という場所イメージのもと、近隣住民までもがひとくくりにされることに対する、危機と忌避《きひ》の感情が表明されているといえるだろう。[21] ことに問題なのは、「西成」という地名である。「西成暴動」という表現がそうであるように、イメージのうえでは、あたかも「西成」とは釜ヶ崎の別名であるかのように報じられた。だが、「西成」とは西成区という区界を有する行政域でもあり、しかも、その範域《スケール》は「釜ヶ崎」よりもずっと広い。そこには、工場地帯から初期の郊外住宅に至るまで、多種多様な景観と住人が混在している。「西成」という地名とともに場所イメージが立ち上げられることで、これら多様な住人の層までもが否応なしにこのイメージに組み込まれたのである。

このような否定的イメージを抹消《まっしょう》するために採《と》られたのが、釜ヶ崎や西成という、それまでの通称を新しい地名によって置き換える戦略だった。

釜ヶ崎というと何だか、スラム街である、あるいは悪の温床地帯である。あるいは暴力地帯であるというふうな印象がしますので、現在は釜ヶ崎という名前は使わないで、この地区を愛隣《あいりん》地区、あるいは山王、萩之茶屋《はぎのちゃや》地区と警察では呼んでいます。

〔大阪少年補導協会、一九六五、六三頁〕

さらに、一九六六年には「あいりん地区対策三者連絡協議会」の席上で、大阪市・大阪府・大阪府警の申し合わせにより、山王・萩之茶屋地区は「あいりん」という呼称《こしょう》のもと地区指定され、これ以降、行政やマスコミでは「あいりん」を公式名称として用いる方針が決定された。ここ

20――同上。

21――第一次暴動の勃発以降、釜ヶ崎周辺に住んでいることによる差別事案が発生していることが頻繁《ひんぱん》に報じられている〔大阪都市協会、一九六五、六一二頁。『毎日新聞大阪市内版』、一九六五年一二月三日。大阪都市協会、一九六六、八二二頁〕。被差別状況に直面するなかで、近隣住民の口からは、「あの人達が……犯罪をおかしたりさらには暴動をやったりしないで平和に市民的な生活をしてくれたらいいと思うんです。……そりゃどっかへそっくり出ていって貰《もら》えば一番いいが、市内になるなら一ヶ所によせず分散させればいいと思うんです」〔大阪都市協会、一九六五、六一二頁〕という主旨の分散論が語られるようになった。

には、釜ヶ崎という地名を上から抹消《まっしょう》し、暴動の事実を、日雇労働者の叫び声を無化《むか》しようとする意図が表われている。だが他方では、この地区指定においても、一九五〇年代後半以降に釜ヶ崎や西成といった地名のもとで繰り返し括《くく》りだされてきた、「暴力」と「スラム」といったフレームが、あきらかに上書きされている(24頁の図0-1、132頁の資料2-5参照)。それればかりではない。六六年の地区指定は、フレームの性質を決定的に変化させる組織化の実践だった。それは、単なる視角のフレームであることをやめ、制度的な根拠をもつ地図上の境界へと変わったのである。

この潮目と結び目において、人々の都市意識の奥深くに、釜ヶ崎への地理的想像力が植え付けられるにいたった。それは、都心ちかくにありながら別世界のように感受させる場所イメージと、境界で線引きされた地図上での認知からなる想像力である。それはいまなお、私たちの認知を深いところで縛りつづけている。新聞紙面上でも学術論文でも、釜ヶ崎は「主に西成区の萩之茶屋一丁目から三丁目ないし太子《たいし》一丁目あたりを含んだ約〇・六二平方キロの地域」と説明される。よくよく考えるならば、この短い説明には解《げ》せない点があることに気づくはずだ。釜ヶ崎とはドヤ街を指し示す通称にすぎず、「キタ」や「ミナミ」がそうであるように、明確な境界をもたない。にもかかわらず、「約〇・六二平方キロ」というかなり厳密な数値が弾《はじ》き出されている。このような数値は、面を区切る境界がなければもたらされるはずがない。その境界が、「あいりん」の境界なのである。

さらに、「あいりん」の境界を目で追うと、もうひとつ不可解なことに気づく。ドヤ街を指し示す地名の境界であるにしては、「あいりん」の範域《スケール》は広すぎはしないだろうか。簡易宿所（ドヤ）が集中するのは、関西本線・南海本線・天王寺線がつくりだす三角形の内側の土地である（25頁の図0－2）。これに対し「あいりん地区」は、東側では天王寺線を超えて山王町や今池町を含み、西側では南海本線を超えて東四条まで含んだ範域《スケール》として定義されている（図0－1）。このようなずれが、なぜ存在しているのか。ここで論じた場所の構築の経緯を念頭に置けば、その答えはあきらかだろう。もともとこの土地一帯が人々の集合的意識にのぼった際、社会問題として焦点が絞られたのは売買春の問題であり、その地理的な焦点は山王町に結び合わされていた。また、同じ時期には、東四条や南海本線沿いのバラックにも照明があてられていた。青空労働市場や日雇労働者に対し焦点が絞られるようになったのは、あくまで暴動が勃発《ぼっぱつ》して以降のことでしかない。あいりん地区という境界には、このような場所の構築過程の諸相のすべてが含みこまれている。要するにそれは、当時のマスメディアや社会学者たちが「社会問題」や「社会病理」と名指した物事すべてをない交ぜにし、丸ごと囲うように線引きされた範域《スケール》なのである。

空間改造

地区を指定するという制度的実践は、たとえるなら外科手術に似ている。人体の病理に対し手術のメスを入れる前段階では、病理を確定し、メスを入れるべき箇所を画定させなければならない。社会の「病理」についても同じことがいえる。土地に線引きをし、地区を画定することは、いよいよ本格的な空間改造のメスが入ることを意味するのである。

ただし、留意しておかなければならない重要な点がある。空間改造は場所の構築過程のなかで形成されたイメージの線をなぞるように遂行されるが、しかし、醸成《じょうせい》された問題意識がそっくりそのまま写し取られるわけではない。そこには、メスを握る執刀医の意思――すなわち、国家や自治体の利害――が挟《はさ》み込まれる。つまり、この医師は、病気でもないところにメスを入れたり、メスを入れるために化膿《かのう》させたりすることが多々あるのだ。釜ヶ崎の空間改造を担う中心的主体は、一九五〇年代以降、時代を経るごとに入れ替わってきた。具体的には、「釜ヶ崎（あいりん）対策」と呼ばれる一連の制度的実践の展開は、一九六一年八月一日の第一次暴動以前の時期、六一～六六年六月までの時期、六六年六月の「あいりん地区」指定以降の時期、この三つに区分することができる〔中根、一九九六〕。それぞれの段階を経るにしたがって、メスを握る執刀医は、大阪市から大阪府、そして国家へとバトンタッチしていく。それは同時に、釜ヶ崎に対する視点と論理の変化を伴《ともな》うものだった。

第一次暴動以前

釜ヶ崎に対する行政の対策は、戦後期においては一九五〇年代まで不在であったが、釜ヶ崎が社会の関心を集めていた最中の一九六一年三月七日の市会において、戦後初となる「スラム対策」が発表された。その概要は、次のとおりだ。「西成区の有力な方によつて「愛隣会」を結成」し、また愛隣会館を新たに建設して「ここを拠点といたしまして生活の指導をやりたい。又《また》、学習指導をやりたい。と同時に内職の斡旋《あっせん》をいたしまして生活の向上を期したい」〔大阪市会、一九六一a、一二七頁〕。前節で述べたように、この時期の「スラム」としての釜ヶ崎の像《イメージ》は、主に家族の貧困問題に焦点を合わせながら描出されていた。愛隣会館を拠点とした「スラム」対策は、釜ヶ崎に住む家族持ちの労働者の生活向上をはかるものであり、この時期の釜ヶ崎の表象を色濃く反映した構図であるといえる。[22]

愛隣会館は、一九六一年四月に事業を開始し、ここに「スラム対策」としての釜ヶ崎対策がようやく着手された。しかしながら、この直後の八月に第一次暴動が勃発したことで、対策は大きく転回させられていく。

一九六一年八月の第一次暴動の勃発を契機として、大阪市・大阪府・大阪府警から成る「釜ヶ崎対策連絡協議会」が発足し、釜ヶ崎に対する恒久的《こうきゅう》対策が議論された。[23] そこでは「現在の法制制度《ママ》が、労働行政は大阪府、民生行政は大阪市と、かような制度になつておるんだから、大阪府は職業安定法にきめられておる範囲内でのお仕事をやつてもらつたらよろしい、それ以外のことは大阪市でやりましよう」〔大阪府議会、一九六一、一二九頁〕と提言され、大阪市と大阪府の縦割《たてわ》りの役割分担が決定されている。

ここで、それぞれの対策の方向性を確認してみよう。まず、民生行政を担当する大阪市の対策をみると、「できるだけ早く環境を浄化し、あそこに住む人の生活を向上」させるために、「家族もちのしかも更生《こうせい》にあえいでいる人の宿泊施設も作りたい」とある〔大阪市会、一九六一b、一七八頁〕。具体的には、愛隣寮が一九六二年一二月に事業を開始し、六五年六月には今池生活館が事業を開始している。[24] このほか、教育対策として不就学児童を対象とした「あいりん学園」が六二年二月に開校された。

家族持ちの労働者を対象とする対策は、第一次暴動以前の時期においても、愛隣会館の建設として実施されていた。この点だけみれば、暴動を経たこの時期の対策は、それ以前の対策の延長線上にあるかのようにみえる。しかし、そこにはある決定的な断絶がある。愛隣会館を拠点とした対策は、あくまで地域内にとどまることを前提としながら、貧困家族の生活向上をはかるものであった。もし家族が住み続けることを基本とする方針がとられつづけたなら、現在のように、釜ヶ崎が単身者にこれほど特化した空間となることはなかったかもしれない。これに対し、新たに建設された愛隣寮と今池生活館には一年半の入居期限が設定され、退去後の入居者には地域外の公営住宅等の住居が斡旋《あっせん》された(表2-4)。つまりこれらの施設は、愛隣会館とは異なり、家族を釜ヶ崎から分散させる装置として配置されたのである。[25] また、地域外の公営住宅に入居できた家族が、必ずしも落ち着いた生活をいとなむことができたわけではない。ケースワーカーとして家族の生活や子どもたちの教育の支援に奔走《ほんそう》した小柳伸顕《こやなぎのぶあき》(➡27頁)が書

22——加えて、この答弁のなかでは、馬淵町および水崎町に対しても「凡《およ》そ九千万円の予算をもちまして、民生局と建築局、計画局が寄りまして、五階建てのものを二棟で百三十五世帯を収容」し、愛隣会館と同様に生活指導や学習指導、内職斡旋《あっせん》を行なうことが発表されている。この方針を受けて馬淵生活館が建設され、一九六二年一二月(第一期)、六三年六月(第二期)に事業を開始した。これらの対策は、いずれも地域内における生活向上を企図するものであった。なお、このような「社会福祉センター」の建設は、大阪市社会福祉協議会[一九五四a]ですでにその必要性が提起されていた。

23——具体的な経緯は以下のとおりである。八月三日に府知事・市長・府警本部長による会議が開催され、翌四日には「釜ヶ崎対策連絡協議会」が発足、九日には府警本部が「長期警備体制計画」を発表、一一日には府警本部が「西成対策推進本部」を設置した[中根、一九九六、一七三―一七五頁]。

24——愛隣寮は居室数三〇室で入居資格は五人以上の多子家族、今池生活館は居室数七〇室で入居資格は二人以上の小家族とされた。

25——一九六九年一二月末時点までの退去世帯は、愛隣寮二三〇世帯、今池生活館九四世帯となっている。

き記すように、「折角《せっかく》、公営住宅に入居できても、生活に失敗し、再び釜ヶ崎にもどった例」もあったのだ〔小柳、一九七八、一七二頁〕。

大阪市の民生行政が家族持ちの労働者を標的として釜ヶ崎からの分散化に取り組む一方で、大阪府は、労働行政の面から単身の労働者に対する対策に取り組んだ。第一次暴動以前の対策に欠けていた日雇労働者の労働問題への取り組みが、この時期の対策に盛り込まれたのである。この取り組みには、それまでの場所イメージでは周辺的存在であった日雇労働者に焦点を合わせようとする意思が、明確に反映されている。具体的には、「地域の労働者を正規な労働につかせ、生活を安定させる」〔西成労働福祉センター、一九六三、六頁〕ことを主旨として一九六一年に大阪府労働部西成分室が設置され、六二年には財団法人西成労働福祉センター（⬇72、77、84、98頁）が事業を受け継いでいる。

しかし、ここで指摘しておかなければならないのは、このような日雇労働者の労働問題対策が、かれらを犯罪者扱いする治安対策を伴《ともな》いながら遂行された、ということである。たとえば大阪府警は、第一次暴動の直後に「積極的に犯罪を未然に防止する体制

表2-4　**愛隣寮・今池生活館入居者の退居先**

	西成区内	大阪市内	大阪府内	大阪府外
愛　隣　寮	—	53	32	—
今池生活館	2	42	39	1

資料｜大阪市立今池生活館・愛隣寮『大阪市立今池生活館・愛隣寮退居世帯追跡調査』1970。
註｜1969年12月末時点での総退居者324世帯中169世帯。

を固める」ために、西成署四〇人、浪速署一〇人を増員させた。これにより、「西成署はこれまでも署員四二一人で日本一の大世帯だったが、さらに四六一人にふくれあがった」のだという。[26]
さらに、一九六六年には釜ヶ崎内の路上四ヶ所に監視カメラを設置する方針が打ち出された。

> 愛隣地区におきましては、先ほどのお話のような四ヶ所が、やはりあすこにおきますいろいろな事象《じしょう》の震源地……そういうような雰囲気をかもし出すとか、あるいはうごめきなんかの出ます状態の多いところでございます。そこでそういう事態を早く見て早く犯罪が起こらないように、大きくならないように押さえていきたいと、こういうことでございます。
> ［大阪府議会、一九六六、七二三頁］

後の第3、4章で述べるように、第一次暴動に表現されていたものとは、警察や手配師の支配と抑圧に対する日雇労働者の怒りであり、叫び声である。釜ヶ崎対策に日雇労働者の労働問題対策が盛り込まれたことは、見た目にはこの叫び声に耳を傾けようとする姿勢の表われであるかのようにみえる。しかしながら、労働福祉センターの就労紹介は求人者と求職者との直接交渉による相対《あいたい》方式（➡77頁）が採用されたため、飯場や手配師等が介在する日雇労働市場の構

26――『毎日新聞大阪市内版』、一九六一年九月二日。

造は事実上「黙認」され、その例外状況はむしろ制度化された。そのうえさらに日雇労働者は、治安対策の対象にすらされたわけだ。結末は明らかだった。日雇労働者の蜂起は、直接的・制度的な暴力をもって鎮圧《ちんあつ》されたのだ。

　この歴史的経緯を正しく踏まえるならば、次の二点をいまいちど強調しておかなければならないだろう。第一に、なにが犯罪とみなされるかは、まったく恣意《しい》的である。日雇労働者の叫び声が犯罪と同一視され、監視の対象とされたのだから。第二に、権力がなにを恐れるか、ということである。上述の引用で述べられるように、監視カメラによる監視の対象は、日雇労働者が群集する「雰囲気」や「うごめき」であった。人々が群れをなす動き、群れが群れを呼ぶような自律《じりつ》的な中心性の生成をこそ、権力はおそれ、封じ込めようとするのだ。

一九六六年六月以降の「あいりん対策」

　これまでみたように、一九六六年五月までの対策においては、大阪市が民生行政を担当し、大阪府が労働行政を担当するという役割分担のもと、家族持ちの分散化、例外的労働市場の制度化、および警察による労働者の監視という道筋がたてられた。しかし、縦割《たてわ》り行政のなか大阪市と大阪府の連携が稀薄《きはく》だったこともあり[27]、これらは釜ヶ崎の空間に対する総合的な視点のもとで行なわれた施策《しさく》ではなかった。これに対し、一九六六年五月に勃発《ぼっぱつ》した第五次暴動[28]を契機として結成された「あいりん地区対策三者連絡協議会」において、釜ヶ崎は「あいりん地区」として指定され、[29]これ以後の対策は新たな局面に入っていく。この時期においては、大阪市・大阪府・大阪府警のほかに、日本政府が対策の執刀医として加わっていく。つまり、「釜ヶ崎問題」の治療は、もはや地方自治体の手に委《ゆだ》ねられるべきローカルな課題ではなく、国家みずからがメスを入れるナショナルな課題へと決定的に移行したのである。したがって釜ヶ崎対策には、国家の意思が組み込まれていった。そして、国家によって束《たば》ねられた一連の制度的実践は、釜ヶ崎の空間の大規模な改造を実現させていく。

まず注目されるのは、一九六六年七月一日に全面施行された港湾《こうわん》労働法をめぐる動向である。港湾労働法とは、公共職業安定所による港湾日雇労働力の一元的な管理を企図する施策であるが、大阪における港湾労働法の運用をめぐり、大阪府議会では次のような議論がなされていた。

大阪の港湾における日雇い労務者の状況は、他府県の五大港とは違つた様相を呈《てい》してお

27——三者連絡協議会は、一九六六年までに八回が開催されたのみだった。

28——この暴動は、火事場に消防車の到着が遅れたことが発端となり勃発した。

29——地区指定以前の一九六三年の時点では、西成警察署、愛隣会、大阪社会学研究会、西成保健所分室の管轄地区のスケールはそれぞれ異なっていた［大阪市衛生局、一九六三、四頁］。「あいりん地区」指定によって、関係機関の管轄地区が統一されたものと推察される。

りまして、大阪は何といいましても、あの西成の地区が、これは震源地になつておりまして、その地帯から現在約千人余りの日雇い労務者が港湾のほうへ働きにいつておるというようなことで……港湾労働法が施行になり、港湾の近代化と日雇い労務の正常化をはかつていくという点につきまして、法律を完全に施行するという点と、港湾の労務を確保するということからいたしますと、何と申しましてもあの地帯の労務者が必要であります。……したがって、そういう事情のもとに、なるだけ多くの西成地区の労務者を港湾まで持つていくということが、西成愛隣地区の対策の一環といたしまして、港の安定所まで輸送していくということでありまして、輸送の点につきましては、福祉厚生協会等に委託《いたく》をいたしまして、そのうち輸送費の予算におきましては、二分の一を府が助成をしていくと、こういうことに相《あい》なつておりますので、ご了承をお願いしたいと思います。

〔大阪府議会、一九六六、三三七 - 三三八頁〕

この言説では、「大阪の港湾における日雇い労務者の状況は、他府県の五大港とは違った様相を呈して」いると指摘したうえで、労働力確保の必要性から釜ヶ崎の日雇労働者を港湾に輸送する方針が、「西成愛隣地区の対策の一環」としてはっきりと打ち出されている。つまりここでは、日雇労働力の供給地としての釜ヶ崎を積極的に容認し、それをいかに有効に活用するかが議論の焦点となっているのだ。◀30 さらに、この答弁のなかではつづいて「私ども労働省とはいろいろと折衝《せっしょう》いたしまして、労働省のほうでは、専門の労働公共職業安定所をつくってやろうと、こういうことに話が進んでいます」と述べられており、国政レベルで釜ヶ崎対策が着手されつつあったことが示唆されている。

一九六六年八月二五日、九月一四日の二回にわたって、学識経験者を中心とし、建設・厚生・文部・自治・労働の各省、地元関係機関からなる不良住宅地区改善懇談《こんだん》会が開催され、釜ヶ崎や山谷《さんや》などの「日雇労働者集中地区」に対する恒久的な地区再開発と整備対策が議論された。[31] この結果、「建設省は不良住宅の改良という立場から、労働省は就労秩序の正常化という立場から、警察は警察、社会、民生《みんせい》部門は民生関係ということで、あらゆる角度から政府として全力をあげて対策を講じようという結論」が出された。[32]

不良住宅地区改善懇談会で出された結論を受けて、労働省と建設省は、それぞれ釜ヶ崎に対する対策を打ち出している。まず労働省の動向をみると、一九六六年度の『失業対策年鑑』の

30――港湾労働法が完全施行された一九六七年以降、釜ヶ崎からのバス輸送による「出頭促進」が実施されるにいたった。

31――また、一九六六年一〇月七日には、大阪府知事および大阪市長から関係各省に対し、公共職業安定所と労働福祉施設の設置を求める要望書が提出されている。

32――「昭和四二年六月六日第五五回衆議院社会労働委員会」URL: http://www.ndl.go.jp/ 二〇一六年一月七日最終閲覧。

中では「特別地区対策」の項が新たに設けられ、愛隣地区対策として、①愛隣労働福祉センターの設置、②労働公共職業安定所の設置、③簡易宿泊所の設置という三点の措置を講ずることが明記されている［労働省職業安定局失業対策部、一九六七、三四五―三四六頁］。また建設省は、「昭和四十二年度におきまして、住宅地区の改良地区といたしまして地区の指定をし、かつ事業計画の許可」を実施している。[33] このような労働省と建設省の対策の方向性を受けて、「四十三年度で、改良住宅を含めまして、医療施設、労働施設等が一体となった地区整備事業と建設事業を進める」ことが決定され、[34] 一九七〇年には愛隣総合センターの建設へと結実した（資料2―6）。この巨大建造物（➡111頁の地図、78頁の写真）の配置は、釜ヶ崎という空間を再定義し改造するうえで、重要な意味を有するも

資料2―6 **建設中の愛隣総合センター**
出典｜上畑恵宣収集写真アーカイブ［上畑淳子氏より寄託、大阪市立大学都市研究プラザ管理］

のであった。それによって「スラム対策としての「分散論」は姿を消すことになり、あいりん地区は「労務者《ろうむしゃ》の町」として整備されていく方向」が決定づけられたのである。[35]

それでは、一九六六年の「あいりん地区」指定以降、日本政府はなぜ、どのような意思をもって釜ヶ崎対策へと介入したのであろうか。一九六七年六月六日に開催された第五五回衆議院社会労働委員会において、早川崇《はやかわたかし》労働大臣はこの点を次のように明言している。

しかし、万国博を控《ひか》えまして、断然《だんぜん》愛隣地区の方々の労働力というものを大いに活用しなければならぬことはもう明らかでありますし、これにつきましては、私はあそこの方々が労働者として非常に秩序がないとは思っておりません。非常にいい労働者だと思っております。したがって、今回の事件〔第八次暴動〕[36]と直接結びつけて、愛隣地区の労働者は非常に無秩序だということは私は考えないわけでございまして、万国博は、当然土建業者も、宿舎《しゅくしゃ》施設あるいは働く場へのバスとか交通機関をどうするとか、今後

33――「昭和四三年四月一〇日第五八回参議院予算委員会第三分科会」URL: http://www.ndl.go.jp/ 二〇一六年一月七日最終閲覧。
34――同上。
35――『毎日新聞大阪市内版』一九六七年一〇月六日。
36――この暴動は、食堂と労働者とのトラブルがきっかけとなり勃発した。

の問題にいたしまして、この労働力というものが秩序あるりっぱな労働力として活用されることを指導してまいりたいと思います。[37]

ここでは、暴動という「事件」をうけて、それでもなお「愛隣地区の労働者は非常に無秩序だということとは私は考えない」のだと語られている。暴動をめぐってマスメディアや議会で「貧困と暴力」をめぐるスティグマが繰り返されたことを考えれば、これは驚くべき「評価」である。このような「評価」が口にされるのも、「万国博を控《ひか》えまして、断然《だんぜん》愛隣地区の方々の労働力というものを大いに活用しなければならぬことはもう明らか」だからであり、そうであればこそ、場所の構築過程において否定的にしか語られなかった日雇労働者の存在を、この大臣は「非常にいい労働者」であるとまで持ち上げるのである。

いうまでもなく七〇年万博は、六四年の東京オリンピックとともに、国家がその威信をかけて創出したスペクタクル空間だった。ロンドン万博から上海万博に至るまで、国際博覧会の名称には都市名が記されるのが通常である。ところがこの七〇年万博にかぎって、日本政府はその正式名称を、大阪万博ではなく日本万国博覧会と銘打《めいう》った。この点からも、国家がいかにこのスペクタクルを重大視していたかが分かるだろう。それゆえ、万博を成功させるための労働力の確保もまた、差し迫った事案であった。そのような文脈のもとで、労働力としての日雇労働者を有効に活用する必要性があからさまに主張され、釜ヶ崎を労働力の供給地として整備する方向性が決定されたのである。

日本政府が労働力確保を主眼とした政策を打ち出すのに寄り添って、大阪市もまた、日雇労働者を標的とした新たな対策を打ち出す。愛隣総合センターが建設された翌年の一九七一年、民生保健委員会では、中央更生《こうせい》相談所（大阪市北区長柄）の機能の重点を愛隣会館に移管し、「労働行政以外の要するに労働力のない方々に対するひとつの福祉行政、このものに重点をおきまして愛隣会館を強化」するという対策が打ち出された［大阪市会、一九七一、一四九頁］。先述したように（➡143頁）、愛隣会館は、もともとは地域内での貧困世帯の生活向上を企図して建設された施設である。ところが、「中央更生相談所の機能の重点を愛隣会館に移管《いかん》」することで、会館は単身の労働者を対象とする機能へと刷新《さっしん》された。他方で中央更生相談所は、もともと敗戦直後の戦災孤児や失業者など「住所不定者」に対する福祉事業の窓口として開設された梅田《うめだ》厚生館に由来する施設であり、「市内全域の住所が明らかでない者」を対象としていた。しかし七一年に愛隣会館内へと移転され、新たに大阪市立更生相談所▼38へと衣替《ころもが》えされるに伴い、その管轄《かんかつ》区域は「あいりんで住居がないか、また明らかでない単身の要《よう》保護者」へと特化された［嵯峨、一九九八、九八頁］。つまり、都市の不安定居住をめぐる問題は、「あいりん地区」という近隣の問題として

37――前掲の註32（➡151頁）を参照。

38――「大阪市立更生相談所」は、二〇一四年度以降に「西成区保健福祉センター分館」へと改組《かいそ》された。

再定義され、封じ込められたのである。

これら一連の対策は、単身日雇労働者の不安定労働——それゆえの不安定居住と貧困——を絶えず生み出していく装置を、釜ヶ崎へと固定させるものだった。都市問題の本質というべきそれらの問題は、釜ヶ崎という近隣が抱える「特殊な問題」へと矮小化《わいしょうか》され、空間の境界内ですべてが処理されるよう制度化されたのである。こうして「あいりん」の境界は、市民社会とその外部とを分かつ制度的な分離壁と化していった。

建造環境の変容

それでは、釜ヶ崎に対する制度的実践が遂行されるなかで、その物的環境はどのように変容させられていったのだろうか。釜ヶ崎の建造環境の中心的要素であるドヤの存在やその居住環境は、一九六〇年以降の対策をつうじて施策の明確な対象となることはなかった。六一年の大阪市会の議論のなかでは、「われわれはもっと環境を浄化しなければならぬということで、先般来《せんぱんらい》あそこの組合と衛生局と一緒になりましてドヤの組合を拡充強化」させ、「それでもう少し宿屋の主人に対しましていろいろと指導をし、宿屋の主人から宿泊人に対していろいろと同時に生活指導をする」と述べられている［大阪市会、一九六一b、一七七頁］。つまり大阪市は、日雇労働者への住宅供給を簡易宿所経営に委《ゆだ》ね、かつ、簡易宿所組合を介して宿泊者を間接的に管理しようと試みたのである。[39] それればかりでなく、「万国博で建設ブームになったころ「たたみ一畳でもいいから、どんどん部屋をつくってほしい」とたきつけた市のおえらがたもいた」[40]。このような状況のなかで、一九六〇年代後半に経営者は、万国博覧会開催に伴う労働力の流入を見込んで、自身の所有するドヤを高層化すべく、大規模な建て替えを始めた。

下記の**表2-5**から簡易宿所（ドヤ）軒数の推移をみると、一九六四年の二二五軒から、六六年には二六六軒という最大の数値を示した後、減少していく。最大収容人員もこれに歩調をあわせて増大していくが、しかし、その値が最大を示すのは六九年の二万四五〇〇人である。つまり、簡易宿所数は一九六六年を頂点として減

39――この試みの一環として、大阪市は一九六二年に簡易宿所経営者を「生活指導員」に委嘱《いしょく》している。

40――『毎日新聞大阪市内版』一九八〇年一一月一五日。

表2-5 **簡易宿所数の推移**

年　次	簡易宿所数	収容可能人員	平均収容可能人員
1964年 5月	225	—	—
1965年12月	255	18,820	73.8
1966年 平均	266	20,860	78.4
1967年 平均	244	20,824	85.3
1968年 3月	241	—	—
1969年12月	222	24,500	110.4
1970年12月	—	22,896	—
1972年 3月	220	22,895	104.1

資料｜関西都市社会学研究会『あいりん地区簡易宿所調査』、1969。大阪市西成保健所『保健所のあゆみ 3・4・5』、1968、1971、1972より筆者作成。

註1｜有許可・無許可をともに含む。

註2｜1967年以前は西成警察署防犯コーナーの調査によるもの、1968年以降は保健所の調査によるものであり、両者は調査基準が多少異なることからその数には若干のずれがあるものと考えられる。

少するにもかかわらず、最大収容人員は六九年まで増加しつづけ、これに伴って平均収容可能人員は一九六五年の七三・八人から六九年には一一〇・四人へと増加している。

次に**表2-6**から簡易宿所の内部構造の変化を検討すると、一九六四年には最低三畳の広さをもつ個室式が中心であり、そのほかには大部屋式(左の資料2-7の写真)が九軒、階層式が四〇軒みられる。▼41 その後の推移をおってみよう。一九六八年には階層式が七七軒にまで増加し、六九年には個室式との組み合わせを含めれば一〇〇軒の簡易宿所が階層式を取り入れたことがわかる。このように、一九六〇年代後半に個室式から階層式へと切り替えることによって、簡易宿所はその収容可能人数を増加させていった。▼42 一転して一九七〇年には、階層式を含む簡易宿所は一〇軒にまで減少し、ふたたび「個室式」が主流となっている。これは、いったん階層式を経たのち、

表2-6 簡易宿所の内部構造の変化

年次	内部構造				
	個室式	階層式	大部屋式	個室式 + 階層式	個室式 + 大部屋式
1964年 9月	171	40	9	—	—
1968年 3月	156	77	—	6	2
1969年12月	120	71	—	29	2
1970年12月	206	1	—	9	4

資料｜関西都市社会学研究会『あいりん地区簡易宿所調査』、1969。大阪市衛生局ほか『分室のあゆみ 2』、1963。大阪市西成保健所『保健所のあゆみ 3・4・5』、1968、1971、1972より筆者作成。

註1｜有許可・無許可をともに含む。

註2｜すべて保健所の調査による。

資料2-7 **大部屋式のドヤ**
（青木秀男氏提供）

個々の内部空間を細分化することによって個室化したことによる。したがって、一九六〇年代前半には主として三畳の広さを有していた個室は、七〇年代前半には一畳の広さの「個室」となり、個々の内部空間は著しく狭小《きょうしょう》なものへと変容した[43]（下記の資料2-8）。「カイコ棚《だな》」とも「カンオケ式」とも呼ばれるその構造は、まさに現代都市のカプセルホテルの先駆けであった。ところで、カプセルホテルの原型となる作品が黒《くろ》川紀章《かわきしょう》によって展示されたのが、まさに七〇年万博の会場である。皮肉なことに、その会場建設の労働力を確保するための空間改造のなかで、釜ヶ崎にはカプセルホテルの先駆けが、誰が設計するわけでもなく姿を現わしていた。

ドヤの内部空間の狭小化《きょうしょうか》は、それが単身

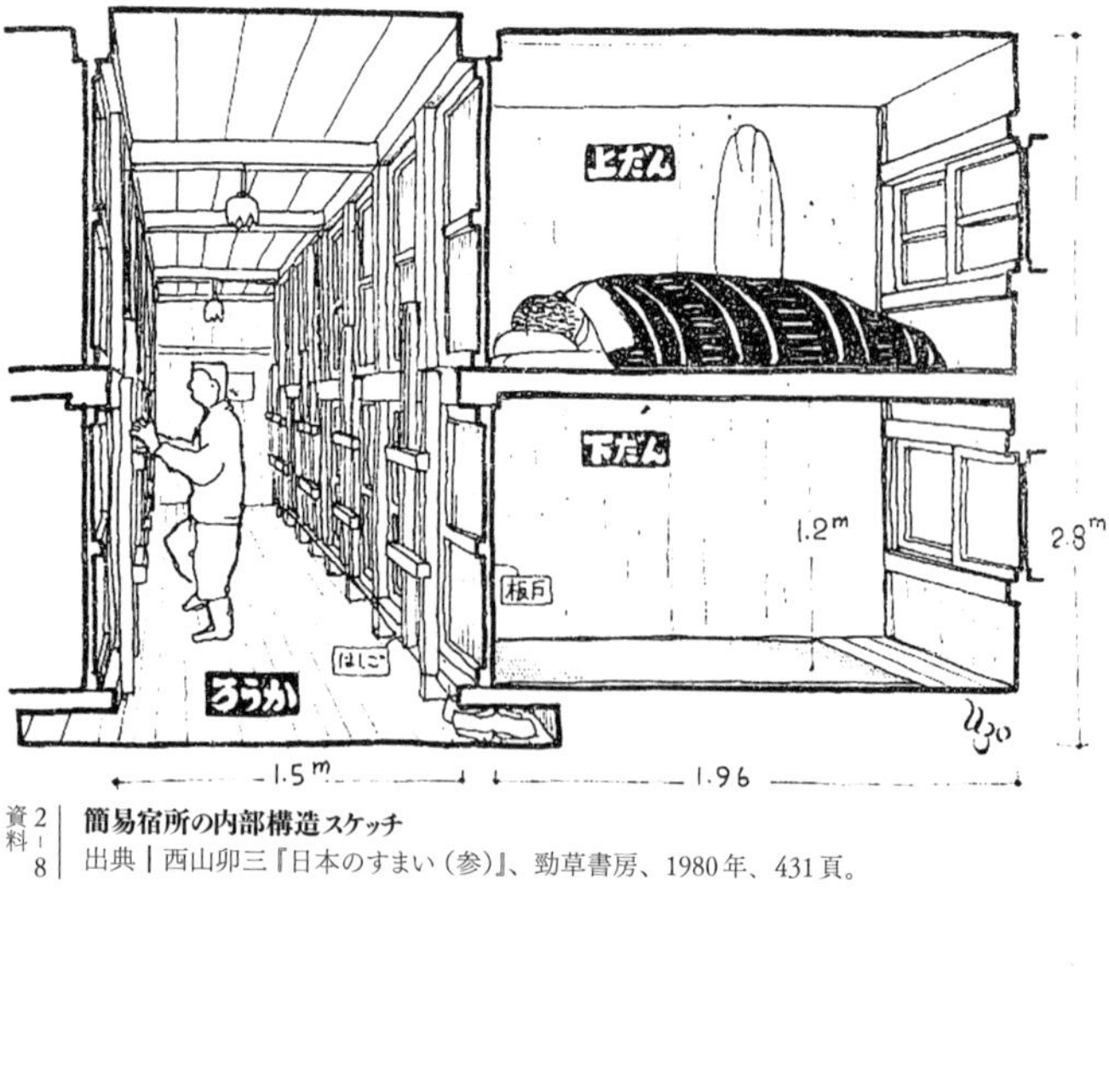

資料2-8 **簡易宿所の内部構造スケッチ**
出典｜西山卯三『日本のすまい（参）』、勁草書房、1980年、431頁。

者の居住空間へと純化されたことを意味している。そればかりでなく、一九六〇年代後半から七〇年代前半にかけて、日払いアパートやバラックが次々と撤去《てっきょ》された。[44] 家族をもった労働者にとって、釜ヶ崎の地域内に自分たちの住《す》み処《か》を確保するのはますます困難となった。ドヤの

41――「階層式」とは各階を上下二段に区切り一室が一畳程度の広さの形式、「大部屋式」とは一室に多人数を宿泊させる形式である。

42――筆者が行なった簡易宿所経営者への聞き取り（二〇〇一年四月二三日実施）によれば、簡易宿所の経営者は保健所への登録やその調査の際には「個室」にし、その直後に間仕切《まじき》りをして細分化するケースもあったのだという。したがって、「階層式」に類する簡易宿所の数は、ここで示されている数よりもっと多かったものと推察される。

43――これを裏付けるように、保健所による「個室」の定義は、一九六八年以前は「一室が最低三帖《じょう》の広さを有し、各部屋と分離されているもの」とされているが、六九年以降は「一室が一帖以上の広さを有し正常な形で各階を構成しているもの」と変更されている。

44――あいりん総合センターの上階部分とその隣接地に改良住宅が建設されたことにより、建設予定地の日払いアパートに居住していた世帯は、改良住宅や代替地へと移転させられた。それと同時に、一九六四年の新今宮駅建設以来、対策の焦点となっていた周辺のバラック地帯についても、一九六〇年代後半から撤去が急速に進められた。東四条地区に対しては、一九六七年六月に発生した火災をきっかけとして区画整理局は「積極的に再建防止勧告を重ね同月二〇日金網柵《かなあみさく》設置を強行し約五三〇㎡（平方メートル）を確保」したのち、六九年八月一四日には「花園《はなぞの》公園」として開園にいたった［大阪市区画整理局、一九六七、三頁］。馬淵《まぶち》地区に対しては、一九六三年から重点的な取り組みが行なわれてきたが、七四年には浪速区馬淵町公園と周辺道路予定地の八四三〇㎡、三八七戸の「不法占拠」の立ち退きが完了している［大阪市区画整理局、一九七四、七頁］。

高層化とともに進行した内部空間の狭小化、そして日払いアパートやバラックの縮小は、家族持ち労働者の政策的な分散化と手を携《たずさ》えて、釜ヶ崎を単身男性日雇労働者の空間へと塗り替える過程であったといえよう。このような空間改造を経て、すでに確立された制度的な分離壁の内部に、膨大な数の日雇労働者を封じ込めてストックしておくことが可能になったのである。

植民地的空間の犠牲者たち

二〇〇三年、山梨県の山奥で三人の労働者が殺害され、その遺体はキャンプ場に埋められた。殺害したのは朝日建設という建設業者、被害者は釜ヶ崎の日雇労働者たちであった。西成労働福祉センターは、かねてから「朝日建設に注意を」と労働者に呼びかけてきたが、ついにこの惨劇《さんげき》を防ぐことはできなかった［海老、二〇一一、二二九頁］。港湾の荷役をさばくために、万博の会場を建設するために――釜ヶ崎という空間は、必要なときに必要なだけの労働力をかき集めることのできる労働力供給地へと改造された。それは、労働市場のグレーゾーンを事実上「公認」し、例外の空間を構造化する過程でもあった。かれら三人は、そのような構造的暴力の犠牲牲者である。そして、このように表面化した犠牲者は、氷山の一角にすぎないことも忘れてはならない。

労働者の犠牲が生み出されるのは、労働市場の内部においてのみのことではない。必要なときに必要なだけ求められる労働者たちは、不況の時期ともなれば、いとも簡単に首を切られる。ドヤの宿賃を払えない状況に追いやられた労働者は、路上へと叩きつけられ、そこでも命を奪われる。

> 広さ0・62キロメートルの日雇い労働者の街《まち》釜ヶ崎。人口は単身労働者約二万。不況と寒さが重なる年末には、行路死亡が三〇人。東京山谷《さんや》、横浜寿町《ことぶきちょう》、名古屋笹島《ささしま》でも例年になく野宿者《のじゅくしゃ》が多い。日雇い労働者の街を除いて、日本のどこに路上で二〇〇人も三〇〇人もが野宿しなければならない街があるだろうか。［小柳、一九九三、二一七頁］

かつて大阪港では、毎年二四～五人の日雇労働者が死んでいた（➡89頁）。九三年の釜ヶ崎では、年末に三〇人の労働者が、仕事を奪われ、野宿生活の末に命を落とすのだという。過去にどれほどの労働者の命が奪われたことか、想像できないほどだ。

西澤晃彦《にしざわあきひこ》［一九九五］が表現するように、釜ヶ崎とは「隠蔽《いんぺい》された外部」である。日雇労働力の供給地としての釜ヶ崎が生産されたそのとき、日本社会は高度経済成長に沸《わ》き、オリンピックや万博といった消費のスペクタクルを享受《きょうじゅ》し、一億総中流という自己欺瞞《ぎまん》に痛痒《つうよう》を感じなくなるにいたった。そのような「市民社会」の虚像《きょぞう》は、それ自身の外部を積極的に創り出し、隠蔽することによってこそ、生み出された。戦後の都市社会は、経済成長に必要とされる労働力を尽きることなく備給《びきゅう》させておきながら、自身の豊かさを確認する鏡とすべく、釜ヶ崎を他所イメージの向こう側へと追いやったのだ。他方でこのイメージは、釜ヶ崎を力づくで分断する制度的な分離壁をも刻み込んだ。それが、「あいりん」の境界だったのである。

物質的な意味でも、表象のうえでも、釜ヶ崎とは都市の只中《ただなか》に生み出された植民地的空間にほかならない。その地下では、無数の、無名の労働者の魂が、声を聞かれることなく、いまだうごめいている。地底や船底から地表を見上げるならば、都市のあらゆる建造物は、無数の労働者の魂が眠る墓石である。都市とは、かれら労働者の生命を吸い尽くしては朽《く》ちていく、廃墟である。

しかし、多くの植民地がそうであったように、釜ヶ崎は解放の闘争が激しく闘われた土地でもあった。「初めに叫びがある」——ジョン・ホロウェイにとって叫びとは、資本主義世界の変革と解放をめざす、あらゆる運動の起源である。「その叫びは、希望を捨てることをかたくなに拒み、資本主義がもたらす悲惨と非人間化を避けられないものとして受け入れるのを拒む」[Holloway, 2002 = 二〇〇九、一五六頁]。釜ヶ崎において、そのような叫びの第一声こそが、第一次暴動であった。警察署や監視カメラといった景観は、暴力をもって日雇労働者の蜂起《ほうき》を鎮圧《ちんあつ》した歴史を物語る。だが、うかつにもそれらは、別の物語を口走ってしまっている。目に見えて強圧的な景観を建造しなければならないほど、この土地で闘われた闘争は、激烈なものだったのだ。それら暴力の景観がおそれるものとは、群れが群れを呼ぶような中心性である。この中心性こそ、ルフェーブルが「都市的なるもの」として定義した形式にほかならない［Lefebvre, 1968 = 二〇一一、1970 = 一九七四］。都市的なるものは、釜ケ崎においてどのように生成し、生きられ、闘われたのか。この問いを置き去りにしたまま、記述を終わらせてしまうわけにはいかない。地下の声に導かれつつ、もうひとつの物語へと掘り進めていこう。

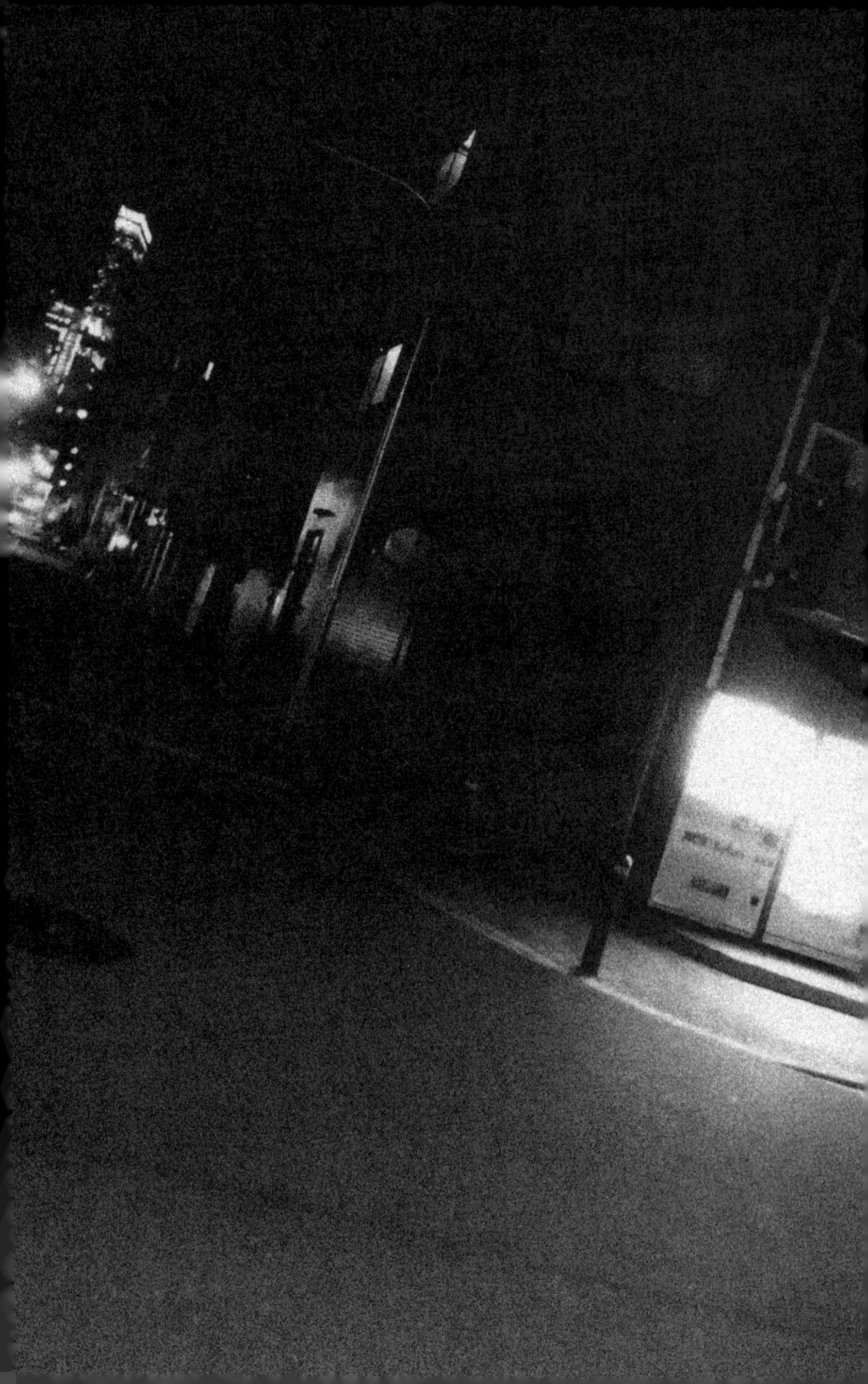

第3章 陸の暴動、

海のストライキ

一九五八年八月九日、太平洋を渡って北米から大阪港に、一通の書簡が届けられた。宛先は全日本港湾《こうわん》労働組合（以下、全港湾と略す）、差出人は国際沖仲仕《おきなかし》倉庫労働組合（ＩＬＷＵ）だった。「私たちのもつ問題の多くは、たがいに似かよっています」と書かれたその書簡には、太平洋沿岸のすべての港湾関係労働組合が集う国際会議を開催《かいさい》しよう、という提案が書き記されていた。さらに、同年一二月二日に届いたＩＬＷＵ議長ハリー・ブリッジス署名の書簡では、国際会議を東京で開催することが提案された。この書簡を皮きりに、ことは急速に動き出す。

資料3-1　全太平洋アジア港湾労働者国際会議ポスター
出典｜全港湾『全港湾運動史 第一巻』労働旬報社、1972、214頁。

一九五九年五月、第一回全太平洋アジア港湾労働者会議が東京で開催され、六一年六月には同じく東京で第二回が開催された。『全港湾運動史 第一巻』によれば、「この国際会議の構想は、アメリカの原水爆実験が太平洋でしきりにおこなわれだした当時から、被爆船の放射能が太平洋岸の港湾労働者の健康に重大な脅威となるという問題について、全港湾とＩＬＷＵのあいだで意見交換がおこなわれ、それがさらに拡大発展して結実したもの」なのだという〔全港湾、一九七二、二一二頁〕。３・11以後の私たちが否応なく知らされているように、自然地理の流動に乗って拡散する放射能に、国境など関係ない。原水爆実験がもたらす放射能被爆もまた、太平洋の各港の港湾労働者が背負わされた共通の災厄であった。これが、港湾労働者の太平洋横断的性格を否応なしに際立たせ、グローバルな連帯へと結びついていったのだ[▼1]（右の資料3－1）。

この環太平洋的連帯が闘争のエネルギーを集中させたのは、日本における港湾労働法の実現であった。第1章でみたように、公共職業安定所が飯場や手配師を一掃《いっそう》しえないなかで、港湾

1――全港湾の機関紙『港湾労働』をもとにストライキの展開過程を追跡した篠田徹は、「これほど国際連帯の記事が日常活動と一体化した組合機関紙は、およそ見たことがない」と述べ、この環《かん》太平洋的連帯行動の意義を、次のように指摘している。「確かなことは、全港湾はこの時期、〔日本列〕島の中では少数派でも、海の世界ではパシフィック・サンディカリストの一員だったということである」〔篠田、二〇〇五、四二－四三頁〕。なお国際会議は、のちに中ソ対立を背景とした分裂が内部で表面化したことなどにより、六三年一〇月にインドネシアのジャカルタで開催された会議を最後に解散していった。

の労働運動は、みずからの力量によってこの状況を打破しようとした。全港湾は、イギリスやアメリカで実現された港湾労働法の制定を目標として掲げ、一九五〇年代の神戸暴力支配排除闘争[2]をはじめとする、数々の港湾労働法闘争を繰り広げていたのである〔全港湾、一九七二〕。第二回会議は、この日本の港湾労働法闘争を支持する議決を採択するとともに、国際的規模の統一行動を組織することを決定した。六二年三月八日、国際会議の連絡機関である全太平洋アジア港湾労働者連絡委員会は、この決議にのっとりアピールを発表したうえ、国際連帯行動の目標を「日本における港湾労働法制定のたたかい（雇用恒常化のたたかい）の支援とし、その期日を三月二十七日とする」と、世界の各港湾に呼びかけた〔全港湾、一九七二、二七一―二七二頁〕。

一九六二年三月二七日。ＩＬＷＵから一通の書簡が届いた日から三年半後のこの日、太平洋をまたにかけた、港湾労働者のストライキが決行された。

日本列島では、全港湾が主導する統一行動が組織された。北海道地方（全支部）、日本海地方（新潟《にいがた》・伏木《ふしき》・七尾《ななお》・舞鶴《まいづる》・境港《さかいみなと》支部）、関東地方（東京・横浜《よこはま》支部）、東海地方（名古屋《なごや》・四日市《よっかいち》支部）、関西地方（大阪・神戸《こうべ》支部）、九州地方（関門《かんもん》・宇部《うべ》・長崎《ながさき》・唐津《からつ》・佐世保《させぼ》・臼ノ浦《うすのうら》・津久見《つくみ》・牧山《まきやま》・博多《はかた》支部）、四国地方（菊間《きくま》・坂出《さかいで》支部）の各港湾で、ストライキが繰り広げられたのである。こうして全国の三五港において、計三一九隻《せき》（うち横浜港六〇隻、東京港一五隻、名古屋港三八隻、大阪港三〇隻、神戸港六四隻、関門港三〇隻）の船舶を、荷役不能の状態に追いやった。

アメリカとカナダの太平洋岸では、日本船をボイコットするとともに、ＩＬＷＵの五〇〇以上の支部が日本の港湾労働者の闘争支援集会を開き、各日本領事館に対し抗議を繰り広げた。なかでもハワイ支部は、日本船の荷役ボイコットを一週間にもわたって敢行《かんこう》した。オーストラリアにおいては、ダーウィン港をのぞく全港で、オーストラリア水辺労組が四八時間の支援ストを組織し、日本領事館に抗議した。ニュージーランドの全港、インドネシアのジャカルタをはじめとする五大港でも、支援集会が開かれ、日本領事館に対する抗議が繰り広げられた。インドでは、マドラス、ボンベイ、カルカッタ、コーチンの各港で、二五日から二七日にかけて日本船の荷役をボイコットし、最終日には支援集会が組織された（資料3-2）。中国とソ連においても、各港や各船舶内で支援激励集会が開かれた。このように各港湾で同時多発的行動が巻き起こる最中、日本の港湾労働者のストライキには、世界各国から支援と共闘の激励《げきれい》電報が届き、また、日本政府に対する抗議文が殺到した[3]――。

以上は、全港湾編の『全港湾運動史』や『港湾労働法闘争史』に記された、一九六五年の港湾労働法制定に至るまでの闘争記録から抜粋したものである。この環《かん》太平洋スケールのストライ

2――――一九五六年五月、神戸港で荷役を終えた日雇労働者が砂糖の窃盗容疑で逮捕された。微罪のため説諭《せつゆ》のみで釈放された労働者を、手配師は「会社の顔に泥を塗った」として殴る蹴るの暴行を加えたうえ野球バットで殴打し死亡させた。港湾における暴力支配を象徴するこの事件を契機に、一九五〇年代後半に神戸港を中心として民主化闘争が繰り広げられていった。

キが、港湾労働法を結実させる大きな力となったことは、間違いない。しかしながら、六二年三月二七日の「海のストライキ」を鮮やかに記録したこの「正史」は、同じ時期に発生した、別の渦《うず》を見過ごしているように思われる。釜ヶ崎で起こった「陸の暴動」がそれである。

一九六一年八月一日、釜ヶ崎の路上で、ひとりの日雇労働者がタクシーに轢《ひ》かれて死亡した。現場には警察官が駆けつけたものの、彼らは日雇労働者にムシロをかけたまま、あろうことかその身体を数十分間にわたり路上に放置しつづけた。日々の差別を凝縮《ぎょうしゅく》させたこの処遇《しょぐう》に対し、日雇労働者の怒りはついに爆発し、以後五日間にわたって釜ヶ崎は蜂起《ほうき》の空間と化した。大阪

資料3-2　マドラスにおける日本船ボイコットの檄ビラ
出典｜全港湾『全港湾運動史 第一巻』労働旬報社、1972、272頁。

府警察本部『西成集団暴力事件の概要』が記録するところによれば、その概要は以下のとおりである。

一日夜から二日未明にかけ、約三〇〇〇人の群衆が、東田町派出所に対し石を投げ、火を放った。さらに群集は、西成警察署に移動して投石し、警察署の窓ガラスを粉々に破壊するとともに、パトカーと鑑識車《かんしきしゃ》に火を放った。

翌日の二日夜から翌朝にかけて、群集は約四〇〇〇人へと増大していった。かれらは西成警察署前に陣取った警備部隊に対し投石の雨をあびせ、南海《なんかい》電鉄阪堺《はんかい》線と国鉄関西本線（現・JR線）の線路上に座り込み、電車に投石してその運行を遮断《しゃだん》させた。また、タクシー一台、自家用車二台を炎上させ、入庫直前の市電に石を投げて窓ガラスを破壊した。その足で、すぐそばの霞《かすみ》町派出所に石と火を投げ入れた。さらに、水崎町派出所に火を放ち焼失させるとともに、前日に攻撃した東田町派出所の階下を全焼させた。

三日には、午前十時頃から西成署を取り囲みはじめた群集の数は、やがて三〇〇〇人から五

3――沖縄では、環太平洋ストライキに呼応して、沖縄港湾荷役労組を中心とする沖縄港湾共闘が立ち上げられた。この共闘体制のもとで沖縄港湾荷役労組は、三月二七日に五時間のストライキで本船荷役を拒否し、全沖縄労働組合連合会もこれを支持して二四時間のストライキを組織した。また、これら一連の闘争と同時並行して、西イリアン解放闘争支援、核実験による汚染船舶の荷役拒否、横浜入港中のフィリピン海員の賃金闘争支援などの闘争が展開された［全港湾、一九七二、二七三頁］。

〇〇〇人へと膨れ上がり、警備部隊に対し石をもって攻撃し、阪堺線の運行を遮断《しゃだん》させた。また、あちらこちらで看板やゴミ箱を集めてたき火をしては、その周りに群がった。これに対し大阪府警は、京都・兵庫両機動隊までも動員しつつ、警備部隊六二九二名を投入した。この圧倒的な武力によって、たき火を囲み路上を占拠《せんきょ》する労働者を蹴散《けち》らし、鎮圧《ちんあつ》したのである。

四日夜からは「前日同様強力な警備体制をもつて、重要地点の検問、交通規制、集団警ら等により警戒につとめた結果、群集は最盛時において約一五〇〇名、しかも数カ所に分散蝟集《いしゅう》の状態で警備部隊ならびに阪堺線電車に対する散発的な投石行為により僅《わず》かに抵抗をこころみる程度で翌五日午前〇時三〇分ごろに至り、平常時の状態に復した」。

これらは警察の視点からの記録であることを差し引いて読まなければならないが、それにしても、そこに記録された、投石、交通の遮断、火や炎といった要素のひとつひとつには、この蜂起の性質が鮮明に表わされている。残された資料をもとに、膨大な記録『釜ヶ崎暴動略誌』▼4を編《あ》み上げた寺島珠雄《てらしまたまお》は以下のように表現している。

釜ヶ崎の労働者がどれほどのエネルギーを日本の産業に安く吸いとられているかは、一々例証するまでもない明白な事実である。つまりエネルギーは潜在《せんざい》しているのではなく顕在《けんざい》しているが、それを巧妙にまた冷酷に他人のためにだけ消費させられていたということだ。暴動は、もうそれじゃイヤだ、イヤなんだ！と怒ったわめき声である。わめき声であるがゆえに、それは発作的であったり意味不明であったりしているが、しかしわめくことを誰が押しとどめ得るか。

釜ヶ崎の日雇労働者は、自身のエネルギーを日々産業に吸い取られ、消費させられる。蜂起《ほうき》においてて日雇労働者は、彼らのエネルギーを吸い取る回路、つまり労働市場を遮断《しゃだん》させた。そうしてそのエネルギーを、おのれ自身の蜂起の空間を生み出す力へと転化させ、爆発させたのである。

この寺島の一文に即して考えるならば、投石による交通の遮断とは、このエネルギーの転化の表現であり、火や炎は、この蜂起に注がれた労働者のエネルギーそのものの表現だったのではないか——これらの点については、第4章でふたたび取り上げることにしよう。本章では、この「海のストライキ」と「陸の暴動」というふたつの蜂起を手がかりとして、大阪港と釜ヶ崎とを結ぶ地勢をいまいちどたどってみたい。そうすることで私たちは、寄せ場という地勢《ちせい》を記述するための、視点と方法を手にすることになるだろう。

4——「釜ヶ崎暴動略誌」は、一九七〇年代に寺島珠雄が書き残した膨大な手稿《しゅこう》である。これらの原稿の一部は、寺島珠雄編『釜ヶ崎語彙集 1972-1973』として出版されているが、残念ながらここで引用した「略誌」は収録されていない。

対抗の地勢

まずは、六〇年代初頭に海と陸で起きた、同時的なふたつの蜂起《ほうき》が、当時の海運・港湾資本にとっていかなる打撃となったのか、そして、それが港湾労働運動の展開に対してどのような意味を有したのかを確認しておこう。第1章で論じたように、高度経済成長により港を経由する貨物が激増するなか、港湾の機能は日雇労働力を活用することで、かろうじて維持できる状態にあった。しかし、それではついに追いつかなくなり、六〇年代初頭に港湾は船混《ふねこ》み（⬇82頁）と呼ばれる機能障害に陥る。六一年に日本商工会議所が「船混み緩和《かんわ》ならびに港湾諸施設の整備促進の件」について運輸・大蔵・通産各省と懇談会《こんだんかい》を開催し、また、大阪港では官民合同の「大阪港湾緊急対策委員会」が設置されたことなどからも、いかにこの機能障害が深刻であったかがわかる。ところで、船混みの引き金となった直接的要因は、スクラップ船の船内荷役労働力の不足であったとされる［大阪市港湾局、一九九九、一四七頁］。その労働を担っていたのは、沖仲仕《おきなかし》と呼ばれる釜ヶ崎の日雇労働者にほかならない。とすれば、釜ヶ崎からの日雇労働力の供給は、当時の海運・港湾資本にとって、まさに死活の経路だったと考えて間違いないだろう。

この点を踏まえたうえで、一九六二年三月の海のストライキと六一年八月の陸の暴動の意味を考えてみよう。重要な点は、両者がともに、港湾の矛盾が激化する最中に起こされた行動だということだ。資本は、ある場所から別の場所へと商品が到達する時間をひたすら縮減《しゅくげん》することを追求し、それに適した建造環境を生産する。しかしいったん建造環境が生産されてしまえば、それは長期間にわたりその場所に固定されねばならないがゆえに、やがては資本主義の空間の再編成《へんせい》に対する障害へと転化してしまう［Harvey, 1982＝一九八九−一九九〇］。この矛盾が、高度経済成長下の港湾において、船混みという流通の機能障害として現われ出たのであった。これに対して海のストライキは、資本の弱みともいえるこの矛盾を巧みに衝《つ》いて流通過程の遮断《しゃだん》を出現せしめた、政治的な集合行為であった。船混みをめぐる政府や行政、海運・港湾資本の動揺は、流通過程の遮断がどれほどの重大事であったかを示すものであり、ひるがえって海のストライキがいかに効果的であったかを示している。

これと同じことが、陸の暴動についてもいえる。確認したように、六一年当時はできうるかぎり大量の日雇労働力を投入しなければ、港湾機能が立ちいかない状況にあった。この最中にあって陸の暴動は、寺島が述べるように、労働市場をかく乱することで労働者のエネルギーを港湾産業へと吸収させる回路を遮断し、蜂起の空間を創出するエネルギーへと転化させたのである。当時の海運・港湾資本からするならば、事は深刻であっただろう。船混みのみならず、海からはストライキによって、陸からは暴動によって、流通過程は相次ぐ遮断の攻撃に挟《はさ》み撃ちされていたのである。

海のストライキが環太平洋という闘争の空間スケールにおいて卓越していたとするならば、陸の暴動はその頻度《ひんど》という点で特異であった。一九六一年の蜂起が第一次暴動と名づけられたことが示すように、それはのちの時代に幾度も勃発した（後の第4章で述べる）。六〇年代だけを取り上げてみても、六三年に二度（五・一二月）、六六年に四度（三・五・六・八月）、六七年に一度（六月）、計八次にわたる暴動が数え上げられる。大阪港では「その後も貨物は増加をたどり、〔昭和〕四〇年代後半〔一九七〇年代前半〕まで船混みは解消しなかった」〔大阪市港湾局、一九九九、一四七頁〕というから、船混みが続いているあいだ、陸の暴動はしつこく起こりつづけたことになる。

これと並行して、港湾労働法闘争は以下の過程をたどった。六二年三・二七環太平洋ストライキの翌月、総理府に港湾労働対策審議会が設置された。審議会は、同年八月に出された「近年の港湾労働および港湾の運営、利用の状況に鑑《かんが》み、これが改善のためにとるべき対策」を求める諮問《しもん》に対し、六四年三月三日に答申。この「三・三答申」が足がかりとなり、港湾労働運動は、六五年に港湾労働法の制定をついに勝ち取った。港湾労働法闘争史の正史にこそ現われないが、六〇年代をつうじて起こりつづけた陸の暴動は、海のストライキとともに、港湾労働法制定を実現させる圧力となったのではないだろうか。

とはいえ、海のストライキの主体が陸の暴動に参加したわけでもなければ、陸の暴動の主体が海のストライキに参加したわけでもない。海のストライキの主体が、当時の全港湾に組織されていた常雇《じょうやとい》の港湾労働者たちであったのに対し、陸の暴動の主体はいまだ組織されざる日雇労働者たちであり、両者のあいだには一般労働力市場とスラム的労働力市場［杉原・玉井、一九九六］との分断線が、鋭く走っていた。陸の暴動が港湾労働法闘争史の正史の視野から外されたのも、こうした分断を反映してのことであろう。いま、港湾労働運動史を釜ヶ崎から捉え返すとき、あるいは釜ヶ崎の労働運動史を港湾の視点から読み直すとき、別の物語として語られてきたこれらの闘争が、じつは同じ空間の地平で展開していたのだと気づく。そして、この空間の地平から眺めるとき、六〇年代から七〇年代にかけ、釜ヶ崎と港湾とを交差するように横断する、二つの線が浮かび上がってくる。ひとつは「陸から海へ」と向かう線、もうひとつは「海から陸へ」と向かう線である。

陸から海への線

港湾労働法は、一九六五年に制定され、翌年に実施されるにいたった。これ以降、飯場や手配師が実権を握る労働ボス制を排除すべく、日雇労働者に青《あお》手帳を配布して職安の登録日雇労働者とする原則が掲《かか》げられ、それとともに全港湾による日雇労働者の組織化が進められた。大阪港においては、港湾労働法施行直後の六六年七月に日雇労働者の組織体として、全港湾大阪港分会が結成された。

　このような一連の経緯のなか、上から下への組織化という位階《いかい》的な運動の語り口に抗《あらが》うかのように、ひとり陸から海への線を体現した人物がいる。それが、第1章でも引用した平井正治(➡63頁)であった。六一年の陸の暴動の渦中《かちゅう》に身を投じ、そこに「米騒動の大阪版」［平井、二〇一〇、一四二頁］をみた平井は以後、釜ヶ崎の日雇労働者として数々の闘争を繰り広げたのであった。以下では平井が沖野奈加志《おきのなかし》の名で書き記した証言記録、「アンコ〔日雇労働者〕のストライキ　青手帳(日雇港湾労働者)の斗《たたか》い」をもとに、その足跡をたどってみたい。

　全港湾大阪港分会の草創期にあたる一九六六年から六八年にかけて、まず労働運動の主体として立ち現われたのは、陸仲仕《おかなかし》(沿岸労働者)たちであった。陸仲仕は沖仲仕《おきなかし》(船内労働者)に比べると、技能労働者が多かった(➡62頁)。また、「シャ」と呼ばれるグループを組んで仕事を得る請取《うけとり》制のもとで一定の生活を確保している者が多く、世帯を持ち港区に居住する者が多かったため、当初から組織化が順調に進んだのだという［沖野、一九七七、三七頁。全港湾関西地本、一九八九、三〇八頁］。この小集団を拠《よ》り所《どころ》として、陸仲仕たちは、「この仕事は幾《いく》らぐらい、この仕事は何人でやるものだという賃金の相場づくりと作業条件をつくっていった」［沖野、一九七七、三七頁］。これを勝ち取るにあたって、まず彼らは早朝に職安の紹介で現場へと出向き、賃金や労働条件をめぐって、座り込んで交渉する。交渉が決裂すると、集団でそのまま帰ってしまう(これを「ケツワリ」という)。業者は、彼らが帰ってしまうと荷役業務が停滞《ていたい》してしまうので、これをおそれて交渉を受け入れる。この陸仲仕たちの現場闘争は、「ドウ取り」と呼ばれた。

これに対して、沖仲仕たちの多勢は釜ヶ崎から単身で雇われ、陸仲仕のような集団性をもっていなかった。しかし、おなじ労働現場で陸仲仕たちがドウ取り闘争を繰り広げる姿を目《ま》の当たりにするなかで、「船内労働者のなかにも少しずつ何とかせなあかん、という者が小グループを作っていた」[沖野、一九七七、三八頁]。平井は、一九六〇年代末にかけて、労働現場でのハッチ蓋《ぶた》開閉拒否闘争[5]や、職安窓口での座り込みなど、沖仲仕の闘争を次々と積み重ねていく。

ハッチ蓋闘争とこの条件闘争を併行して毎日港のどこかで現場闘争の起《おこ》らん日はなかった。雨降りの職安寄場は昨日はどこの貨種違いでいくら手当をださせた、どこのバレ賃[6]

5——一九六八年一〇月、英国船ラジア号のハッチの蓋が外れ、船内労働者四名が死亡した。第1章でも述べたように(➡90頁)、このうち二人は日雇労働者であった。ハッチ蓋の開閉は本船船員が行なうべき作業であったが、船主はこれを荷役業者に任せ、日雇労働者を含む船内荷役労働者が担わされていたのである。船内日雇労働者は、生死に関わる作業を低賃金で押しつけられることに抗議し、以後一年半にわたってハッチ蓋の開閉作業を拒否する闘争を展開した。

資料3-3 **釜ヶ崎の居酒屋**
出典｜ 井上青龍 © 1958-63年の間に撮影
（井上治子氏による掲載許諾）

は全額とった、と前日の成果は翌朝、いやその日のうちに釜の酒屋で語り合って拡がった。

［沖野、一九七七、四一頁］

港湾の現場や職安で勝ち取られた成果は、すぐさま釜ヶ崎の立ち呑《の》み屋で語られ、広まっていく（右の資料3－3）。港湾と釜ヶ崎とを横断するこの振幅《しんぷく》のなかで、沖仲仕たちは次第にその集団性を獲得していった。そうして培《つちか》われていった集団性を拠り所として、平井はいよいよ、大阪港全港ストライキを結実させていく。一九七〇年春闘にあたって、船内闘争委員会を組織するとともに、闘争の焦点を職安窓口闘争から現場闘争へと全面集中させたのである。四月一日になると、業者はこの動きを封じ込めるべく職安をつうじた求人をいっせいに差し止めにかかったが、沖仲仕はアブレ（失業）手当を元手にストライキの態勢《たいせい》をかため、また、釜ヶ崎での夜間集会を繰り返した。こうして、四月一〇日・一七日の二次にわたる、「アンコのストライキ」が実現された。

本船の停船料は経費も含めて一隻《せき》一日百万円から二百万円かかる。荷役会社どころか、

6———「バレ賃」とは、雨天などにより荷役作業が中止になり、休業となった際に労働者に対して支払われるべき補償金を意味する。

船会社、荷主が困り、相場が変わり政治問題にもなるのである。政治と関係ないと思っていたアンコが実は一番深い関係があるということが分かってきて自分たちの値うちが分かってきた。四月十日と一七日には通船乗場で、千八百人の登録日雇が座り込み、二千人の常用労働者がそのまわりにピケを張り、五七隻の外国船を主とした本船の荷役は全部停止した。四一年に港労法(青手帳)ができて五年目についにストライキをやったのである。〝右を見ろ、左を見ろ、前も後ろも、みんな顔見知りばかりやないか、港は一つ心は一つ、なんとすばらしい港の夜明けだ…〟夜明けの浜にスピーカーは一ぱいのボリュームを上げた。……〝港に赤旗は一本も立てさせない〟という親分支配の港は赤旗と鉢巻《はちまき》でうずまり、歌声がなりひびいた。

［沖野、一九七七、四二頁］

海から陸への線

以上の陸から海へと向かう線と交差しつつ、同じ時期にもうひとつ、海から陸への線が走っていた。全港湾は、日雇労働者を組織化すべく、かれらの本拠地である釜ヶ崎において、一九六九年に全港湾関西地方建設支部西成分会（以下、全港湾西成分会と略す）を結成した。釜ヶ崎にはじめて生まれた、寄せ場の日雇労働者の労働組合であった。[7] 全港湾西成分会は結成されるや否や、矢継ぎ早に権利を勝ち取っていく。当初からの獲得目標であった日雇雇用保険手帳は、はやくも一九七〇年あいりん総合センター（⬇152頁）のオープンとともに、交付が開始された。さらに、この手帳を基盤として、モチ代・ソーメン代と呼ばれる夏冬一時金をも獲得した。また、七〇年五月一日、釜ヶ崎ではじめてとなるメーデーが取り組まれた。この年のメーデーのデモは、暴動の引き金となるとして警察に阻《はば》まれたものの、翌年のメーデーでは釜ヶ崎でのデモを実現させた。

しかしこの「海から陸へ」と向かう線は、上述した「陸から海へ」の線とは、かなり異なった展開をみせることになる。それは学生運動から流れ込む線と、多分に衝突を孕《はら》みながら交差していったのだ。[8] 学生運動から釜ヶ崎への線はそれ自体複雑なのだが、ひとまずここで確認しておきたいのは、多様な線が交差した一九六九年から七二年にかけ、釜ヶ崎の政治文化が短期間のうちに爆発したということだ。次章でくわしく述べるが、学生運動を経験した若手活動家の一部は、まず全港湾西成分会へと自身の活動の拠点を求め、分会内に越冬《えっとう》対策実行委員会をつ

7――これ以前に全日本自由労働組合が釜ヶ崎で活動していた時期があったが、その組織対象は寄せ場の日雇労働者ではなく職安労働者であった。

くり、七〇年に第一回の越冬闘争を開催した。そして、七二年五月の鈴木組闘争（➡後述の218、247頁）を経て、すでに西成分会内で活動していた若手活動家と、新たに参与した学生運動経験者が合流し、「暴力手配師追放釜ヶ崎共闘会議（以下、釜共闘《かまきょうとう》と略す）」を結成したのである。また、同じく七二年には、第一回の釜ヶ崎夏祭り（➡後述の252頁）が開催された。

越冬闘争や夏祭りといった、現在もつづく釜ヶ崎の政治文化のほぼすべては、一九六九－七二年という、この特異な時期に芽吹いたものだ。この時期の特異性は、釜ヶ崎の暴動史を一瞥《いちべつ》すればよくわかる。七〇年から七三年にかけて、第九－二一次の暴動が凝縮《ぎょうしゅく》されている。なかでも七二年は、五月に二度、六月と八月と九月にそれぞれ一度、十月に二度、あわせて七度の暴動が数えられる。この数字は、釜ヶ崎における新たな労働運動の台頭と無関係ではない。このとき警察の眼には、もはや暴動と運動を見分けることができなくなっていた。たとえば七一年五月「第一〇次集団不法事案」に関しては、次のように記載されている。

夜間作業のため求人に来たマイクロバスへの無理乗り事案に端《たん》を発し、労働者約一三〇人が港区の求人会社まで押し掛け、アブレ料〔失業手当〕を強要したのち、一部の扇動《せんどう》分子の働きかけで「警察が労働問題に不当介入した」として西成警察署に矛先《ほこさき》を向け、警察施設に投石、車両放火、パチンコ店への襲撃等を敢行《かんこう》した。〔西成警察署、一九九一、四六－四七頁〕

あきらかにこれは労働争議である。このほか七〇年代に数えられた暴動は、その大半が労働争議としての要素を持ち合わせていた。釜共闘に結集した若手活動家たちは、全港湾西成分会が率いる合法的運動の枠内から早くも離脱し、暴動に発現される直接行動の力を争議行動へと直結させたのである。このように六九－七二年の釜ヶ崎は、暴動からデモへ、デモから暴動＝争議へと、めまぐるしい変転を遂げた。

この時代、労働者はみずから釜共闘を名乗って、次々と争議行動を繰り広げたのだという。

8――釜ヶ崎における「学生」という存在について、寺島珠雄は次のように書き記している。労働者と「学生」との緊張を孕《はら》んだ連帯の関係を考えるうえで重要なので、少々長くなるが引用しておきたい。「一九七一年五月暴動以来、学生扇動《せんどう》説がかなり定着したが、実態としては元学生とか学生くずれ、学生あがりと呼ばれてやむを得ない者が、活動家として居ついているということであろう。彼らを一括して労働者は「学生」という。侮蔑《ぶべつ》や警戒（時には敵意）をこめている。なぜか。……活動家であれ一般であれ学生であることに相違なく、プロレタリアになびこうとしているか、ブルジョアになびこうとしているかという差にすぎなかった。どちらへでも、その気になれば転生《てんせい》できる人間＝学生ということである。……転生できない存在としての労働者が、転生できる者の犠牲になることは、この地域では真理というより事実としてある。だから労働者は本能で「学生」を嗅ぎわける。釜共闘や野鳥の会の諸グループが一定の実効をもたらしながら、なお「学生」がカッコつきの存在にとどめられているのは、体制というものがどのように変転しようとも、おれたちは労働者以外ではあり得ないという労働者の予見的諦観《ていかん》に根ざしている。ただ「学生」という言葉に若干の信頼、敬意がふくまれはじめたことは、今日〔一九七二－七三年当時〕の状況としては記録しておくべきだろう」〔寺島、二〇一三、一八五頁〕。

ここで港湾における闘争史を重ね合わせてみるとき、その争議行動は興味深い色あいを帯びてくる。釜ヶ崎の日雇労働者は、港湾労働が典型的であったように、求人の場で提示された労働条件とは異なる労働を課せられる経験が日常的であり、これに抗議したとしても暴力を受けたり、無一文で帰らされたりするのが当たり前であった。これに対し、労働者たちは小集団を形成して、提示された求人の数どおりに手配師のマイクロバスに乗り込み、提示された条件を守るよう労働現場において集団で抗議する、という行動を繰り返した。[9] こうした実践は、ドウ取りを繰り広げた港湾の陸仲仕たち、そして、かれらの姿を目《ま》の当たりにして小集団を形成した沖仲仕たちの戦術を思い起こさせる。そこに、港の労働運動のなかで積み重ねられた実践が受け継がれたとは、考えられないだろうか。

失われた地勢

これまでみたように、一九六〇年代から七〇年代初頭にかけて、大阪港と釜ヶ崎はそれぞれ、海のストライキと陸の暴動が繰り広げられる舞台となった。一九六〇年代初頭の環太平洋ストライキと、第一次暴動とは、それぞれの舞台での闘争の始まりを告げる狼煙《のろし》であった。その後、六〇年代をつうじて数々の闘争が繰り広げられ、一九七〇年代初頭にこれらの闘争はついにクライマックスをむかえた。一方の大阪港においては、かつて常雇《じょうやとい》が主体となって繰り広げられた海のストライキが、日雇労働者を中心的主体とする「アンコ（➡92頁）のストライキ」として、大々的に再現された。他方、かつて暴動のみが唯一の政治的表現であった釜ヶ崎には、メーデーやデモ、越冬闘争や夏祭りといった多彩な政治文化が育《はぐく》まれ、七〇年代に入っていっそう激化する暴動とともに開花していったのである。このように大阪港と釜ヶ崎それぞれの諸実践を深化させたのは、これら二つの場所を斜めに横切りながら走る、二つの線の存在であった。

陸から海へ、海から陸へと走る線の背後には、当時の釜ヶ崎で港湾産業が主要な就労先だったという実態がある。釜ヶ崎と大阪港を行き来する日雇労働者の群れがあったからこそ、群れのなかを走るそれぞれの線が描き出されたのである。しかし七〇年代以降、この群れの地勢は

9――次章で述べるように、このような争議を警察やマスメディアは「無理就労事件」や「押しかけ就労」として犯罪視し、検挙の対象とした。それは労働者が作業現場に押しかけ金銭を要求する「恫喝《どうかつ》行為」として報じられたが、「事実は、多くの場合、手配師の求人内容通り手配師の車に乗っていき、その条件通りの仕事を求めたら、手配師がそのようなものはないといって、仕事をあたえない、ということなのだ。これを〝押しかけ就労〟などというのは無茶である。むしろ、手配師の就労条件違反であって、労働者は被害者なのである」［池内、一九八三、二二三－二二四頁］。

急速に失われていく。コンテナ化による荷役の機械化の波が、一挙に押し寄せてきたのだ。

一九六七年一一月、米国船会社マトソン・ナビゲーション社が、北米太平洋岸と日本（東京品川埠頭《ふとう》と神戸摩耶埠頭《まやふとう》）の間に、初めてフル・コンテナ船を就航《しゅうこう》させた。「このニュースが伝わると、港に関係する者がすべて、第二の黒船襲来とばかりに焦燥狼狽《しょうそうろうばい》した」。六六年四月、米国シーランド社のコンテナ船フェアーランド号がニューヨークからロッテルダムに出航したことを皮切りに、海上コンテナ輸送は大西洋航路を中心に、すでに拡大しつつあった。けれども、「コンテナ化が欧米の先進諸国において、すでに普及されていると啓蒙《けいもう》されても、事情の異なる日本では、さほど急速に進展しないだろう、というのが一般的な見方であった」。ところがこのコンテナ化の波は、だれもが驚くスピードで港湾を呑《の》みこんでいった。「それから四半世紀後、コンテナ輸送方式はすっかり定着し、日常化してしまい、もはや当時の事情を想起《そうき》させるような影すらない」［天田、二〇〇一、一四九頁］。

コンテナ化は、港湾労働の構造を根底から塗り替えるものであった。砂糖やバナナ、石炭やスクラップなど、多種多様な形状・量・質をもつ船荷は、同一形体のコンテナへと詰め込まれ、また、港湾には大型クレーンなどの設備を擁《よう》したコンテナ専用埠頭《ふとう》が建設された。こうして、戸口《とぐち》から戸口までの一貫複合輸送が確立されたのである。この輸送体系のもとで、荷役作業は規格化され、雨中でも作業できるため荷役に要する時間は正確に把握され、荷役料金は体系化される。船会社は船舶を計画どおりに配船し、荷主は運送時間をあらかじめ知ることで、商品の輸送計画を立てられるようになる。コンテナ化は、計画的な時間により厳密に組織された空間へと港湾を再編することで、船荷の盗難を含め、流通過程を妨げるあらゆる偶発事を排除した。ここで思い起こされるべきは、資本の普遍的傾向を論じたマルクスによる次の一文である。

資本はその本性からしてあらゆる空間的障害を乗り越える。このようにして交換の物的条件——交通手段と運輸手段——の創造、すなわち時間による空間の絶滅は、資本にたいしてかつてないほどの度合いで必然化する。……したがって資本は一方では、交易すなわち交換のあらゆる空間的障害をとりはらい、全地球を資本の市場として征服しようとつとめなければならないが、他方では、資本は時間によって空間を絶滅しようと、すなわちある場所から他の場所への運動についやされる時間を、最低限に減少させようとつとめる。〔Marx, 1953＝一九六一、四六〇－四七六頁〕

この「時間による空間の絶滅」という資本の要請が、コンテナという機械を導入し、コンテナ埠頭という新たな建造環境を創出することによって、ついに実現されたのだった。

港湾労働運動にとっても、コンテナ化が普及する速度や、それがもたらす影響は、まったく予期し得ないものだった。

コンテナーが入ったのは一九六七年です。ただこのときは導入されたばかりで、コンテナー化に対する危機意識、反合〔反合理化〕という問題はそれほど強いものではありません。当時はまだ労働力不足でした。この時期の私たちの問題関心は、港湾労働法ができて港の民主化、近代化がすすんできた、そういうことのなかにコンテナー船も入ってきて、業の集約、合理化、労働強化がすすめられている。

〔全港湾、一九八七、七五頁〕

さらにコンテナ化は、運動が突《つ》きつけた諸要求を実現させてしまうという点でも、港湾労働運動に対し破壊的な影響を与えるものであった。第一に、一九五〇年代から港湾労働運動が要求しつづけたのは、労働時間の短縮だった。その要求は、在来荷役のもとで港に押し寄せる船荷が増大しつづけ、労働時間が絶対的に増大していく一方の六〇年代初頭においては、海運・港湾資本に真っ向から敵対していた。けれども六〇年代後半の新たな局面において、労働時間の短縮は、むしろコンテナ化による合理化の路線に沿った要求へと転化されてしまう。じっさい港湾労働運動の闘争は、一九六〇年代半ばから港湾産業を構成する各業種の組合に共通する統一要求を模索し、「せめて日曜日ぐらい休ませろ」という「日曜・祝日完全休日獲得」の要求で結集の一致をみた。だが、機械にとってこれに応えるのは、たやすいことだったのだ。

第二に、港湾労働運動のかねてからの要求とは、港湾労働の近代化だった。それは、飯場や手配師が実権を握る港湾労働の支配、日雇労働という「前近代的」労働に依存した港湾労働の実態の改変を迫るものであり、その成果が一九六五年港湾労働法の制定だった。しかしながらこのとき、いよいよコンテナ化の波が労働者を襲おうとしていた。

ここにきて、港労法にさいしての政府・独占側のねらいが明らかになってきた。かれらは、港湾労働者のことを考えて港労法を制定したのではない。港湾合理化に対応する労働力の確保と港湾にかれら流の秩序をうちたてるために労働者の要求をくみこみながら港労法を制定したのである。〔宮本、一九七九、八四頁〕

労働運動は、港湾労働法を後ろ盾《うしろだて》としながら、日雇労働者を飯場や手配師の支配から解放させ、かれらを組織するとともに、その地位を常雇労働者のそれと同等のものに引き上げることを目指した。しかし港湾労働法が制定されたのは、コンテナ化が導入されはじめた、まさにその時期でもあったのだ。コンテナ化は、日雇労働に依存した労働実態の改変を、日雇労働者を常雇化することによってではなく、もはや大量の日雇労働者を必要としない港湾の近代化＝機械化として実現させてしまった。かくして、一九七〇年代に港湾で働く日雇労働者は急激に減少させられた。「法施行後、当初六大港で三万人もいた登録日雇い労働者は、現在〔一九七九年時点〕ではなんと二〇〇〇人」となり、「大阪港でも二九〇〇人から三〇〇人へと、約一〇分の一にも減って」しまったのである〔宮本、一九七九、八四頁〕。

機械は、労働者を労働から解放した。かつて港湾にひしめいていた労働者は、一挙に不要となった。またたくまに時代遅れとなった艀船《はしけぶね》（⬇82頁）は、コンテナ埠頭《ふとう》を備え新たに増設された南港の底へと沈められた。しかし、この過程によって誰より先に切り捨てられたのは、日雇労働者である。コンテナ化による機械化と、七〇年代半ばのオイルショックを引き金とする経済危機により、釜ヶ崎には失業の嵐が吹き荒れた。この失業期を経たのち、かれら日雇労働者は、こんどは建設業へと吸収されていった（⬇29頁の図0－5を参照）。一九八〇年代に入ると、アーバン・ルネッサンスのかけ声のもと都市開発ブームが巻き起こり、釜ヶ崎の日雇労働求人は戦後最大級を記録した。それは同時に、港湾労働の記憶が忘却されていく過程でもあった。

記憶のリストラクチャリング

以上の過程のなかで港湾機能の中枢は、築港《ちっこう》のさらに先に新造成された南港のコンテナ埠頭へと移転され、それとともに労働者の姿が消し去られた。築港は、いわば空白の地帯になった。

そしてこの空白に、一九八〇年代以降ウォーターフロント開発の波が押し寄せたのである。一九八六年、「天保山《てんぽうざん》ハーバービレッジ計画推進協議会」が官民合同によって発足、九〇年に「天保山ハーバービレッジ」が開業された。水族館「海遊館《かいゆうかん》」を目玉とするこの複合型アミューズメント施設には、港湾を見下ろす大観覧車を備えたショッピングモール「天保山マーケットプレース」、全室オーシャンビューのリゾートホテルを謳《うた》う「ホテルシーガルてんぽーざん大阪」、近現代アートを展示するギャラリーと巨大立体映像館を併設した「サントリーミュージアム天保山」（二〇一〇年に閉館）が建ち並んだ。

　これら新たな文化景観の建設は、記憶のリストラクチャリングの過程でもあった。それを端的に示すのが、港湾の名づけである。次から次に建設されたレジャー施設は、すべて「天保山」という名が付され、宣伝された。この名づけには、この土地を遊興《ゆうきょう》空間として再定義するとともに、そこに刻み込まれた労働者性を拭い去ろうとする意図が込められている。「天保山」という名を与えることで、この土地のイメージは、近代化以前の遊興空間の記憶へと直結させられた。[10] そうすることで、「築港」という名のもと積み重ねられた工業期の分厚い記憶のレイヤーは素通りされ、視界の届かぬ地下の層へと押しやられたのである。

　たとえば、二〇〇二年に天保山マーケットプレイス内に新たにオープンした、「なにわ食いしん坊横町」に足を踏み入れてみよう（次頁の資料3－4）。そこは、大阪万博（⬇154頁）を目前に控《ひか》え「大阪がもっとも元気で光り輝いていた時代、昭和四〇年代前後の元気な大阪」を演出テーマ

資料3-4　なにわ食いしん坊横町
（筆者撮影、2006年）

にした、フード・テーマパークだ。一九六〇年代後半といえば、足元の港湾において、「アンコのストライキ」に結実する数々の闘争が繰り広げられた時代である。だが、このテーマパークが構成する虚構の「昭和四〇年代」からは、労働者性は見る影もなく消し去られている。

あるいは、環太平洋でみても最大規模のウォーターフロント開発「テクノポート大阪」計画のもと、築港のさらに海側に建設された人工島の一画には、二〇〇〇年にオープンした「なにわの海の時空館」が建っている（次頁の資料3－5）。シャルル・ド・ゴール国際空港や、ドバイ国際空港の建設で知られる建築家のポール・アンドリューの手によるこの建築物は、建築家個人の世界的名声を高めるのに一役買った一方、当の建築が位置する人工島の廃墟的なありさまを、ひときわ際立たせている。ともあれここで重要なのは、「なにわの海の時空館」が文字通り組織しようとしている時空間だ。全面を透明なガラスで覆《おお》った半球状の建築は、内部のあらゆる角度から「港の風景」を観賞できるよう設計されている。港湾は、もはや労働者によって生きられる空間ではなく、審美《しんび》的なまなざしの対象であることを、私たちは体感させられる。と同

10――「天保山」の名の由来は江戸時代に遡《さかのぼ》る。もともとそれは、天保年間の淀川浚渫《しゅんせつ》工事によって排出された土砂が埋め立てられたことによって生まれた、標高一八メートルの人工島であった。瀬戸内海から大阪市中へと向かう船にとって目印となったこの山は、行楽や舟遊びの場ともなり、歌川広重《うたがわひろしげ》「本朝名所大坂天保山」にみられるように遊興空間としてその名を馳せた［橋爪、一九九七］。

資料3-5　**なにわの海の時空館**
（筆者撮影、2012年）

時に、皮肉にも港湾から労働者を一掃《いっそう》させたコンテナ埠頭が、対岸に拡がっていることにも気づく。一方、世界各国を往来する船舶を中心とした「海の交流」の展示——むろんそこで港湾労働者の闘争が顧《かえり》みられることはない——は、自称「世界都市」大阪を、グローバル化の回廊《かいろう》になんとか位置づけようとする意図が、はっきりと打ち出されている。

しかしそれは、誰にとってのグローバルなのか。そもそもこの土地は、かつて港湾労働者たちが、環太平洋的な闘争を繰り広げた舞台ではなかったか。[11]

孤島から群島へ——流動的下層労働者の像《イメージ》

かくして釜ケ崎と築港とは、実態のうえでも、イメージのうえでも、完全に分断された。「陸の孤島」とは、釜ケ崎を指してしばしば用いられる表現である。たしかにそれは、この土地に凝縮された日雇労働者に対する差別や隔離《かくり》、隠蔽《いんぺい》を、的確に表現している。だがそれと引き換えに、築港のような他所との関係的空間を想像させることを、かえって難しくさせてしまった。しかも、そのような想像力を紡《つむ》ぎ出すことは、現在ますます難しくなりつつある。かって「寄せ場に立てば世界がみえる」と言われたように、さまざまな出自をもつ労働者が生き、日々の闘争が繰り広げられる寄せ場・釜ヶ崎の現実を知ることは、そこから世界を見通す方法を編《あ》み出す出発点でもあった。だが一九九〇年代以降、このような根拠は失われつつある。釜ヶ崎では、日雇労働市場・寄せ場が急速に縮小し、職を失った日雇労働者が野宿生活に追いやられたのち、生活保護を受給して暮す住人が増加していった。よく表現されるように、釜ヶ崎は「労働者のまち」から「福祉のまち」へと変貌《へんぼう》した。

ここで振り返れば、激烈な闘争の最中の一九八五年に制作されたドキュメンタリー『山谷《やま》やられたらやりかえせ』(監督：佐藤満男・山岡強一)は、山谷《さんや》や寿町《ことぶきちょう》や釜ヶ崎といった各地の寄せ場を撮影の舞台とし、さらには、寄せ場に刻み込まれた炭鉱労働者の記憶をたどって、筑豊《ちくほう》へと、ついには朝鮮半島へと想像力を繋《つな》いでいった。◀12 このように世界を視る方法、つまり「方法としての寄せ場」を再構成することは、実態としての寄せ場が急速に失われつつあるいまだからこそ、差し迫った課題として突きつけられている。

ここで述べた港湾の記憶は、その方法を紡ぎ出すための糸口となろう。いまでこそ別々の場所として認知される築港(天保山)と釜ヶ崎であるが、その土地の系譜《けいふ》を掘り下げ、たどって行くならば、互いに交差する多様な線を、労働者の群れが生み出す横断的な地勢を、私たちは見出すことができる。しかし「横断的な」という表現すら、もしかすると正しくないかもしれない。私たちの眼は、二つの場所を別々の対象として捉えてしまうがゆえに、それをついつい

「横断」と表現してしまう。けれども、移動することを常とする労働者にとってみれば、両者は切り離された別々の場所ではなく、あえて表記するならば「釜ヶ崎－築港」と表現されるような、連続する地勢の両極であったはずだ。両者を切り離してしまうのは、陸の地図にとらわれすぎた、私たちの眼にとっての都合でしかない。

一九七〇年代に釜共闘を率いた船本洲治《ふなもとしゅうじ》は、寄せ場の日雇労働者を「流動的下層労働者」と規定した。そうして彼は、流動こそかれらの存在の本質であり、エネルギーであり、武器なの

11―― 釜ヶ崎を中心とする「ディープサウス」の地勢が有する労働史のグローバルな広がりについては、逸見直造をはじめとする活動家たちとＩＷＷ（世界産業労働者同盟）との関係性を追跡した酒井［二〇一一］や、ブラックパンサーやワッツ暴動などを手がかりとしてロサンゼルスとの共振関係を論じたYang et al.［2014］を参照されたい。

12―― 一九八〇年代の山谷は、「寄せ場」という概念のもと諸世界をむすぶ線が一挙に爆発するような、きわめて濃密かつ特異な時空間であった。山岡強一『山谷 やられたらやりかえせ』には、映画に映しだされた「筑豊－戸畑・八幡－博多（築港）－山谷・釜ヶ崎」という線のほかにも、「奄美－沖縄－大和寄せ場」、「下層－沖縄－朝鮮」、「寄せ場－暴力飯場－監獄－精神病院」というように、諸世界の具体的表現が凝縮されている［山岡、一九九六］。これらの線のひとつひとつは、丹念に追跡・検証されなければならない。また、八〇年代寄せ場の激烈な闘争とその時空間は、現在だからこそ省みられるべきだろう。七〇年代までの時期を対象とする本書はこの課題に正面から応えるものではないが、それをなすうえでの予備作業となることを望みたい。

だと宣言した。つまり、寄せ場の日雇労働者とは、線そのものを体現する身体であった。それは、無秩序でありながらも一定のリズムを備えた、万単位の身体の集団的な流動である。このような膨大な群れの流動は、それが展開する空間を必要とし、かつ、そのような空間を生み出しもしたはずだ。かれらの流動は、いかなる空間を生み出したのか。大阪港と釜ヶ崎の闘争史を読み直すとき、このような問いの地平が、私たちの目の前に広がってくる。この問いにたちながら、「寄せ場」という概念がいかにして生み出されたのか、そして、その生成の条件とはなんであったのかを、探っていくことにしよう。

防犯
設置
西成
ブリも
ブリ

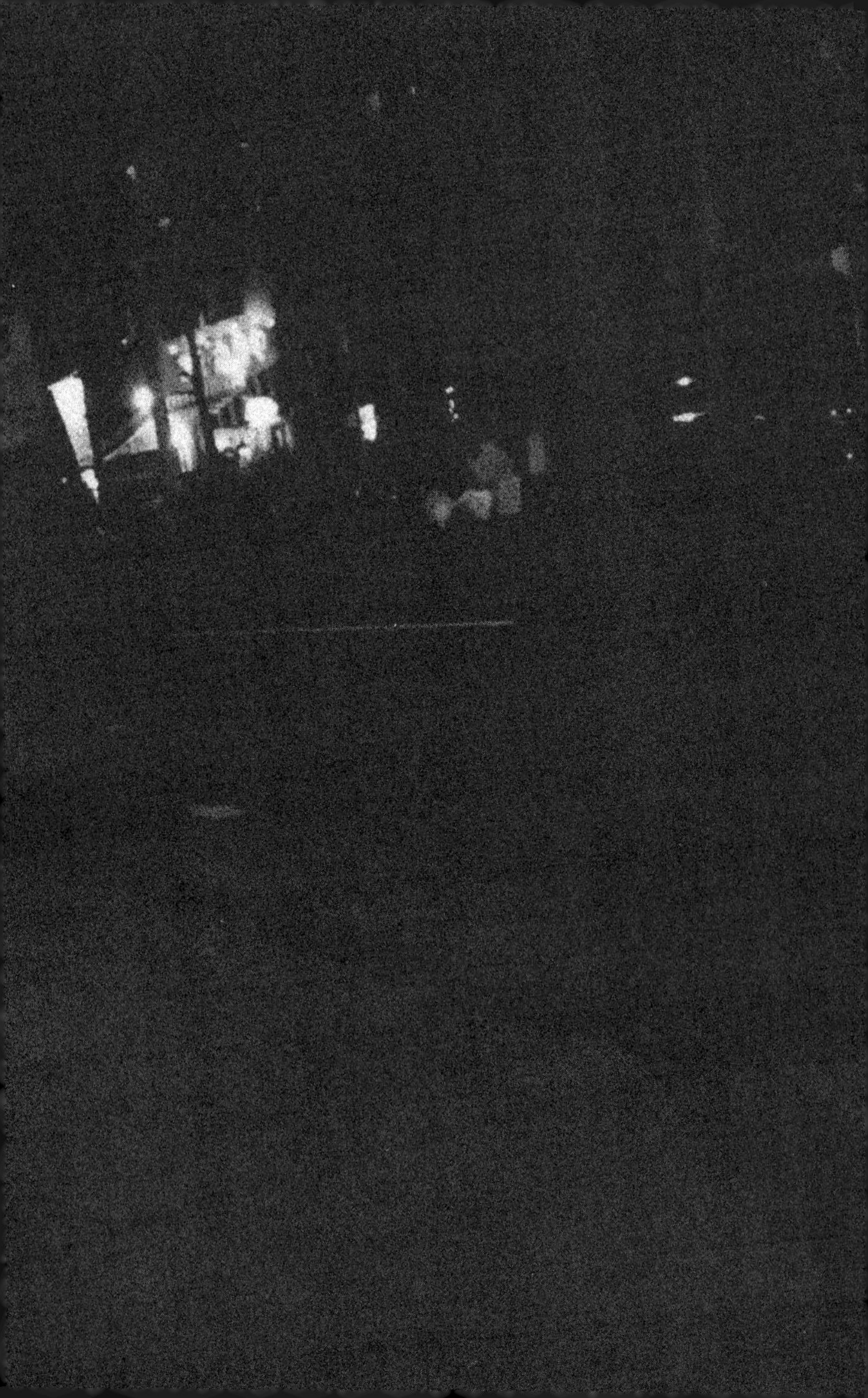

第4章 寄せ場の生成（1）

拠点性をめぐって

暴動と名づけられた蜂起《ほうき》は、一九六〇年代をつうじて、いくども起こった。けれども、ごくわずかな著述家をのぞいて、暴動の声に耳を傾ける者は誰もいなかった。それゆえ暴動は、寺島珠雄（➡77、91、180頁）が述べるように、発作的で、意味不明な「わめき声」でありつづけなければならなかった。日雇労働者たちは、それでも繰り返し「わめき」つづけた。ようやく六〇年代末から七〇年代にかけて、わめき声に感応する者たちが現われた。寺島は述べる。「「鈴木組事件」等をふくめて暴動の軸をたどって行くことによって、わめき声が主張のある叫びに推移しつつあることが理解されるに相違ない」[1]。ここでいう「鈴木組事件」とは、七二年に闘われた鈴木組闘争を指す。それは、六〇年代末から七〇年代初頭にかけて台頭した日雇労働運動の、頂点というべき闘争であった。このなかで、暴動には言葉が与えられ、ついには「主張のある叫び」になっていく。

ただし、この過程は決して単線的なものではなかった。釜ヶ崎の労働運動は、一九六九年の全港湾西成分会（⬇191頁）の結成によって胎動《たいどう》し、七二年の釜共闘《かまきょうとう》の結成へと展開していく。その過程のうちには、闘争路線の分岐《ぶんき》が、なにより暴動への姿勢をめぐる対立が孕《はら》まれている。この紛争に満ちた過程を経て、釜ヶ崎には固有の社会保障制度や政治文化が、短期間のうちに開花していった。そして、そのような過程が、寄せ場という概念を形づくる素地となったのである。

この章では、釜ヶ崎における日雇労働運動の胎動と展開をたどり、寄せ場という概念が生成する過程と条件とを明らかにしていこう。そのためにはまず、釜ヶ崎における政治の原点へと立ち返らなければならない。釜ヶ崎の日雇労働運動の胎動と展開を、暴動を語らずして論じることは、できないのだ。

暴動とは何であったのか

警察資料等によると、六一年の第一次暴動以来、釜ヶ崎においては二四次にわたる暴動が勃《ぼっ》発《ぱっ》している。次の**表**4－1からわかるように、これら一連の暴動は、大きく三つの時期に区分することができる。第一次〜第八次暴動までの第一期（一九六一－六七年）、第九次暴動〜第二一次暴動までの第二期（一九七〇－七三年）、第二二・二三・二四次暴動が起きた第三期（一九九〇・九二・二〇〇八年）である。[2]

第一次暴動のきっかけとなったのは、ひき逃げされた日雇労働者に対する警察の処遇《しょぐう》であった。本間《ほんま》啓一郎《けいいちろう》は、第一次暴動の背景として、「日常的な警察による抑圧やますます拡大していく経済格差の存在」があったと指摘する〔本間、一九九三、五七頁〕。この本間の指摘を裏づけるように、六〇年代の暴動に加わったかつての日雇労働者は、警察や手配師に対する「鬱憤《うっぷん》」を次のように語っている。

> 警察とにらみ合いになって、ね、それが発端《ほったん》。最初はまあ、それで済むかなあ思《おも》うてん。そんだら、済《す》めへんような鬱憤もった人間ばっかしや。警察とか、手配師ピンハネようけするからな。まあ、お互い〔鬱憤を〕もってるけど出さんかったわけや。……それが発端で、それからね、警察に向けて、さあ今度は石を投げんねや、な。こっちは武器ないから、向こうピストル撃つかも分かれへんやん。ほいで武器ないから、そうなってきたらもう、群集はだんだん、だんだん、だんだん。……石投げ合いや、警察へ。[3]

この蜂起を、マスメディアは「暴動」という名を付して大々的に報じ、釜ヶ崎は「社会問題」として発見されるにいたった。しかし、第2章で詳しく分析したように（➡127頁）、既存の場所認識が動員されるなか、暴力のイメージのみがひたすら切り取られ、日雇労働者の怒りの声に耳を傾ける回路はまったく働かなかった。

表4-1 **釜ヶ崎暴動の発生時期**
資料｜大阪府警資料等より筆者作成

年	月日	各暴動
1961	8月 1日	第1次暴動
1963	5月17日	第2次暴動
	12月31日	第3次暴動
1966	3月15日	第4次暴動
	5月28日	第5次暴動
	6月21日	第6次暴動
	8月26日	第7次暴動
1967	6月 2日	第8次暴動
1970	12月30日	第9次暴動
1971	5月25日	第10次暴動
	6月13日	第11次暴動
	9月11日	第12次暴動
1972	5月 1日	第13次暴動
	5月28日	第14次暴動
	6月28日	第15次暴動
	8月13日	第16次暴動
	9月11日	第17次暴動
	10月 3日	第18次暴動
	10月10日	第19次暴動
1973	4月30日	第20次暴動
	6月14日	第21次暴動
1990	10月 2日	第22次暴動
1992	10月 1日	第23次暴動
2008	6月14日	第24次暴動

1——第3章の註4を参照。

2——一九九二年の第二三次暴動までは警察資料にもとづく。ただし、二〇〇八年の第二四次暴動を警察が「暴動」と認知した形跡は、資料上にはない。これについては、生田［二〇一六］の記述や筆者の参与観察にもとづき、「暴動」として数えた。

3——日雇労働者G氏への聞き取り［二〇〇二年八月一八日実施］。

だが、大手メディアや学術論文があれやこれやと暴動を「解説」するかたわらで、ひっそりとではあるが、鋭い観察眼をもって暴動を書き記した著述家がたしかに存在していた。幸いなことに、私たちはかれらの文章を手がかりとして、暴動の内実を違う角度からうかがい知ることができる。清涼信泰なる人物が記録した文章「釜ガ崎——その未組織のエネルギー」は、そのひとつだ。以下では、この記録から、五日間の蜂起が展開していく過程をたどってみよう。

六一年八月一日、ひき逃げされた労働者への警察の処遇に対する怒りは、あっという間に街《まち》じゅうに広がっていった。その口火を切ったのは、石を投げる行為であった。

だれかがはじめて石を投げた。これは英雄と呼んでいい行為だろう。二人めが投げた。これは勇気と呼んでいい。三人めが投げた。これは野次馬《やじうま》。その後の無数の投石は政治。この地帯の住人は自らの感情を政治に転じて押し広めていった。そこにはかれらが長年つちかってきたあらゆる集団行動への経験と創意性が凝縮《ぎょうしゅく》されていた。何に向けて行為することがこの場合最も有効であるかという問《とい》に対して、かれらに考えさせる必要は何もなかったほど、日常性としてかれらの体内にひそんでいた。

〔清涼、一九六一、一六九頁〕

こうして、派出所へと投石の雨あられが向けられた。この出来事に対しすぐさま、警察は機動隊を投入した。圧倒的な暴力を誇示することにより、事態の収拾《しゅうしゅう》をはかろうとしたのだ。ところがこの対応によって、暴動の熱量は高次の段階へと高められていった。暴動に加わる労働者の数は、飛躍的に増大した。それだけでなく、暴動そのものも、石を投げる行為から火を放つ行為へと、質的に転換したのである。

かれらは動員された警官そのもの、警官が表出する権力そのものに向けて悪罵《あくば》を投げた。闘いの次元は変《かわ》った。集まったすべての人がこのことを感じとったとき、その量は飛躍的に増加した。これら住人の行動をシンボライズするためには原生人的な感覚が頭をもたげてくる。聖火と呼ぼうが、狼火《ろうか》と呼ぼうが質的に変りない。この場合住人の希求する行為をさまたげるものに向けられるのは、その初歩的な意味において当然だった。機動隊という権力像と対峙《たいじ》している気高い住人たちに対して、けちな私欲《しよく》を優先させようとしたタクシーにはじめての火が向けられたとしても、それは当然といわなければならないだろう。

［清涼、一九六一、一六九頁］

このように書き残された記録から、私たちは暴動と呼ばれる集合行為が刻一刻と展開していくさまを、ありありと知ることができる。のみならず、あたかも無秩序であるかのようにみえる暴動のうちには、じつのところ日雇労働者の自律《じりつ》的な共同性や集合性が発露《はつろ》されていたことを知るところとなる。この書き手は、新聞が「暴徒化」という表現を乱用するのとは対照的に、暴動という行為のなかに、一定の倫理が作用していることを見逃さなかった。

火が火を呼び、とりあえず東田派出所を燃やせと要求する一群があったとしても、それは暴徒ではない。その証拠を望むなら隣家《りんか》に類焼《るいしょう》するのを防いだのはだれであるかをあげるだけで充分だろう。それは火を放った当人たちであったことは明らかである。

〔清涼、一九六一、一六九頁〕

日雇労働者たちが石や火を向けるべき敵は、あくまで警察であり、それが具現《ぐげん》する構造的暴力そのものであった。そのような視点にたつならば、警察が編《へん》さんした資料ですら、有益な手がかりとなる。左記の図4－1は、大阪府警編さんの資料をもとに、日雇労働者の「主たる蝟集《いしゅう》場所」（つまり、労働者たちが寄り集まって抗議していた場所）を地図化したものである。これをみれば、日雇労働者が寄り集まる場所が警察署や派出所の周囲であったこと、つまり暴動とはなにより警察に対する抗議行動であったことは、一目瞭然だろう。

さらにこの書き手にとって、暴動という非日常は、釜ヶ崎の日常と地続《じつづ》きの出来事として、その日常が爆発した出来事として捉えられるべきものであった。彼はこう述べる。

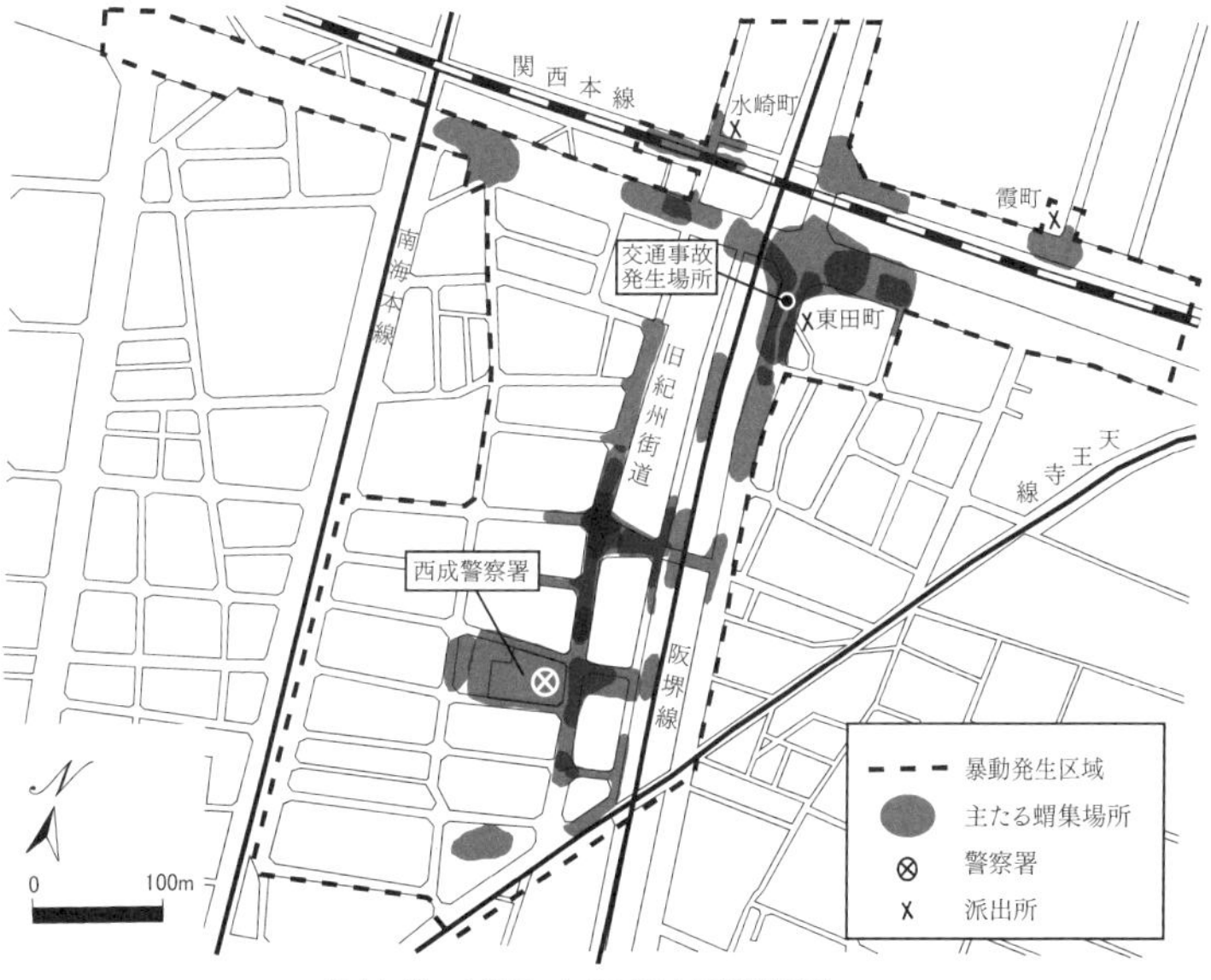

図4-1　**第一次暴動における「主たる蝟集場所」**
資料｜大阪府警察本部『西成集団暴力事件の概要』[1961] より筆者作成

無駄なことにはかかわらない日々、それが釜ガ崎の掟《おきて》のようである。もっとも現代的な人間感情のようにエゴイズムである。それでいて心やさしい住人たちである。信用する自己とその自己にかかわりのある他人との強烈な共生感を突出させる生活感情と、いっさいの権力を信用しない敵愾心《てきがいしん》が、この緑地帯の住人の全生活をささえている強みである。八月一日のでき事はそのことを立証したささやかな動乱であった。

〔清涼、一九六一、一六七－一六八頁〕

釜ヶ崎の日雇労働者が共有する心性。それは、エゴイズムであり、共生感であり、そして権力に対する敵愾心なのだという。日雇労働者たちは、故郷から遠く切り離され、家族や地域共同体から引き剝がされ、ただならぬ紆余曲折《うよきょくせつ》を経てこの地へとたどりついた。差別された苛酷な労働環境のなか、身体《からだ》ひとつで生き延びるために、エゴイズムこそ自身が依《よ》るべき心性であることは、なんら不思議ではない。じっさい、西澤晃彦が述べるように、「多くの寄せ場労働者は自分の個人的な経験について語りたがらないし、また他人の経歴についても深く尋《き》き出《だ》そうとはしない」〔西澤、一九九五、一〇七頁〕。このように観察された特徴は、疎外や社会解体、「自暴自棄《じぼうじき》」といった、社会病理学的な言語を積み重ねる論拠とされてきた。これに対し西澤は、この「過去に触れない」という暗黙の掟《おきて》こそ、日雇労働者たちの関係規範《きはん》を表わすなによりの徴《しるし》であると看破《かんぱ》した。これに加えて、次のことも強調すべきであろう。それぞれが似たような境遇《きょうぐう》をもち、同じような労働環境に置かれた者たちは、釜ヶ崎という一隅《いちぐう》の土地を共有していたのである。

この釜ヶ崎の共有地性について、はやくも一九六〇年代から釜ヶ崎界隈《かいわい》で日雇労働者として生活していた詩人の寺島珠雄（➡77、91、180、218頁）は、『釜ヶ崎語彙集 1972-1973』のなかで、次のように叙述している。

> 住む、というのは寝るだけではない。食うこと呑《の》むこと、またくつろぎ憩《いこ》うことなども住むないしは暮らすことのなかみだ。そして労働者はドヤの一畳あまりのスペースに住んでいるのではなく釜ヶ崎に住んでいる。釜ヶ崎で酒を呑み飯《めし》を食い仲間としゃべり喫茶店や三角公園でテレビを眺めなどする。要するに現在一般化した住居様式でならダイニングキッチンや居間の役割を、労働者は釜ヶ崎という範囲の町に果たさせているのだ。果たさせる以外の方法がないのだ。だから釜ヶ崎は一つの町であるが、労働者にとっては仕事場から帰りついた住《す》み処《か》という性格が認識されている。ドヤはそのうちの単なる寝室にすぎない。酔いすぎた者が寝室以外でも眠るのはむしろ自然なので、そう咎《とが》めだてする必要はない。
>
> 〔寺島、二〇一三、一一〇頁〕

群れをなす労働者たちにとって、街全体《まち》が、リビングであり、ダイニングであり、社交場であり井戸端《いどばた》であった。つまりかれらは、釜ヶ崎と呼ばれる土地を共有していたのである。その条件こそが、エゴイストでありながら、集団的でもあるという労働者の心性を生みだす素地《そじ》となった。前章で述べたことを思い出してほしい（➡187頁）。一九七〇年に大阪港ストライキを実現させた沖仲仕《おきなかし》たちは、その日の成果を釜ヶ崎の居酒屋で語り合い、たがいの経験の共有を積み重ねることで、その集団性を獲得した。暴動もまた、そのようにして形成された労働者の共同性が、一挙に発露《はつろ》した出来事だったのである。そうして六〇年代末以降、この暴動のエネルギーを原動力としつつ、釜ヶ崎の地に日雇労働運動が胎動していく。

暴動の活用(1)——全港湾西成分会の議会内闘争

釜ヶ崎の運動史にとって画期となったのは、日本労働組合総評議会傘下《さんか》の全港湾西成分会（全港湾関西地方建設支部西成分会）（➡191頁）の結成であった。港湾労働法（六五年公布、六六年施行）の実現を勝ち取った全港湾は、六四年から日雇労働者を組織化する方針を打ち出し、大阪ではとりわけ釜ヶ崎の日雇労働者の組織化が課題となっていた［全港湾、一九八八、一一九。全港湾西成分会、一九八一、一一三頁］。こうした経緯を経た六九年五月二三日、釜ヶ崎において全港湾西成分会が結成されたのである。

全港湾西成分会は、釜ヶ崎で初めてとなるメーデーやデモを実現するのみならず[4]、日雇雇用（失業）保険の適用に成功し[5]、さらには夏冬一時金を獲得するなど、釜ヶ崎固有の社会保障を勝ち取るうえで決定的な役割を担った。**図4－2**からは、日雇雇用保険加入状況の推移をみてとることができる[6]。従来大きな比重を占めていた大阪市内各職安と大阪港労働職安の手帳交付数は、一九六〇年代をつうじて減少していく[7]。これとは対照的に、あいりん労働公共職業安定所が開設され、七〇年一一月二〇日に手帳交付が開始されて以降、当職安での交付数は急激に増加し、はやくも七一年に大阪府内の全職安の半数をはるかに超える割合を占めるようになったことがわかる。

4　第一回釜ヶ崎メーデーは一九七〇年五月一日に実施されたが、この年の釜ヶ崎でのデモは「最も事件が多発する区域であり……公共の安全に差し迫った危険が明らかに認められる」という理由で不許可となった。第一回のデモは、翌七一年五月一日に実現した［全港湾西成分会、一九八一、一四八－一五〇頁］。

5　日雇雇用保険とは、就業先で日雇労働被保険者手帳（白手帳➡次頁の写真）に印紙を貼付し、二か月で二八枚（現在は二六枚）の印紙があれば失業した場合に給付金を受け取ることができる、という制度である。

このような日雇雇用保険制度に占める釜ヶ崎の比重の増大は、もちろん、そこに日雇労働者が大規模に集住していた事実をたんに反映したものではない――第1章でみたように（➡76頁）、すでに一九五〇年代から、釜ヶ崎の日雇労働者は港湾運送業にとって欠かせない労働力であった。それは、全港湾西成分会が勝ちとった成果なのである。全港湾西成分会は、あいりん労働公共職業安定所の開設にあたって、日雇雇用保険の適用を要求する闘争を繰り広げ、七〇年末の大阪府との団体交渉の席上で「就労証明によって印紙貼付《ちょうふ》、日雇失業保険を適用する」との回答を引き出した▼8［全港湾西成分会、一九八一、一六頁］。この雇用保険適用によって配られた白手帳《しろてちょう》は、日雇労働者にとって、自身が釜ヶ崎に帰属する労働者であること

資料4-1　**日雇労働被保険者手帳**（印紙の貼られた白手帳、2011年に筆者撮影）

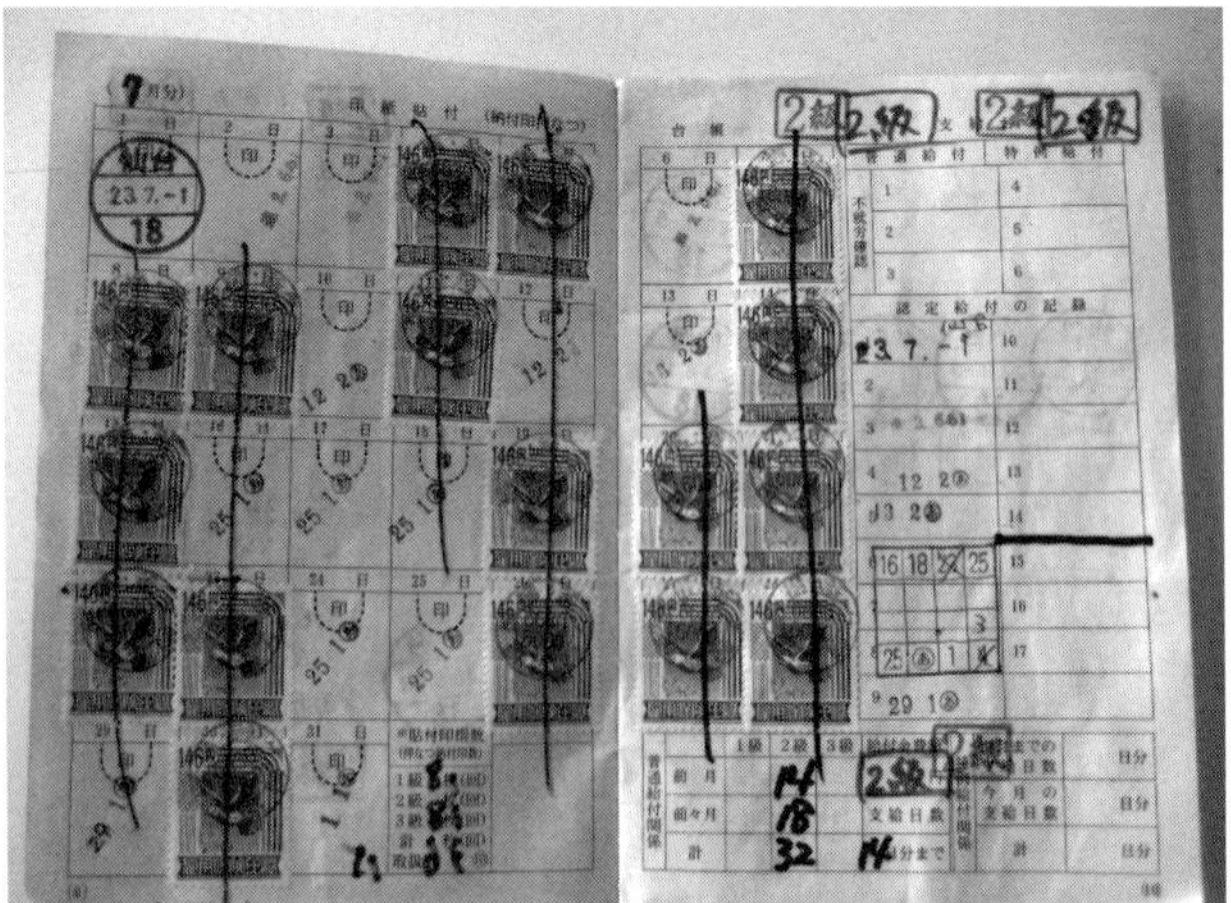

6――各職業安定所のなかでも、大阪港労働職安は港湾労働法の規定のもと港湾労働に従事する者、あいりん労働職安は青空労働市場をつうじて就労する者を対象とする、特異な地位を与えられている。したがって、その他の職安とは異なり、管轄区域の明確な規定は存在しない。

7――**図**4-2における大阪港労働職安の比重低下や、**図**0-5（➡29頁）にみられる港湾運送業の求人減少の要因として、コンテナ化による労働の機械化が想起されるかもしれない。だが、コンテナ化が一挙に普及していくのは七〇年代中ごろであり、この比重低下や求人減はそれよりも先に生じている。筆者の聞き取りによれば、七〇年初頭まで、青手帳を所持せず、したがって職安を経由せぬまま、「ヤミ雇用」で港湾労働に従事する労働者が多数存在していた［元釜共闘活動家R氏への聞き取り、二〇一五年五月一日実施］。**図**4-2で表示されているのは青手帳を所持する労働者の推移であり、「ヤミ雇用」を介して従事する港湾労働者の数は反映されていないのである。実際に釜ヶ崎から港湾労働の職が失われたのは七〇年代中頃だと言われている。

図4-2｜**日雇労働被保険者手帳交付数の推移**
資料｜大阪府労働部職業業務課『労働市場概要』、各年度版より筆者作成

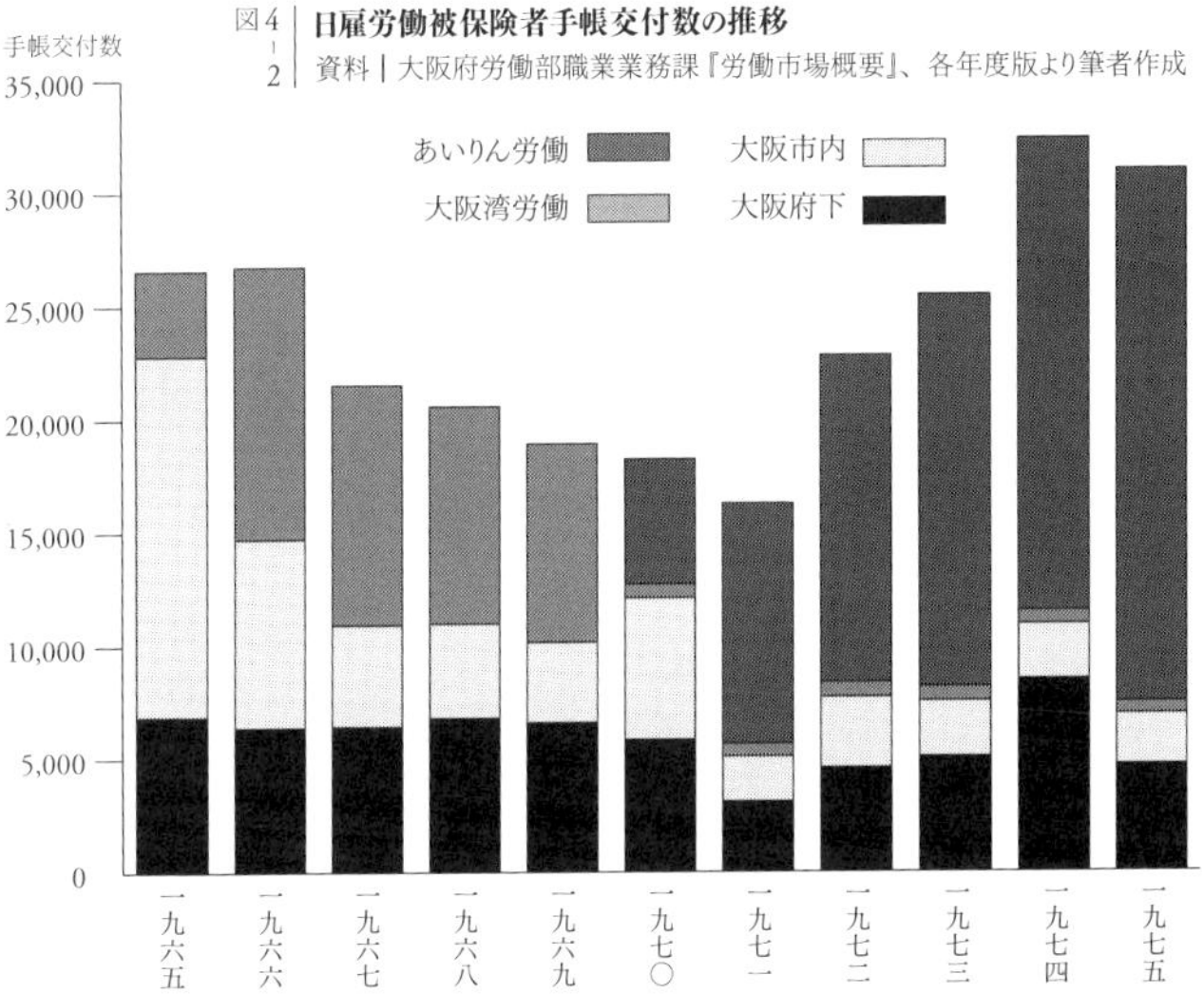

を証す、証明書となった。このようにして得られたメンバーシップとその拡大を拠り所として、全港湾西成分会は矢継ぎ早に成果を獲得していく。そのひとつが、夏冬の一時金(「ソーメン代」「モチ代」)(➡191頁)である。

夏冬一時金は、結成当初から全港湾西成分会が掲げた獲得目標だったが、本来は直接の雇用主の責任において支払われるべきことから、日々の雇用関係が不明確な釜ヶ崎の日雇労働者には無縁のものと考えられており、「一〇年まえには、まったく雲をつかむような話であり、その実現可能性を信じる人は少なかった」[全港湾西成分会、一九八一、四七頁]。このような困難にもかかわらず、結成からわずか二年後の七一年八月、全港湾西成分会は一時金獲得を実現させたのだ。[9]

それでは、西成分会がこうした画期的な成果を獲得した背後に、どのような交渉や圧力が存していたのだろうか。デモやストライキといった集合行為に加え、全港湾の運動がなにより戦略的に重視したのは、議会内闘争であった。ここで、大阪府議会における交渉過程を検証してみよう。[10] 取り上げるのは、当時府議として活動していた全港湾関西地本委員長・山本敬一《やまもとけいいち》による、一九七一年一月開催の大阪府議会における発言内容である[大阪府議会、一九七〇]。

まず山本は、前年一二月三〇日に発生した第九次暴動に言及し、「あわや大騒動に発展するんじゃなかろうかと心配いたしました」と前置きし、次のように述べる。

いまなおその不安を持っておる、温存している。いつ火をつけたら爆発するかもしれない状態がいまなおあるではないか。完全になくなったら、こんな議論はいたしません。……死火山に対する活火山みたいなものだ。またこれからもずっと起きてくるんですよ。

［大阪府議会、一九七〇、一四〇頁］

8――あいりん労働職安における日雇雇用保険制度の登録においては、「本来ならば戸籍謄本《とうほん》等を必要とするものについても、そういうものがなくっても登録を受け付ける」など、特例的な措置が講じられた［大阪府議会、一九七二a］。具体的には、ドヤの宿泊証明を住民票のかわりとみなし、また、業者が印紙を購入していないため手帳に印紙貼付ができない場合には、就労証明書で代用することを許可していた。さらに、筆者の聞き取り調査によれば、労働者による自主申告をもって就労証明とみなす場合もあったという［元釜共闘活動家A氏への聞き取り、二〇〇七年九月一三日］。このような特例的な措置もまた、全港湾西成分会の交渉によって実現されたものと考えられる。

9――当初の一時金は白手帳保持者約二五〇〇人に対し、一七〇〇円（うち組合カンパ一〇〇円）が分配された。支給総額は計四〇〇万円であり、負担内訳は大阪府が福利厚生措置として一五〇万円、財団法人大阪港福利厚生協会が一五〇万円、大阪建設業協会が一〇〇万円であった。以後支給額は増額され、一九七八年冬の時点では総額一億円を超えている。このときの受給者は一万五〇〇〇人、一人七六〇〇円の支給である［全港湾西成分会、一九八一、四八頁］。

10――第2章で述べたように、「あいりん体制」下において、大阪府が労働行政を、大阪市が民生行政を担当するという役割分担が決定されている。全港湾西成分会の諸要求は主として労働行政に関わるものであるから、ここでは大阪府議会を分析の対象とした。

このようにして山本は、釜ヶ崎では暴動がいつ起こるやもしれない状態にあることを強調する。そのうえで「もし去年の暴動が……発展しておつたら、何とあなたたちは府民に答えますか」と迫《せま》り、このような事態をもたらした行政の不作為《ふさくい》を追及していく。そして、労働組合の存在意義を次のように位置づける。

この間のようなあわやという事態〔暴動〕においても、労働者の組織力が抑止力になつている……そういう組織立つた秩序ある団体が背後におるから、あの問題をあそこで食いとめることができたのです。……あなたたちの、言うなれば自分たちの固有の責任においてやるべきことをわれわれの労働団体がやつておるんです。われわれがやらなければ、あそこは大きなまた大火事が噴出したかもわからない。〔大阪府議会、一九七〇、一五二頁〕

つまり、暴動を踏まえて行政の不作為の責任を追及し、ひるがえって暴動の抑止力としての労働組合の存在意義と発言力とを際立たせていくのである。

こうした論理をたずさえて、山本敬一は諸要求の実現を突きつけていく。まず、「知事の太鼓判を押したところでだれも言うことのきかん連中だ、それを労働組合という組織の秩序の中で、われわれはあなたたちに協力をしておることを忘れてもろうちや困る」と念押ししたうえで、全港湾西成分会の要求である日雇雇用保険の登録拡大をいちはやく実現するよう迫っている〔大阪府議会、一九七〇、一五四頁〕。さらに、夏冬の一時金についても、実際の雇用主である建設業者に財源をねん出させることができないという事情に対し、次のように詰めよる。ここでもやはり、キーワードは暴動である。

使う側の、使用者の側、その背後には関西における有数な土建資本があります。その土建資本関係の出先《でさき》の業者を網羅《もうら》した使用者の側で財源の捻出《ねんしゅつ》をさすべきだと私は思う。使うだけ使いっぱなし、けつふきは行政サイドがさぼれば、労働者自身は指をくわえて泣かなくてはならん。そのふんまんが暴動という形であらわれている。

〔大阪府議会、一九七〇、一五九頁、傍点は引用者〕

求人をしておる側の責任、経営責任をあなたたちはなぜもう少し言及していこうとしないんですか。それがようやらん段階では、あなたたちがやるのがあたりまえでしょう。どこへ持つていくんですか、労働者は。

〔大阪府議会、一九七〇、一六一頁〕

こうして山本は、行政が代行して夏冬一時金の財源を確保し、労働者に支給しないかぎり、暴動は抑えられないと、そう主張するのである。

ここで、これらの暴動のレトリックを駆使《くし》した議会内闘争がいかに効果的であったのかを検証するために、当時の大阪府議会における釜ヶ崎の語られ方を確認しておきたい。暴動の第二期にあたる一九七〇年度から七三年度にかけては、山本敬一のほかにも、釜ヶ崎に関する質問が相次いでいた。[11] つまりこの時期の府議会では、釜ヶ崎がきわめて重大な懸案《けんあん》事項となっていたのだ。なかでも注目されるのは、「あいりん地区の手配師……は違法と思うのか違法ではないと思うのか」と問う自民党・小谷輝二《こたにてるじ》議員の質問（一九七二年一〇月四日）である。この質問に対する黒田了一《くろだりょういち》府知事の答弁は、以下のようなものだ。

> 私自身は、もとより、悪質手配師の存在ということが非常に遺憾《いかん》なことであり、このことが職安法に違反すると考えておりますと同時に、現実にどのようにして手配師をなくすることが可能なのかという点について、非常に苦慮しているような面もございますので、この点については積極的に対策を講《こう》じていきたいと思いますけれども……私も、いますぐこうすれば悪質手配師を排除できるんだという確信がもてないような状況でございますので、何とかすみやかに有効適切な対策が講じられるように、より積極的な検討をさせていただきたいと考えております。
>
> ［大阪府議会、一九七二b、四一－四二頁、傍点は引用者］

このとき、行政の不作為は否定しようのない事実として、知事みずから認めざるを得なかったのだ。

さらにこの時期の大阪府行政内では、続発する暴動によって、釜ヶ崎に対する政策方針の転換を迫られる状況が生み出されていた。府議会において、民社党・住谷晃太《すみたにこうた》議員は、一九七一年五・六・九月と三たびにわたり勃発した暴動への対応を問うている（一九七一年一〇月一三日）。これに対し防犯課長は、「事故が起きないようにするためには、まず警察の執行を正しくするということはもとよりでございますが、やはり、民生、労働の面で改善していくという余地が多分にある」（傍点は引用者）と答弁している。さらにこの答弁では、「府知事からどのような対策が必要かという諮問《しもん》が……ございまして、それに対して〔警察〕本部長から回答」がなされた事実に言及される。この回答において警察本部長は、「日雇い失業保険、及《およ》び日雇い健康保険の加入の増加をはかつて、労働者の生活の安定をはかつていただきたい」と知事に対し要望していた〔大阪府議会、一九七一、一三四一頁〕。すなわち、警察力という「ムチ」だけでは暴動を統御《とうぎょ》できないことを認めざるをえず、それゆえ失業保険や健康保険の加入増加等の対策を、警察本部長みずからが求めていたのであった。

11　大阪府議会における釜ヶ崎に関する質問の件数は以下のとおりである。なお、カッコ内は質問件数の政党別内訳を示している。一九七〇年度六件（社会党六件）、七一年度二一件（自民党八件、公明党・民社党各四件、共産党三件、社会党一件、無所属一件）、七二年度一五件（公明党九件、自民党三件、民社党二件、社会党一件）。

このように一九七〇年代初頭の大阪府議会は、もはや釜ヶ崎から目をそむけられない状況にあった。だからこそ、山本敬一は、その議会内闘争を有利に進めることができたのだといえよう。その背景に存していたのは、間違いなく、暴動という圧力である。この圧力を後ろ盾として、全港湾西成分会は、釜ヶ崎における失業保険加入者の激増を、さらには実現不可能といわれた夏冬一時金をも、勝ち取ったのであった。つまり暴動という集合行為は、全港湾西成分会という組合組織を媒介としてデモやメーデーといった政治的行為へと多元化されるとともに、議会内闘争と連動することによって、釜ヶ崎固有の社会保障制度を実現させる原動力となった。

しかし、以上は七〇年代初頭における釜ヶ崎の政治の第一段階にすぎない。全港湾西成分会の議会内闘争と、その闘争が獲得した制度的な基盤を跳躍台《ちょうやくだい》として、まったく新たな闘争の地平が切り開かれていったのである。

階級の形成――流動的下層労働者

一九七〇年代初頭、全港湾西成分会が制度的な成果を次々と獲得していく一方、新たな過程がはやくも芽生えつつあった。六〇年代後半に全盛期を迎えた学生運動を経験した活動家が釜ヶ崎へと流れ入り、すでに全港湾西成分会のなかで活動していた若手活動家と合流しつつ、新たな政治の潮流《ちょうりゅう》を模索しはじめたのである。この潮流は、やがて一九七二年六月の暴力手配師追放釜ヶ崎共闘会議（釜共闘《かまきょうとう》）（➡192頁）の結成へと結実していく。

全港湾西成分会と釜共闘との路線対立は、当時の若手活動家が全港湾西成分会から分離していく過程のなかに、明確に認められる。全港湾西成分会との分岐《ぶんき》がはじめて現われるのは、越《えっ》冬《とう》活動に対する見解の相違であった。上述したように全港湾西成分会が一時金闘争を繰り広げていた一九七〇年一二月、年末年始の越年期に失業し、野宿を強いられる労働者に炊《た》き出《だ》しなどの支援をする第一回の越冬活動が、花園《はなぞの》公園（➡後の253頁の地図参照）において開催された。このとき、全港湾上層部は越冬活動に対して消極的な姿勢を示した。すなわち、越冬活動は行政の責任で行なわせるよう要求すべきことがらであり、労働組合が担うべき本来の任務ではない、と判断したのである。これに対し若手活動家は、全港湾西成分会内に越冬小委員会を結成して、独自に越冬活動を実施した。

炊き出しをしながら、公園に集まって正月を迎えた多くの労働者は、既存の労働組合に限界を感じていた。賃金のピンハネをするヤクザを法律に訴えてもほとんど効果がないのに、法律のワク内での運動しかしようとしないのだ。

［水野、一九九七、一四一頁］

こうして、全港湾西成分会内部には合法的組合運動の枠を超えた闘争を志向する若者の勢力が育《はぐく》まれていた。そのような勢力と、学生運動経験をもつ若手活動家が合流することで、運動の新たな潮流が生まれる基盤が形成されつつあった。

全港湾との路線対立がいよいよ決定的となったのは、一九七二年五月一日の第一三次暴動においてのことである。第三回釜ヶ崎メーデーにおけるデモは、参加していた労働者二名が検挙されたことに対する抗議行動をきっかけとして、暴動へと展開していった。直後に結成される釜共闘は、この暴動に対する全港湾西成分会の姿勢を次のように批判している。

まず第一に確認しなければならないことは、西成署裏の公園において、暴動を抑圧しようとする組合が大衆的につるしあげられ、粉砕《ふんさい》され、そこから暴動に発展していったことである。組合は暴動の契機となりえても暴動の主体たりえず、敵対するからである。
〔釜共闘・山谷現闘委編集委員会、一九七四、一六頁〕

全港湾西成分会は、暴動のエネルギーをデモや議会内闘争といった合法的闘争へと転化させることを基本戦略としてきた。この戦略のもと、上述したように、議会内闘争において全港湾は、自身を暴動の抑止力として位置づけた。そのような立場を採《と》る以上は、暴動それ自体を肯定するわけにはいかない。その点が、右記の引用文中では「暴動の主体たりえ」ないと表現され、批判の対象となっている。これに対し釜共闘は、以下のような運動路線を明確に掲げた。

現在、山谷《さんや》・釜ヶ崎の情況は、この第三期の運動〔釜ヶ崎においては全港湾西成分会〕の延長であり、これは次の新しい運動を準備している。それは、結果的には暴動を準備しながら暴動が起るたびに動揺し、分解する組合運動とは異質な、反乱を追求し、反乱を貫徹し、反乱を権力にまで高めようとする、非日常を日常化しようとする潮流である。まさしく意識分子の大衆運動が大衆暴動と合体しさらに大衆暴動が都市人民戦争として拡大・深化する建党・建軍の運動である。
〔釜共闘・山谷現闘委編集委員会、一九七四、一五－一六頁〕

対して全港湾西成分会は、釜共闘を次のように批判している。「日雇労働者こそが最も搾取《さくしゅ》、抑圧されておるから、即《そく》闘う主体であり、日雇労働者だけが唯一闘争を発展させると主張する立場があります。われわれの立場は、そのいずれとも立場を同じくしない。……われわれは、日雇労働者階級も労働者階級の一員であり、正しい評価と地位をえて、立派な役割をはたすことができると考えています」〔全港湾西成分会、一九八一、二〇頁〕。

このような見解の対立が、全港湾西成分会と釜共闘との路線を分かつ決定打となった。この暴動に対する姿勢の違いは、なにより、それぞれの労働者観の対立を表わすものだった。全港湾西成分会の主張とは、「日雇労働者階級も労働者階級の一員」である、というものだ。これに対し釜共闘が強調したのは、労働者一般に決して包摂《ほうせつ》されえぬ日雇労働者の固有の存在であった。たとえば、釜共闘の運動と同時代的に刊行された、『労務者渡世《ろうむしゃとせい》』（第一号は一九七四年一二月に発刊）というミニコミ誌がある。[12] その題名が示すように、このミニコミ誌は「労務者」という呼び名を、高らかに掲《かか》げている。そこに込めた意図を、同誌は次のように述べる。

もう、労働者というコトバは汚されてしまって、ツバやヘドや、ウソやハッタリにまみれている。……だから私たちは、気持ちをあたらしくして、労務者でケッコウ、オイラは労務者だ！　と主張を転換したのだ。労働者というコトバと労務者というコトバを使い分ける世間一般の、差別の感情もドウゾドウゾということにしたのだ。その代《かわ》り、差別されている者の反抗、反乱の自由は確保する、ということだ。〔労務者渡世編集委員会、一九七五a、二五頁〕

12——　このミニコミ誌は、地域内の五ヵ所の委託《いたく》店舗において五〇〇部販売され、ほぼ毎号売り切れていた［寺島、一九七六、四三七頁］。『労務者渡世』にはさまざまな執筆者が記事を寄稿しているが、筆者の聞き取り調査によれば、主要な執筆者は、釜共闘で中心的に活動していた者、救援活動等で間接的に助力していた者、共感をもちながら見守っていた者であった。このミニコミ誌の表紙のバックには、「腹をたてる・不平を言う・物を苦にす・笑顔でくら」という四行のデザインが採用されている。このデザインのもとになったのは、簡易宿所組合を中心として西成区内各種の環境衛生同業組合が連合して結成した「町を明るくする会」が、その活動の一環として地域内の簡易宿所や商店に貼りだしたポスターであった。そこには「腹をたてるな・不平を言うな・物を苦にすな・笑顔でくらせ」と記されてあったが、この文言を寺島は「日雇いたちよ、リクツをいわず、騒がずにわしらの商売をおとなしく儲《もう》けさせてくれ、という意味」のメッセージだと解釈した［寺島、一九七六、三頁］。そして『労務者渡世』においては、各行の最後の一字を消去してメッセージの意味を反転させ、表紙のデザインとして採用したのである。

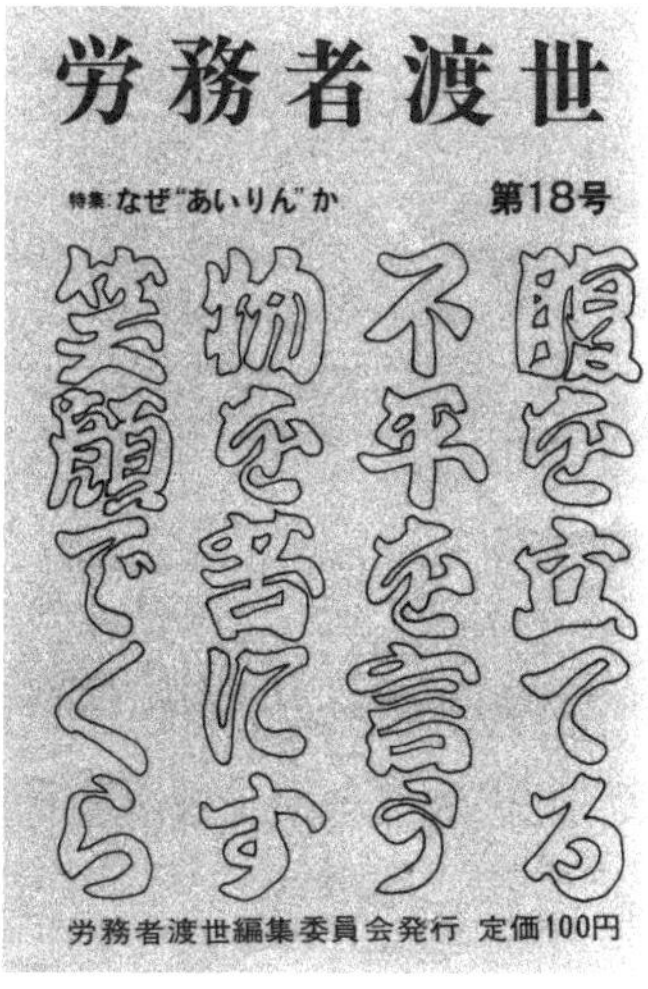

資料4-2　『労務者渡世』表紙

この文章は、これまでもたびたび登場してきた、寺島珠雄の手によるものである。もともと寺島は、一九六〇年代後半から「労務者」という言葉に関し、それが日雇労働者に対する差別であると訴えつづけてきた〔寺島、一九七八、九頁〕。ところが七〇年代半ばの『労務者渡世』においては、一転してこの言葉を積極的に用いている。このような寺島の転換は、彼が同時代の釜共闘の思想と実践に共鳴してのことであった。釜共闘の中心メンバーであった船本洲治（⬇207頁）は、「労務者」の思想を次のように表明している。

われわれの基本的思想は、人民に対しては《労務者こそが未来をわがものとするところの労働者である》ことを公然と宣言し、白豚どもに対しては《労務者としての特殊な存在状況を奴らを打倒する武器に転化する》ことによって、存在を示しはじめた、この世に存在しないことになっている者どもの存在がいかに《道理》のある存在であるかを思い知らせることである。

〔船本、一九八五、五三頁、傍点は原文〕

船本が「労務者としての特殊な存在状況」というとき、彼が摑《つか》み取ろうとしていたのは、日雇労働者に強いられた被植民地的状況であった（資料4－3）。船本はいう。

資料4-3　釜共闘ポスター

旧社会からの**汚物**ではなく、帝国主義の必然的帰結にして、帝国主義が不断につくりだしているところの**汚物**――釜ヶ崎・山谷《さんや》に代表される流動的下層労働者の、〝低賃金労働力商品生産工場〟は、解体された農・漁村であり、合理化された炭鉱であり、未解放部落であり、朝鮮半島であり、(日帝本国内)鮮人部落であり、アイヌ部落であり、そして、沖縄なのだ。**土地・財産・生産手段から自由な労働力商品は基本的に流動的である。**さて、官許《かんきょ》マルクス主義者諸君。そもそも、流動的ではない労働力商品とは一体何ものであるのか?

[船本、一九八五、七七頁、太字は原文]

以上のように、釜共闘は、本来は侮蔑《ぶべつ》的な名づけである「労務者」をむしろ積極的に掲《かか》げることで、労働者一般との切断と敵対性を明確にさせた。このとき切断は、創造行為であった。それは、ある階級が形成された瞬間だったのだ。この階級は、炭鉱労働者や被差別部落民、朝鮮半島の民《たみ》や在日コリアン、アイヌ民族、沖縄の民といった、被植民地的状況を強いられた国内外の者たちと運命を共にする、周辺的な存在である。▼13 そして、これら「低賃金労働力生産工場」たる周辺の地から労働力として「出荷」された末に、流動をその存在の本質として生きる階級である。船本は、「労務者」に対し流動的下層労働者という名を与えることで、その固有の階級的存在をあらわにさせたのであった。

暴動の活用(2)——釜共闘の直接行動

かくして釜共闘は、暴動を組合活動や議会内闘争へと転化・連動させた全港湾西成分会と袂《たもと》を分かち、合法か非合法かを問わない直接行動へとそのエネルギーを直結させた。それはまさに、ゲリラ的な都市の占拠闘争であり、都市コミューンの闘争であった。そして、多くの直接行動がそうであったように、その闘争は警察力による激しい弾圧に直面したのである。以下では、鈴木組闘争、夏祭り、越冬闘争という三つの局面から、釜共闘が直接行動を繰り広げる過程をたどり、それがいかなる空間を生み出したのかを明らかにしたい。

鈴木組闘争

「やられたらやりかえせ」。これは、釜共闘が生み出したスローガンのひとつである。この言葉は、ある鮮烈《せんれつ》な闘争のイメージとともに生み出された。一九七二年五月二八日の、鈴木組闘争である［釜共闘・山谷現闘委編集委員会、一九七四、二〇－二七頁］。闘争の舞台となったのは、まだ開設されたばかりの労働市場、あいりん総合センター（➡78、152頁）だった。

七二年五月二六日、センターにおいて数人の日雇労働者が鈴木建設[14]の求人に応じたが、鈴木建設事務所に到着した段階で、提示されていた就労条件とは著しく異なることが判明したため抗議し[15]、最終的には数名が就労を拒否して「トンコ」（➡90頁）した。そのうちひとりの労働者がふたたびセンターに出向いたところ、鈴木建設の手配師に発見されて車に連れ込まれ、「トンコ」の報復としてリンチの暴力を容赦なく浴びせられた。翌日、もうひとりの労働者がその日の仕事を探すべく早朝のセンターにおもむいたところ、やはり鈴木建設の手配師に発見されて車に押し込められそうになった。前日のリンチを耳にしていたこの労働者は、身の危険を察知し、大声で助けを求めた。すると、まわりにいた二〜三〇〇人の労働者が押しかけてきて彼を奪い返し、鈴木建設の車と手配用のマイクロバスを追い返した。

　二八日、労働者や活動家がセンターにおいて「なぐった仲間に謝罪せよ！　親睦会は低賃金協約をやめよ！　出ずら〔賃金〕を最低三〇〇〇円以上にせよ！　ピンハネ・ケタオチ〔悪質〕業者はセンターにくるな！」〔逃亡者こと内田、一九九五、八頁〕との糾弾《きゅうだん》ビラを撒《ま》きながら、抗議行動を繰り広げた。これに対し鈴木建設は、「親父を先頭に十数名のチンピラが木刀を持って殴りかかってきた」〔同書、八頁、傍点は原文〕。だが、まわりを取り囲むのは群れなす日雇労働者である。組長が木刀を振りかざしたところで、いざかれらがその気になれば、ヤクザとてその数の力にかなうわけもなかった。じっさい労働者たちは、「親父をとっつかまえて、つるしあげて、仲間にリンチなどを加えた事をみんなの前で土下座をさせて謝罪させた」〔釜共闘・山谷現闘委編集委員会、

13――むろん、このような連帯が容易だったわけではない。ここで、重層的下請け構造は、その底辺部にマイノリティ同士を対立させる構造を組み込んでいた、ということを指摘しておかなければならない。たとえば、寺島珠雄が書き記すところによれば、人夫出《にんぷだ》し飯場の経営者には在日コリアンが多かったのだという。「一九三二年、日本帝国主義はなやかなころの大阪で、来往した朝鮮人の職業を調べた数字がある。十一業種で総数四千六百五十四人になっているが、そのうち土木人夫、土工《どこう》、日傭《ひやとい》人夫、手伝、仲仕《なかし》の五種類で千九百六十四人、総数の四割強になる……この数字は日本帝国主義における植民地朝鮮の人間が、帝国主義本国にきて下層の職業にしか就けなかったことを物語っている。そして、今日の人夫出し飯場経営者は、おそらくそうした苦難の末に、戦後経済的上昇をとげたのだろう。戦後も日本には依然として国籍による就職差別があるから、人夫出し飯場のような業種を選んだ必要性もよくわかる」［寺島、一九七八、七五頁］。こうして形成された労働市場の構造の底辺部では、本来は連帯すべきはずの在日コリアンとの関係が、人夫出し飯場に対する争議行動において敵対の構図と化してしまう、という場合もあった。連帯を希求しつつも、このように歪《ゆが》められた対立の構造を冷徹に見据えて、寺島は述べる。「たとえば朝鮮人と釜ヶ崎の労働者にいまあるのは連合の契機ではなく起こるべき対立である。そして対立をつきつめて行ったときにはじめて連合の可能性に遭遇《そうぐう》するだろうが、それは予見できても現在のことにはなり得ない」［寺島、一九七八、七七頁］。

14――鈴木建設は、「暴力団淡熊会系天梅会組員が経営する、違法な人夫出し手配師で、建設現場に労働者を送り込むだけで、労働者の賃金を一日一千円以上もピンハネ」していた［釜共闘・山谷現闘委編集委員会、一九七四、二四頁］。

15――契約時の就労先は「市内」と提示されていた。釜ヶ崎での求人で「市内」といえば「大阪市内」の意味であるはずだが、実際の現場は「奈良市内」であった。

一九七四、二〇－二七頁、傍点は原文〕。

この出来事は、「センターにおける手配師の暴力支配を部分的に突きくずし、特殊朝のセンターにおける赤色時間とも呼べるものを確立」するうえでの画期となった〔釜共闘・山谷現闘委編集委員会、一九七四、六七頁〕。つまりそれは、センターにおける手配師による労働者の「暴力支配を一日で〔労働者の〕天下[16]」に変え、その関係を「一挙に逆転[17]」させたのである。以下の一文には、この闘争が運動史にとって有した意義が、端的に書き記されている。

〔鈴木組闘争以前の〕当時の「現場闘争」の多くは、現場闘争とはいえないほどのものであって、悪い労働現場からトンコするか、ひどい労働条件に対してグループを組んで文句を言って、賃金の上積みを求めることや、早く仕事を切り上げることを要求するぐらいのものであり、その場合でも、ほとんどは暴力的にだまされたり、無一文で仕事をやめさせられて釜ヶ崎へ帰ってくることのほうが多かったのである。明らかにデタラメに気づいたところで、ふつうは労働者は泣き寝入りするしかなかった。……鈴木組闘争によって、それ以降初めて組織的に暴力手配師や悪質業者に対して、労働条件・賃金等について追求していけるようになった。それまで、単なる個人的な利害として、又《また》個別的な成果としてしかならなかった「現場闘争」が、それだけではなくて同時に、釜ヶ崎労働者全体の利害の成果となるようになった。〔報告集刊行委員会、一九八三、一二頁〕

以後、運動の地勢は急展開していく。とりわけ組長を労働者の前で謝罪させた効果は大きく、「私たちのまわりにはヤクザへのうらみをはらそうとする若い労働者がどんどんあつまってきた。元ヤクザだった人もいれば、自衛隊だった人、フーテン・ヒッピー風の人まで、思想も、右翼から左翼まで、いろんな人がやってきた」［水野、一九九七、一四五頁］。このように有象無象《うぞうむぞう》が寄り集まってくる中心性を梃子《てこ》として、六月には釜共闘が結成された。

手配師に対する労働者の優位という釜共闘が生み出した状況のもと、七二年に釜ヶ崎の現場闘争は爆発的に広がっていった。その具体的な戦術は、「何事においても朝の「寄せ場」に還元」して、「仲間に広く訴え、仲間を動員し、大衆的に粉砕《ふんさい》する」ことであった［釜共闘・山谷現闘委編集委員会、一九七四、三九頁］。

その闘い方を浸透させていくことによって、で、それはある程度成功するんですよ。労働者、勝手に現場闘争を始めるんですけどねえ。もう徹底して、金取りと、サボリとねえ。現場に行くと、俺は釜共闘だって言ってやね、もう仕事しないわけですよ。親父も

16――元山谷現闘委活動家N氏への聞き取り［二〇〇九年三月一五日実施］。

17――元山谷現闘委活動家T氏への聞き取り［二〇〇九年五月一一日実施］。

もう、釜共闘と言っただけでやね、もう仕事なんかさせないでやね、現場混乱すると困るから、日当《にっとう》出すんですよ。そういう状況になってて、もうコントロールしきれない。[18]

このように日雇労働者たちは、「みんな釜共闘名乗《なの》って、未払い賃金だとか、不当なことに対して自発的に闘いだし[19]」、その闘争の広がりは、上述の語りで「コントロールしきれない」と述べられているように、釜共闘の中心メンバーですら把握しきれないほどだった。

さらに釜共闘は、センターにおいて確立した拠点性を基軸として、釜ヶ崎全域の空間を労働者の拠点として領有《りょうゆう》することを志向していった。釜共闘は、三角《さんかく》公園における夏祭りの開催として、それを実現させていく(図4-3)。

夏祭り

三角公園での夏祭りは、以下のような偶然が積み重なって開催されるにいたった。一九七一年一二月一〇日、行政に対する越年《えつねん》要求に向けた決起集会が三角公園を会場として開催されたが、「寒さのためと、少人数のためもりあがらず、早めに終了」した。ところが、「時間をもてあました越冬《えっとう》対策実行委員会の仲間が、すもうを始めると、行司《ぎょうじ》をかってでる人、見物料としてカンパを出す人」に至るまで、ぞくぞくと現われ出した。ふたを開けてみれば、集会よりもずっと多くの労働者が集まる場となっていたのである。「この教訓から、越冬斗争《とうそう》に文化・体育を積極的にとりあげ、ソフトボール、すもう、バトミントン、のど自慢大会、もちつき大会を企画」してみることになった。すると、「のど自慢大会」には百名近い労働者が参加して歌をうたい、数百名の労働者が聞きい」るという、予想だにしなかった活況が生まれ、越冬実行委員会は「釜ヶ崎労働者が、共同して、自主的に何かをする楽しさをハッキリ」認識するにいたった。こうした経験を踏まえて、以下のような提起がなされたのである。

> 釜ヶ崎労働者の物質的要求をみたすための組織として全港湾西成分会が存在し、それなりに活動している。しかし、釜ヶ崎労働者にとって

図4-3　釜ヶ崎内の公園の位置

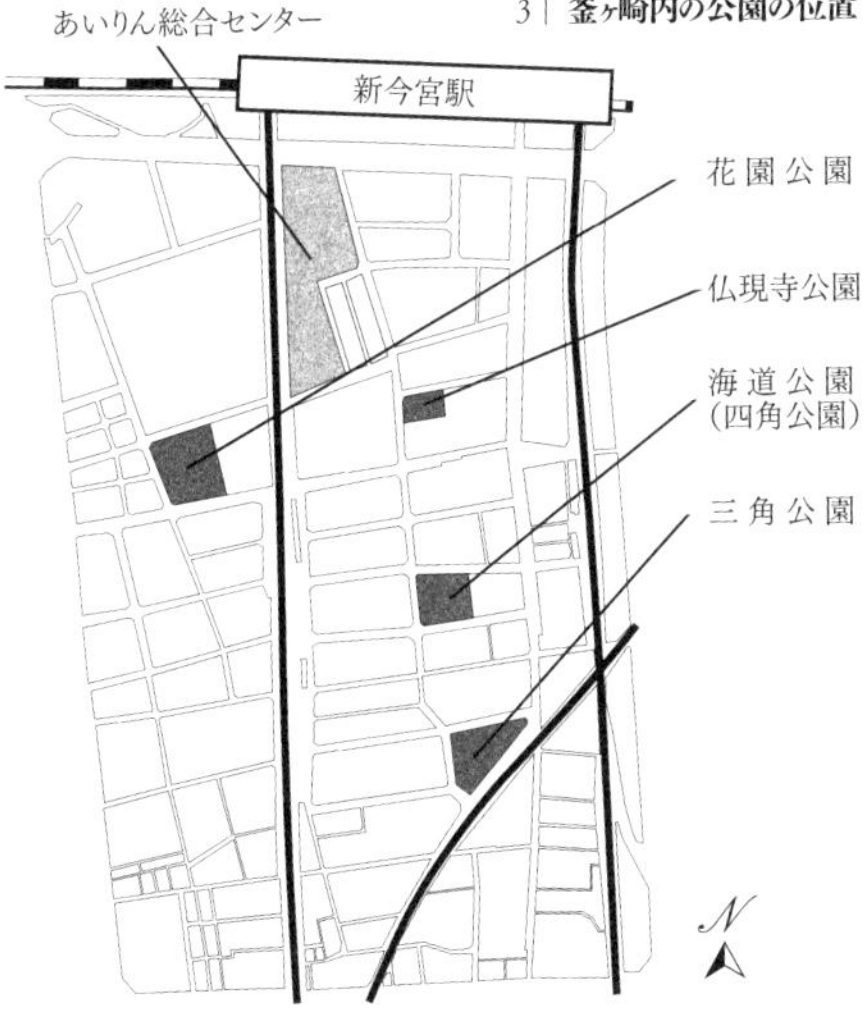

18――元釜共闘活動家M氏への聞き取り、二〇〇七年三月二一日実施。

19――元山谷現闘委活動家N氏への聞き取り、二〇〇九年三月一五日実施。

は、精神的文化的な「市民社会」への反撃がなければ、体制的小市民になることを意味する。資本家や行政、ピンハネ手配師、人夫出しへの集団的・直接的斗《たたか》いを行ないながら、労働者の内部での共同した作業、自主的創造活動、文化活動がなされていかなければ、単純な「金目当て」「物目当て」のブルジョア的次元にとどまってしまい、「小市民にはいあがる」運動にしかならないだろう。釜ヶ崎労働者の「反市民」「反秩序」「反警察」といった反体制的、「反資本主義的」なものを否定せず、逆に育てあげ、形をもった、意識的なものにするためにも、文化活動、集団活動を一層増していくべきだと思う。そのための一つとして夏まつりを盛大な規模で行なおうではないか。〔中村、一九七二、七頁、傍点は原文〕

こうして一九七二年八月一三日から一八日にかけて、「我らまつろわぬ民《たみ》、ここに自らを祭らむ」というテーマを掲げた第一回夏祭りが、釜共闘主催のもと開催された（資料4－4の写真）。

ここで重要なのは、三角公園においては、祭りを開催することそれ自体が、空間の領有をめぐる闘争となったということだ。三角公園は、ヤクザの賭博《とばく》場として領有されており▼20、かれらとの抗争を避けて祭りを開催することはできなかった。祭り初日の一三日深夜、「三角公園を根城《ねじろ》にするノミ屋暴力団溝橋組は組員一人が実行委メンバーにいちゃもんをつけたのを合図に一斉《いっせい》におそいかかって来た。労働者が一応引き上げた頃をみはからっての、木刀、バッド《ママ》等の武装による闇討《やみう》ちであった」。これを撃退したかと思いきや、その直後に「今度は右翼大日本正義団一〇名程が特製の乱斗棒《らんとうぼう》を用意してやって来た。……実行委のメンバーは会場を守りきるため、全員青《あお》カン〔野宿〕でもって、一夜に臨《のぞ》んだのだった」〔釜ヶ崎救援会、一九七二、二頁〕。こうした抗争のなかで実行委員会は祭りの象徴であるやぐらを守りきり、第一回の夏祭りは貫徹された。その運動論的な意味を、次の総括文は明確に述べている。

> 「夏祭り」が労働者自らを祭る場である以上、手造りのささやかなものであっても、それを三角公園という場で貫徹し切ることは、非常に重要な意味をもつ。……三角公園が労働者の手に移ることは、センターのそれよりも既成の釜ヶ崎秩序を根底からくつがえされることにつながるからだ。〔釜ヶ崎救援会、一九七二、二頁〕

この一文で謳《うた》われているように、三角公園の領有は「釜ヶ崎秩序を根底からくつがえ」すこと、

20―― この点は、府議会における以下の発言内容からもうかがい知ることができる。「この地域唯一のいこいの場と見られる三角公園では、そこを中心にダフヤが白昼堂々と賭博行為を行なっている状態でございます」〔大阪府議会、一九七二c、一二〇頁〕。「この地域の子供たちは、屋外で遊ぶ場所もなく、公園に行けば、おとなの競輪のノミ行為や十円賭博等が白昼堂々と行なわれており、子供たちの遊ぶ場所は全くございません」〔大阪府議会、一九七四、二三〇－二三一頁〕。

●――次頁の写真―資料4－4―釜ヶ崎夏まつり（筆者撮影、二〇〇九年）

つまり釜ヶ崎という空間を全域的に領有することを意味していたのである。

以後、三角公園は釜ヶ崎における政治文化の舞台となった。たとえば次にみる越冬闘争においては、集会や炊き出し、野営などの重要な活動が行なわれるのはこの公園である。ステージには死者に祈りを捧げる焼香台《せんこうだい》が設けられ、そのかたわらでは、のど自慢などが催《もよお》される。ステージ脇には旗が掲《かか》げられ、広場では餅《もち》つき大会などが開催され、夜には野宿生活者が焚《た》き火を囲む。「こうして三角公園は、生者と死者があい集う両義的《りょうぎ》空間となる」［青木、二〇〇〇、二三六頁］。

越冬闘争

釜共闘が主導する運動の潮流は、七二年に爆発的なまでの勢いで台頭した。しかし、その時代は決して長くはつづかなかった。七三年以降の時期に入ると、その勢いは急速に退潮《たいちょう》させられていく。その原因となったのは、警察による弾圧と、不況であった。

第一に、警察による弾圧について、府議会の場で大阪府警は以下のような方針を、露骨に表明していた。

ただいまのお尋ねは、私ども部内では無理就労事案◀21と呼んでおりますけれども、西成のあいりんセンターにおける求人に際しまして、求人側にこれだけ求人があつたからあとはもう要《い》らないというのに、わしも雇えという形で押しかける、あるいは事業所へ行きましてから就労を中途にする、あるいはもう最初から全然働かないというような形で、これを断わりますと、足代《あしだい》とか日当《にっとう》などの名目でお金を要求する、これを私ども無理就労事件、こう言つております。……この釜共闘が中心になつて、この種の事案を起こしておるわけでございますが、警察としましては、認知した場合は直ちに所轄《しょかつ》警察署の上級幹部もパトカーで現場に急行しまして、現場で紛争状態にある場合は警告制止、あるいは検挙《けんきょ》という態度で臨《のぞ》んでおります。……釜共闘が特に指導、扇動《せんどう》する事案についてはは……きびしい警察の措置をもつて臨んでまいりたい、かように考えておるわけであります。

［大阪府議会、一九七三、六一頁］

この強圧的方針のもと、一九七二年一一月、関西建設に対する労働争議の最中に三三名が大量逮捕された。また、あいりん総合センターの建物内で起きた爆破事件（七二年一二月）に関し、大阪府警は七四年三月に三名を逮捕、二名を指名手配した。うち二名が起訴されたものの、八三年に大阪高裁で無罪判決が出され、冤罪《えんざい》であったことが確定している。[22] 釜共闘は恒常《こうじょう》的組織体をもたず、「個別闘争で結集して、それが終わったら分散」するという争議《そうぎ》団方式を採って

21 「無理就労事件」という認知への反論については、第3章の註9（⬇195頁）を参照のこと。

いた。しかしながら、たび重なる弾圧によって「執行中枢《ちゅうすう》は常に逮捕されていく」なか、釜共闘は「分散したら帰ってこない、分散したら……集中できないという状態」に追いやられた[23]。

第二に、一九七三年に始まる不況が直撃し、労働市場では求人が激減するという事態に陥った（29頁の図0－5を参照）。このなかで、釜共闘は七二年とはまったく異なる状況に直面することになった。

現場闘争もエスカレートしていくんだけど……そうするともう手配師が来なくなっちゃうのね、ビビって。……そこに、ドルショックとオイルショックが重なって、センターの求人がバッとなくなる、と。すると労働者の中からはね、「お前らのせいで仕事がなくなった」っていう声が出てくるんよね[24]。

七二年に現場闘争が激化していた最中にも、業者や手配師がセンターでの求人募集を避ける傾向は、すでに潜在《せんざい》していた。七三年以降の構造的不況（「ドルショックとオイルショックが重なって」）により、この傾向が容赦《ようしゃ》なく全面化したのであった。そうして日雇労働者に失業の危機が襲いかかるなか、現場闘争は頓挫《とんざ》し、釜共闘が労働者たちから糾弾《きゅうだん》されるという事態にまでいたったのである。

このような苦境に直面し、現場闘争を軸とした労働運動は急激に後退させられ、七四年には釜共闘は事実上の解体状態に陥っていた。しかし、釜共闘が生み出した実践のすべてが意味を喪失した、というわけではない。そもそも釜共闘が台頭する原点は、失業した労働者を支援する越冬《えっとう》闘争であった。「やられたらやりかえせ」が鈴木組闘争をはじめとする生産現場に対する闘争スローガンであるのに対し、「生きて奴等《やつら》に仕返しするぞ！」、「黙って野たれ死ぬな！」とは、失業を生きる越冬闘争のスローガンである。

「生きて奴等に仕返しするぞ！」という越冬スローガンは、資本の苛酷《かこく》なゲバルト〔暴力〕

22――あいりん総合センター爆破事件を経た一九七三年には、以下のように弾圧が激化した。「警察は、越冬闘争の最終日、一月四日に抗議デモをした労働者に警告なしにデモに警棒でなぐりかかった。そして、投石したとして四名を逮捕する。一月一七日、越冬闘争以降も続けられていた、労働者のパトロールに対して、暴力団がテロを行い、それに対して西成署に抗議に行った労働者一人を逮捕する。二月一三日、センター爆破の件で、釜共闘の関係者七ヶ所をガサ入れ。四月一二日には、現場闘争の件を理由に四名逮捕、六名指名手配、七ヶ所ガサ入れ。五月一日はメーデーに関して二人逮捕。五月二二日にも現場闘争に関して一人逮捕。七月二八日には……船本君を現場闘争の件で別件指名手配、他に数名逮捕。八月四日にも同じく二名逮捕、八月一七日夏祭りで一三名逮捕、八月二八日には大阪地裁で爆竹をならしたとして二名逮捕」〔報告集刊行委員会、一九八三、二八頁〕。

23――元山谷現闘委活動家N氏への聞き取り、二〇〇九年三月一五日実施。

24――元釜共闘活動家A氏への聞き取り、二〇〇七年九月一三日実施。

搾取《さくしゅ》、収奪制度に対する釜ヶ崎労働者のギリギリの不退転《ふたいてん》のもっとも道理にかなった普遍的なスローガンであり、難民キャンプとも呼ぶべき炊き出《たただ》しとテント村を基軸に据《す》え、出撃拠点とするところの越冬闘争こそ、生活手段を奪われ国家権力に包囲された釜ヶ崎労働者の〝冬〟に対する抵抗の現実的表現なのだ。そして、この炊き出しとテント村の現実こそが、あらゆる美辞麗句《びじれいく》を用いて制度を誉めたたえる御用《ごよう》学者を告発し、又《また》テント村を軸として展開される〝暴動〟こそがマルクス主義からあらゆる抵抗の響きを奪い去ろうとし、人民大衆を武装解除しようとする修正主義者への破産宣告なのだ。

〔釜共闘・山谷現闘委編集委員会、一九七四、三九頁〕

釜共闘は、このような積極的な言葉を、越冬闘争に対しても与えていた。七三年以降の不況期にあって、この越冬闘争は、生活防衛闘争[25]と並び、現場闘争にかわって重要度を増していく。このなかで越冬闘争は、七五年以降、空間の領有をめぐる闘争の焦点となったのである[26]（253頁の図4－3を参照）。

釜ヶ崎における越冬闘争の歴史は、一九七〇年末、花園公園を拠点として始まった。寺島によれば、かつて「四条ヶ辻公園」という名前だったこの公園は、密集するバラックを立ち退かせたあとに造られたもので、七〇年代初頭の当時はまだ一部にバラックが残っていた。越冬闘争のテント村は、かつてのバラック街が残した、共同便所や水道といったインフラを引き継いで始まった［寺島、二〇一三、四四頁］。

このテント村活動をめぐる攻防の火ぶたが切られたのは、第五回の越冬闘争であった。一九七五年一月一二日、第五回越冬闘争はいったん終結し、テント村は自主的に畳まれた。しかし、日雇労働者たちは年末年始を越しても、いまだ失業にあえぎつづけている。この状況を前にして、テント村は同月一五日に再建され、そのまま「第二次越冬闘争」へと突入していった。これに対し大阪市は、二月二四日に強制収用《しゅうよう》を通告、大阪府警は翌二五日に七〇〇名、二六日に一一〇〇名の機動隊を投入し、テント村を強制撤去したのである。

25——　釜共闘の分裂後、釜ヶ崎にとどまったグループは、一九七三年一二月から無料宿泊所での改善闘争に着手した。この流れのなかで七四年一〇月一四日に「仕事要求斗争《とうそう》準備会」が発足、同月二四日に「仕事保障期成同盟」へと改組された。期成同盟は、以後の越冬闘争の中心を担い、七四年一一月三〇日には「仕事よこせの行政斗争」の一環として大阪府知事室を占拠した。また、無料宿泊所に対して七四年暮れから七五年一月一一日にかけて座り込み行動を展開した［逃亡者こと内田、一九九五］。

26——　釜ヶ崎の運動史にとって重要なのは、以下でみる七五年以降の空間の領有をめぐる闘争に釜ヶ崎協友会（八八年に「釜ヶ崎キリスト教協友会」に改称）が連帯し、労働運動の系譜《けいふ》とキリスト教支援の系譜が合流したということである。釜ヶ崎協友会は、布教を目的として教派・教会の勢力を拡大する姿勢を排し、「人を人として」という原則のもとプロテスタント・カトリックの教派を超えて団体・個人が結集し形成された［釜ヶ崎キリスト教協友会、二〇一一］。七五年を契機として形成された釜ヶ崎協友会と労働運動との連携《れんけい》は、釜ヶ崎の運動が展開するうえで、重要な基盤でありつづけた［白波瀬、二〇一五、三七–五九頁］。

七五年一一月二九日に始まる第六回越冬闘争では、花園公園の使用不許可通知をもろともせず、一二月一〇日から同公園でのたき火や炊き出しの活動が開始された。翌七六年六月一四日、機動隊を動員した強制撤去によってこれらの活動はいったん追い出されたが、すぐさま公園には屋台が持ち込まれ、炊き出しが再開されていく。このなかで花園公園テント村は、「仕事よこせ闘争」の拠点となっていった。この間、七六年三月一日に越冬実行委員会は「釜ヶ崎仕事保障斗争《とうそう》委員会」と名称を変更し、七月一日には同委員会を改組して「釜ヶ崎日雇労働組合」が結成されている。

つづく第七回越冬闘争は七六年一二月二五日に開始されたが、それに先立つ一一月一五日、花園公園で継続されていた諸活動は強制撤去されたうえ、公園は高さ三メートルのフェンスで囲まれ、全面封鎖された。この公園封鎖に対し、越冬闘争はすぐさま仏現寺《ぶつげんじ》公園へと拠点を移す。対して大阪市は、七七年四月六日に行政代執行《ぎょうせいだいしっこう》による強制撤去を強行したうえ、この公園をもフェンスで封鎖した。さらに七七年末からの第八回越冬闘争では、海道《かいどう》公園（四角公園）の使用許可申請に対し、大阪市公園局は不許可を回答したうえ、この公園をもフェンスで囲いこんで全面封鎖した。これら一連の越冬闘争をめぐる攻防のなかで、花園公園、仏現寺公園、海道公園、三つの公園がすべて封鎖されてしまったのである。それでも炊き出しの活動は、海道公園前の路上でつづけられた。七八年九月になって、海道公園のみようやく封鎖が解かれ、同公園内においてふたたび炊き出しが行なわれるようになった。[▼27] ただし、そのほかの公園はその後も封鎖されつづけ、なかでも仏現寺公園は誰も使用することのできない公園として、近年まで放置されていた。空白の公園とそれを囲むフェンスが伝えつづけたものとは、越冬闘争に対する弾圧の傷痕《きずあと》であった。

拠点としての寄せ場

ある社会集団が変形された自然空間を領有していると言うことができるのは、この空間が集団の欲求と能力にとって役立っているからである。占有という意味での所有は、せいぜいこの「領有の」活動の必要条件であり、多くの場合そのたんなる付帯《ふたい》現象にすぎない。領有活動の最高の表現は、芸術作品である。……空間の再領有と結びついた身体

27　その後の改修工事のなかで、大阪市との交渉により公園は部分的に開放された。公園は南北にフェンスで仕切られ、南半分を児童の遊技場とし、公園の北半分で炊き出しが行なわれた。この公園での炊き出しの活動は、「釜ヶ崎炊き出しの会」によって長年にわたり続けられている［いながき、一九八九、三〇－三一頁］。

の再領有は、現実的であれ、ユートピア的であれ、今日のあらゆる革命的構想にとってその不可欠の一部をなしている。もしもこの革命的構想がたんなる月並みな構想に終わりたくないのであれば、そうである。

〔Lefebvre, 1974 = 二〇〇〇、二四九 − 二五一頁、傍点は原文〕

この章でみたように、釜共闘はその闘争の過程のなかで、まずあいりん総合センターを領有し、さらには三角公園をはじめとする釜ヶ崎内の公共空間をも拠点化することで、釜ヶ崎の空間を全域的に領有するにいたった。釜共闘自体は、短命であった。それは、一九七四年には事実上解体し、七六年の釜ヶ崎日雇労働組合の結成によって決定的に解消された。だが、釜共闘が領有したこれらの空間は、それ以後も労働運動の拠点として機能しつづけた。すなわち、一九八〇年代に入ると、センターは釜ヶ崎春闘が繰り広げられる舞台となり、九〇年代には反失業闘争の拠点となった。三角公園や海道公園では、夏祭りや炊き出しなどの活動が定着した。それらは、釜ヶ崎固有の政治文化として、いまなお受け継がれている。

ただし、忘れてはならない。これらの政治文化は、当然の権利として与えられたのではなく、激烈な闘争を経て勝ち取られたものである。この章で取り上げた六〇年代末から七〇年代半ばという時代は、これらの闘争が凝縮された、きわめて特異な時空間であった。そして、この特異な時空間を切り開いた集合行為こそ、暴動にほかならない。とするならば、暴動とは、単なる破壊行為だったのではない。破壊することそれ自体が、多彩な実践が繰り広げられる政治的時空間を切り開く、創造行為だったのだ。

寄せ場という言葉は、このような闘争過程の渦中《かちゅう》から生み出された。中山幸雄《なかやまゆきお》によれば、この概念は「就労過程、就労契約する限定された場所を指していたのが、空間的に広げられたのがオイルショック以降、運動の側からだった」〔加藤ほか、一九九七、六頁〕。また、「元来、「寄せ場」は……ドヤ街のなかでも、早朝、手配師等と就労契約をとり交わす、時間的にも空間的にも限定された特定の場所を指して使用されていた」ものが、「一九七三年以降の再編期初期に、活動家によって、全国各地の簡易宿泊所（ドヤ）街を軸にした下層労働者の居住地区を包括する概念として提起された」のだという〔中山、二〇〇四、二九二頁〕。

この証言から、寄せ場とは、なにより動的な空間概念であったことがわかる。さらに、そこには、少なくともふたつの動的契機があることもわかるだろう。ひとつには、「就労契約場所としての寄せ場」が、「ドヤ街としての寄せ場」へと拡大する契機がある。この章でみたように、釜共闘は、七二年以降の闘争によって、ドヤ街全域を労働者みずからの空間として領有した。このなかで、就労契約場所に限定されていた寄せ場という概念は、ドヤ街全体を指す概念として拡張され、練り上げられていったのである。▼28

だが、中山の証言には、もうひとつの含意《がんい》が込められている。寄せ場という概念が、「全国各地の簡易宿所（ドヤ）街を軸にした居住地区を包括する概念」へと拡大していく契機である。

そうであるなら、寄せ場という空間の形成を、その拠点性の側面から理解するだけで満足してしまうわけにはいかない。この概念は、山谷や寿町といった全国各地のドヤ街との関係的空間をも、間違いなく指し示しているのだから。そしてこの点においてこそ、流動的下層労働者という概念が、いよいよ重要となってくるのだ。

28――ここで、一九七〇年代に日雇労働運動が展開する只中《ただなか》で、活動家によって編まれた記録集『やられたらやりかえせ』をもとに、中山の指摘を補足確認しておきたい。「朝、釜ヶ崎労働者が一日の生活費を得るために密集し、たむろする場所こそ、資本家が労働者を団結させるために、まさしく自己の墓掘人《はかほりにん》を墓掘人として自覚させるために与えた唯一の場所である。……したがって、それ故《ゆえ》に、朝の「寄せ場」を制するものは、全釜ヶ崎を制するといっても決して過言ではない。この朝の「寄せ場」を軸とする現場闘争は、必然的にドヤ、医療など他の領域にわたる闘争を有利にするだろう」［釜共闘・山谷現闘委編集委員会、一九七四、三四―三五頁］。一九七二年六月に記されたこの一文では、「朝の「寄せ場」」すなわち「就労契約場所としての寄せ場」が、日雇労働運動を展開するうえでの最重要拠点として位置づけられている。だが、それだけではない。そこを拠点としつつ「全釜ヶ崎を制する」と表現されるような、「根拠地」の拡大が志向されてもいる。この点に、やがて「ドヤ街としての寄せ場」へと寄せ場概念が拡大していく萌芽《ほうが》を確認することができるだろう。この「ドヤ街としての寄せ場」概念がはっきりその姿を現わすのは、越冬闘争への参加を呼びかける一九七三年一一月一五日付けの、以下の文章においてのことだった。「山谷・釜ヶ崎に代表される寄せ場は、すでに〝冬将軍〟を迎え、地獄の死闘をくりひろげつつあります。寄せ場――すなわち流動的下層労働者（日雇労働者）の密集居住地区における〈冬〉は、単に風景の季節的変化としてあるのでも……心安らぐ〝享楽《きょうらく》の季節〟としてあるのでもありません。寄せ場の冬――それは〝地獄の季節〟であり、〝死の季節〟なのです」［釜共闘・山谷現闘委編集委員会、一九七四、一四四―一四五頁、傍点は引用者］。

寄せ場

第5章 の生成（2）

流動性をめぐって

釜ヶ崎や山谷の単身労働者が木の股《また》から生まれるのではない以上、どこかに「低賃金労働力生産工場」があるわけであり、そのどこかとは、解体中の農村・漁村であり、アイヌ部落であり、沖縄であり、全国の未解放部落であり、合理化された炭鉱であり、朝鮮人部落であるのだ。［船本、一九八五、一六九頁］

寄せ場の労働者になる

——I氏の流動

I氏は[1]、一九五一年、岡山県山間部の農家に生まれた。四人兄弟の末っ子であった。小さな農家の生活は厳しかった。家族の総出《そうで》で、米や煙草《タバコ》、桑《くわ》を育てた。しかし、それらの収入だけでは、とても生計は成り立たなかった。農業のかたわら、父親は製材をする木挽《こびき》職人として収入を稼《かせ》ぎ、兄は冬になると酒つくりの杜氏《とうじ》として出稼ぎに出た。

小学一年生のとき、母親を癌《がん》で失った。そのことをI少年が意識したのは、四年生の授業参観日のことだった。「あ、そっか、俺には、もう二度と母親おらんのやな」。それまでずっと遊んでばかりいたI少年には、家族をしっかり支えていかねばという自覚が芽生え、勉強をがんばった。がんばるうちに勉強はおもしろくなって、高学年になると成績はよくなり、友人たちがI少年を見る目もかわった。けれども家は貧しく、給食費や学級費のことさえ、父親に言い出しにくかった。

一五歳。高校に行きたかった。行くつもりで勉強していた。教師も、進学を勧《すす》めてくれた。しかし、二歳年上の姉がすでに高校に通っているなかで、I少年が進学できる金策は尽きていた。自身も職人である父親は、おまえは職人になるほうがいい、と息子に諭《さと》した。「で、結局、ま、行かざるをえない、こっち〔大阪〕へ就職するようになったんやけどね、十五のときに、学校、もう卒業してね。もうしゃあないから、食《く》いぶちが減る方《ほう》がええっちゅうてな。こっち、大阪へ出てきたんかな、あのときはね、僕らも十五で」。

大阪で就職した先は、市内の十三《じゅうそう》にある配達会社で、ベニヤなどの新建材を扱っていた。勉

1――――以下での記述は、I氏への計三回の聞き取り〔二〇〇九年一一月一一日・一七日・一二月二七日実施〕をもとに、再構成したものである。

強を諦《あきら》めたわけではなかった。夕方五時から、夜間高校に通わせてもらえる約束だった。だが、待ち受けていたのは挫折だった。配達助手の仕事は、外回りの仕事が終わるまで会社に戻ることはできなかった。戻る頃にはたいてい五時をまわっていた。「社会ってこんなんやなあ、って。ほんと、めちゃめちゃ、僕も勉強やり出すとおもしろなって、これから高校行ってから、がんばったろうか思っとった芽をバッと摘《つ》まれたんかな。それでいやあな感じになってね」。やりきれない思いをかみ殺す生活のなか、職場の先輩から教えられたのは、ばくち麻雀《マージャン》だった。うぶなI少年は、格好のカモだったわけだ。せっかく稼《かせ》いだ給料も、毎週土曜の徹夜麻雀で、根こそぎ奪われた。職場の先輩だけでなく、社長の息子までいるのだから、誘いを断れるわけもなかった。

配達会社は辞めた。岡山に戻って、大工職人に弟子入りした。酒を覚えたのもこのころだ。酒癖《さけぐせ》は悪かった。「まあ、でも、中卒やからそんなもんやねえ。高校とか行ってる人は羨《うらや》ましくて、嫉妬《しっと》しとったからな、劣等感があったしな、ずっと劣等感持《も》っとったからな、コンプレックスの塊《かたまり》やからな。……劣等感持ってずっと過ごしとったから、いじけとったね、やっぱり。それをお酒とかで発散させて、ついつい粗暴になったり、どうしてもそんなんが心にあるから、どうしても飲んだときにそんなんが出てくるから、なあ。どうしても人に対してついつい乱暴なこと言《ゆ》うたりとか、しとったんやけどなあ」。

酒の勢いで、取り返しのつかない失敗をした。よりによって、村の住民や同僚の目の前で、親方に楯《たて》ついてしまったのだ。親方の面目《めんもく》を潰《つぶ》してしまったI少年は、大工職人の道もあきらめざるをえなかった。一八歳の頃だ。

身をもちくずしたあげく、ふたたび大阪に戻ってきた。あてもなく天王寺《てんのうじ》あたりをさまよっているときに、声をかけられた。「兄ちゃん、何、ぶらぶらしてんかあ」、「ほんなら自衛隊でも入ってみるかあ」。声をかけたのは、自衛隊の勧誘員だった。食い扶持《ぶち》が必要だったし、それに、とにかく人に逆らう自分の性格をなんとかしたいという思いもあったので、入隊することにした。配属先は、山口県防府《ほうふ》市の航空自衛隊だった。入隊して一ヶ月のあいだ、外出禁止の集団生活を送る。やっと訪れた自由行動の日に、これ幸い、とばかりにビールを飲みまくる。酔った勢いを借りて帰りのバスで上官に楯つき、結果、除隊することになった。

とはいえ、自衛隊も人手不足だった。すぐに、山口市の八幡馬場《やわたのばば》で陸上自衛隊に入隊することになった。こんどこそ集団生活に慣れよう、それに大型免許もとれる。そうした思いを胸に、北海道への配属を希望した。だが、またも期待どおりにはいかなかった。視力測定の検査をなんどやってもパスすることができず、免許は取得できなかった。「なんぼ僕は努力してもこれはあかんなあ思って、また嫌《いや》になってね。また裏目に出たから、もうせやからこれはあかん思って。また、自衛隊、外出届けを出して、もう帰らんかったんかな。そのままスナックで飲んで、恵庭《えにわ》〔札幌市に近接するまち〕の方やったから、僕、もうスナックで飲んで、一〇時なってまで飲んで。もう門限も破って、もうそのまま飲んだくれて、ほんで、恵庭からまた函館《はこだて》の方まで行ったんかな、列車で」。函館に着いたときには、五〇円しかもっていなかった。パチンコ屋が従業員募集の張り紙を出しているのが目に入った。「もう背《せ》に腹《はら》は代えられん」、腹をくくってパチンコ屋に飛び込んだ。二日間働いたところで、自衛隊にみつかり、連れ戻される羽目になった。

このとき二〇歳になっていた。自衛隊からは自己都合退職を迫られた。自衛隊から紹介された仕事は、札幌の運送会社の助手の仕事だった。巨大な冷蔵庫をひとりで運ぶ、きつい仕事だ。十代のころから大工として働き、自衛隊でも身体《からだ》を鍛えた。その身体が悲鳴をあげるほどの重労働だった。長くは続かず、二ヶ月で辞めることになった。

なぜかわからないが、愛媛県出身の自衛隊での同期が、I氏を追いかけるように自衛隊を辞め、同じ運送会社で働くことになった。ひとつ年下で、同期の彼も中卒だった。「そら、なんでも話せる仲《なか》でな。ええダチやったけどな」。I氏に「霞町《かすみちょう》」(➡71頁の註3)という耳慣れぬ地名を教えたのは、この同期のダチだった。「ここ〔釜ヶ崎〕をよう知っとったんよね、田舎からこの子も出てきて、中卒で、高校出てないからね。ここへ、僕より前にここへ来てんのよね。来て、この霞町いうのをよう知ってたんよ、そこの霞町のことを。僕ははじめ、霞町、なんのことやわからんかったけど、ね。そこの霞町はこういうとこや、現金あるんや、いうことをな……よう教えてくれとったんやわ、自衛隊入ったときに。仲良かったからな」。

もともと、本州に帰りたいという気持ちは高まっていた。「霞町」という地名だけを手がかりに、I氏は大阪へと三たび辿《たど》りついた。そうしてI氏は、寄せ場の労働者になった。のちにI氏は、「霞町」の名前を教わったダチと、その街で再会することになった。彼もまた、寄せ場の労働者になっていた。「寄せ場」では、ありふれた話である。

寄せ場とはどこか

I氏が寄せ場の労働者になるまでの足取りは、複雑であった。携わった産業は、農業、運送業、建設業、サービス業、軍隊と、じつに多種多様だ。その間の足取りも、岡山、大阪、山口、北海道と多様な軌跡《きせき》をたどった。その地理的移動は、国勢調査では辿《たど》りえず、人口地理学の対象たりえない。それは、なんら一貫性のない無秩序な軌跡にもみえる。だが、そこには地下の地勢《ちせい》がある。ありふれた話だと、聞き流すわけにはいかないのだ。「霞町」という地名のみを手がかりとしたI氏の移動は、本人もおそらく気づかなかったであろう、地下に張り巡らされた地勢図をたどる軌跡であった。寄せ場の労働者になってからも、I氏は移動を繰り返す。もっとも長く生活したのは釜ヶ崎だが、山谷《さんや》や寿町《ことぶきちょう》で生活＝労働していた期間もある。また、釜ヶ崎での生活がもっとも長いといっても、定住していたわけではない。そこでの生活は、全国各地の建設現場を流動《りゅうどう》するものなのだから。流動を、I氏の人生史から切り離すことはできない。

寄せ場労働者の存在の本質に流動を見出し、「流動的下層労働者」として定義したのは、船本洲治（➡207、244頁）であった。船本は次のように述べる。

> 流動的下層労働者とは、その名の通り、山谷・釜ヶ崎を基地として流れ、自己の労働力を売る労働者のことである。この流動するということは一つの有利な条件である。何故《なぜ》なら定着しないことによって、警察権力によって実態をつかまれにくいからである。／第二に、この労働者は、家族、財産、職場等、守るべき何ものも持たされていないがため、いつでも、どこでも自由に闘争できる条件を有する。／第三に、日本資本主義が労務管理の形式として、山谷・釜ヶ崎の形態を全国的に形成しているため、この労働者は、全国の飯場《はんば》、寄せ場を渡り歩き、全国的な規模の闘争を展開できるということである。
>
> ［船本、一九八五、四九－五九頁］

従来の労働運動にとって、日雇労働者の流動性とは、ひとところに定着しないことの弱さであり、組織化を妨げるような否定的要因だった。ところが船本は、この流動性をこそ、日雇労働者の武器として転化させた。とりわけ重要なのは上記の引用文末尾の箇所であろう。全国の飯場や寄せ場を渡り歩く日雇労働者の闘争は、その在りようゆえに、全国的な規模の闘争へとなりゆく——この点に、船本は日雇労働者の闘争の地勢を摑《つか》み取ろうとした。

それでは、この闘争の拠点ともいうべき寄せ場とはどこか。いかなる場所が「寄せ場」と呼ばれるかは、時代によって変化してきた。とりわけ、それが生み出された当初の時代はそうである。船本洲治が「流動的下層労働者」という概念を生み出した一九七〇年代半ばには、「寄せ場」とは下記のように説明されている。

こうした寄せ場は、全国の主要都市の周辺、駅前、職安、港湾付近に無数に点在している。大きなところを拾い上げてみても、北は札幌から仙台、関東でも山谷をはじめとして高田馬場《たかだのばば》、深川高橋《ふかがわたかばし》、池袋《いけぶくろ》、立川《たちかわ》、芝浦《しばうら》、川崎《かわさき》、横浜寿町とあり、さらに下って名古屋笹島《ささしま》、京都七条《しちじょう》、大阪釜ヶ崎、神戸新開地《しんかいち》、広島、呉《くれ》、博多《はかた》、北九州、熊本、沖縄ナハ、コザといったように、日本列島を覆《おお》いつくしているのがわかる。

〔釜共闘・山谷現闘委編集委員会、一九七四、一九七頁〕

この引用文においては、北海道から沖縄に至るまで、列島に点在する寄せ場が数え上げられている。それはまるで、無際限に項《こう》を増殖させうる、エクセルの行列のようだ。じっさい、ここで挙げられている地名は、「大きなところを拾い上げ」た一覧にすぎない。このほかにも中・小規模の寄せ場を見出すことはできるし、読点「、」を増やしながら、さらに数え上げていくこともできる。けれども、網羅的であればあるほど寄せ場の意味はかえって茫漠《ぼうばく》となってしまい、まるで郵便番号を羅列した住所一覧のように、ついには相対《そうたい》空間（➡34頁）のうちに霧散《むさん》してしまうだろう。

これに対して一九八一年、山岡強一《やまおかきょういち》による定義は、きわめて限定的である。それゆえに、具体的でもある。

この〝寄せ場の冬〟にあたって、労働者は、全体として捉える必要に迫られているのではないでしょうか。このことは私たち活動家の大きな課題であり、解決しなければならない問題ですが、そのためにはまず労働者の側からの必要ということを考えるべきではなかろうか、と私たちは考えています。そこで一人の労働者が生活の便宜《べんぎ》を計り得る情報、寄せ場を中継点として飯場あるいは寄せ場間を巡るに当《あた》って必要な最低の情報を、実際的な立場から伝えていくことは非常に重要なことと考えています。〝自分が一労働者として他の寄せ場に行く場合にどういうことを知りたいかという立場〟からの情報を、山谷《さんや》—寿《ことぶき》—笹島《ささしま》—釜《かま》ヶ崎《さき》を結んで伝えていきたいと私たちは考え、それをここで確認する次第です。

［山岡、一九九六、二六二頁］

ここでそれぞれの場所は、ハイフン「—」でつながれている。それは、横断する糸のような関係性が複雑に絡《から》み合って生み出された、もつれのようなものだ。もしハイフン「—」を取り去って、この関係性をほどいてしまったなら、それぞれの場所もまた、文字通りの意味で、たちまち解体してしまうことだろう。つまりこの表記が示しているのは、軌跡が織りなす関係的空間である。

このように一九七〇年代半ばから八一年にかけて、寄せ場という概念の意味は、相対的なものから関係的なものへと、決定的に変化していったのである。[2] では、この概念の変化の背景に

2——後者の「山谷—寿—笹島—釜ヶ崎」という定義は、以下のように、寄せ場という概念の社会学的定義としても通説となっている。「代表的な寄せ場には、釜ヶ崎（大阪）、山谷（東京）、寿町（横浜）などをあげることができる。これらは「三大寄せ場／三大ドヤ街」と呼ばれることもあり、これまでにしばしば小説や映画、テレビなどの舞台となってきた。これらに、笹島（名古屋）を加えて「四大寄せ場」と呼ばれることもある。釜ヶ崎・山谷・寿町には、現在でもドヤ街（簡易宿泊所街）があるけれども、かつて笹島にあったドヤ街は既に解体されている」［中根、二〇〇六、三四—三五頁］。

は、いかなる実践が存していたのだろうか。私たちは、このような問いにたち、寄せ場と呼ばれる空間の生成過程を探らなければならない。

複数の寄せ場

上に述べたそれぞれの寄せ場は、たしかに日雇労働市場として共通の性格をもっている。けれども、そこから一歩踏み込んで観察するならば、驚くほど多様な構成や地理を有していることに気づく。ここでいったん立ち止まって、それぞれの寄せ場がもつ固有の性格を確認しておきたい。ただし、限られた紙幅《しふく》のなかでは、ひとつひとつの場所の系譜《けいふ》を深く掘り下げることはできない。以下は、俯瞰《ふかん》的な視点からそれらの特徴を比較対照したものである。時期的にも、議論を戦後

表5-1 山谷、愛隣(釜ヶ崎)、寿町の概況

	山谷	愛隣(釜ヶ崎)	寿
人口	8,034人	14,405人	4,250人
人口(内女子)	125人	473人	150人
面積(平方キロメートル)	1.65㎢	0.62㎢	0.9㎢
簡易宿所数	206軒	184軒	86軒
簡易宿所収容能力数	13,879人	18,232人	4,900人

資料|東京都民生局山谷対策室『東京都山谷対策のあらまし昭和54年度』(1979、25頁)より筆者作成。

に限定させている。けれども、寄せ場がいかに複数的な空間であるかを、わずかながらでも示すことはできるだろう。[3]

ドヤ街の地理

一九七九年度版の『東京都山谷対策のあらまし』は、山谷、愛隣《あいりん》（釜ヶ崎）、寿町の概況《がいきょう》を、右記の**表5-1**のように示している。いずれのドヤ街も、「女子」の人口はきわめて少なく、著しく男性に特化されている。各地域の面積は、山谷が一・六五平方キロ、愛隣が〇・六二平方キロ、寿町が〇・九平方キロと狭小《きょうしょう》であり、なかでも愛隣（釜ヶ崎）はもっとも狭い範囲として定義されている。[4] また簡易宿所数に注目するならば、最大規模の「ドヤ街」は、二〇六軒を有する山谷ということになろう。だが、収容能力数に目を転じると、最大規模を示すのは愛隣（釜ヶ崎）の一万八二三二人である。一軒あたりの収容人数に換算すると、山谷と寿町がそれぞれ六七・三人、五六・九人であるのに対

3——それぞれの寄せ場／ドヤ街に対する政府・自治体の対策を比較検証した先行研究として、田巻［一九九九］が挙げられる。以下ではこの貴重な研究の知見を踏まえつつ、新たな資料を補足するなどして、比較分析の視座を広げることを試みる。

4——むろんドヤ街の範囲の線引きとは、対策の担い手たる行政のまなざしを反映したものであり、それゆえの恣意性《しいせい》が孕《はら》まれていることは、すでに第2章で論じたとおりである。

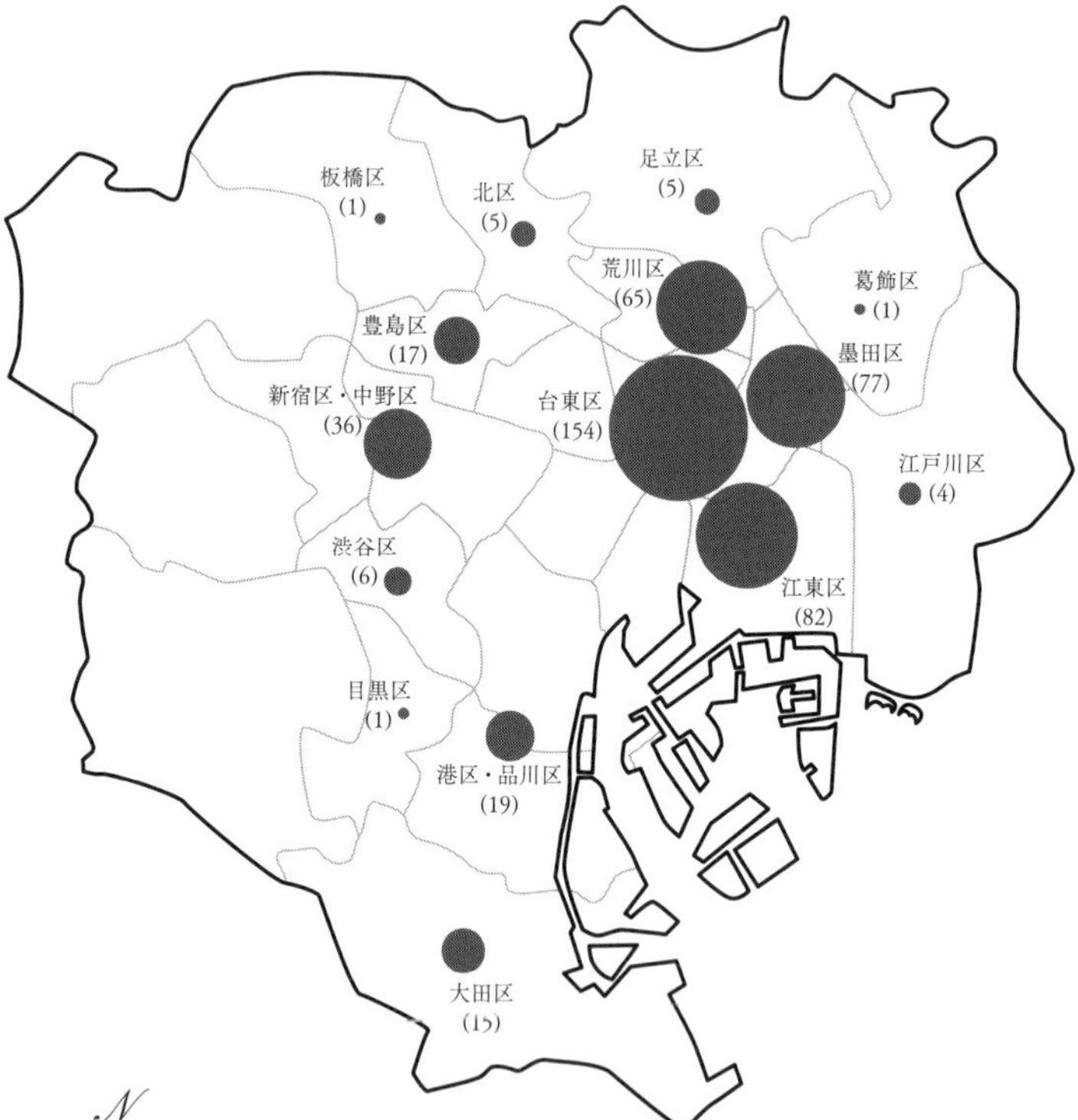

図5-1 **東京都区部におけるドヤの立地**
資料｜東京都民生局山谷対策室『山谷地域における簡易宿所宿泊者の実態研究報告書』（1974、28頁）より筆者作成。
註｜カッコ内は軒数。

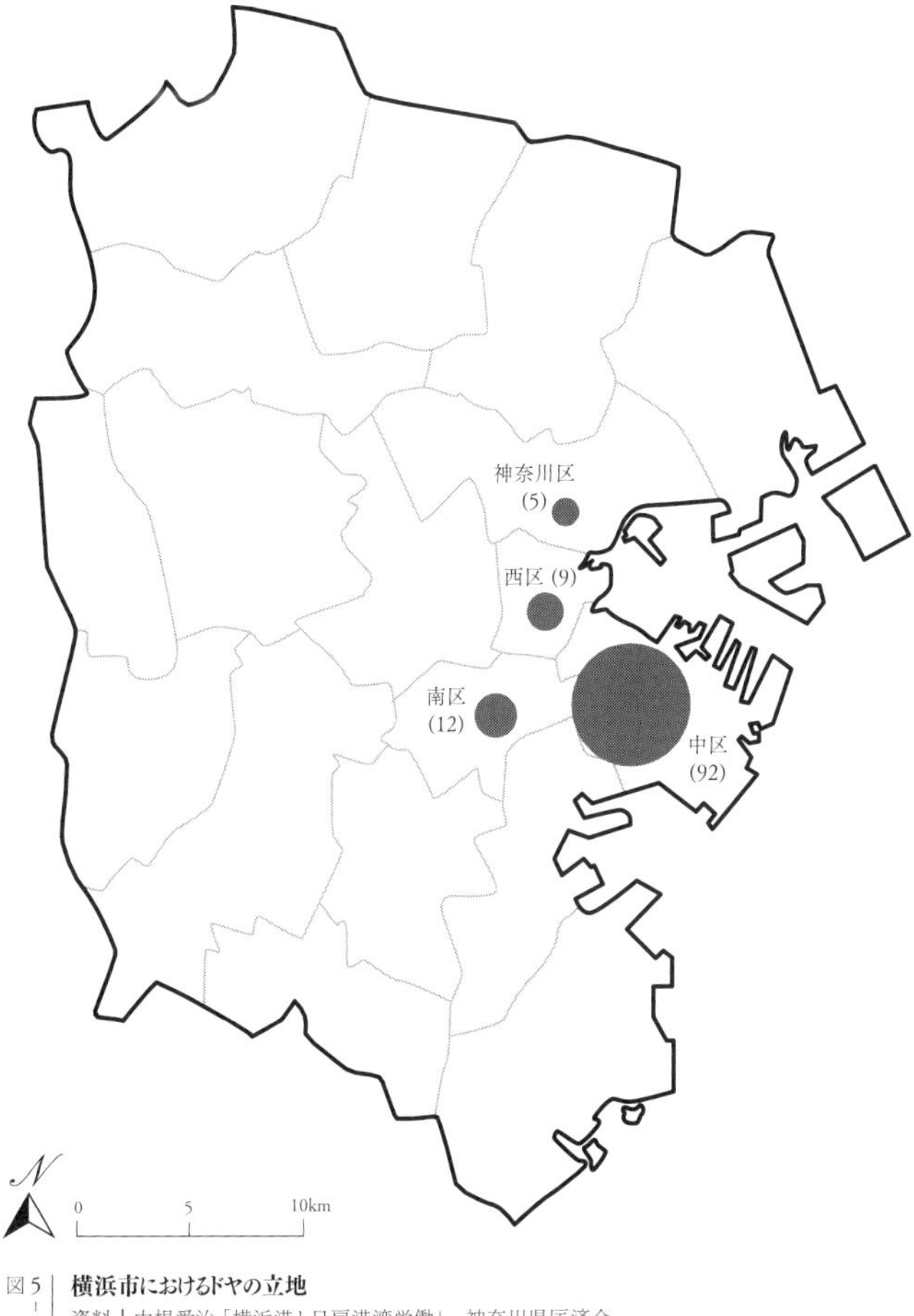

図5-2 **横浜市におけるドヤの立地**
資料｜中根愛治「横浜港と日雇港湾労働」、神奈川県匡済会『福祉紀要No. 6, 7, 8合併号』（1976、29-30頁）より筆者作成。
註｜カッコ内は軒数。

し、愛隣（釜ヶ崎）では九九人という数値となり、他を圧倒する規模となる。第2章で論じたように、釜ヶ崎では六〇年代後半にドヤの全面的な建て替えがなされた（⬇142頁）。この固有の経緯によって釜ヶ崎は、最大規模のドヤ街へと変貌《へんぼう》したのであった。

また、都市内におけるドヤ街の集中と分散という点でも、それぞれの寄せ場には指摘しておくべき差異がみられる。大阪においては、戦後のドヤは釜ヶ崎にのみ集中させられていた。前頁の**図5-1**と**図5-2**は、東京と横浜のドヤ立地の概要を示したものだが、これをみると、横浜では中区の寿町周辺にドヤが集中させられているのに対し、東京におけるドヤの立地はきわめて分散化されていることがわかる。具体的には、山谷地域として定義される「浅草《あさくさ》」「南千住《みなみせんじゅ》」に位置するドヤはあわせて二一四軒であるが、これは全体の三九%を占めるにすぎない。また収容可能人数でみても、都内全体のうち山谷が占める割合は四八・二%である〔東京都民生局山谷対策室、一九七四、二九頁〕。東京都内のドヤのうち約半数以上は、山谷以外の地域に分散させられていたのだ。

このように、三大寄せ場と称されるドヤ街は、いずれも狭小な地域であり、また、その人口は男性に特化している。だが、その規模や、都市内における集中の度合いといった点において、かなりの差異が存していることもわかる。[▼5] このような差異は、少なくとも部分的には、戦後の政策的経緯の相違により生み出されたものだった。

戦後の政策的経緯

釜ヶ崎と同じく、山谷・寿町もまた、一九六〇年代に「社会問題」として認識され、対策の標的とされた経緯をもつ。釜ヶ崎においても同様であった。ては、当初は貧困家族の問題に焦点があわせられた(➡136頁)。これは、山谷・寿町においても同様であった。山谷では、六〇年七月——釜ヶ崎において「第一次暴動」が起こる一年前——に起こった暴動をきっかけとして、住民の生活向上を主眼とする政策が展開された。このときターゲットとされたのは、家族世帯であり、なかでも未就学の子どもだった。六五年に城北福祉センターが建設された際には、公立「ひなぎく教室」(六四年開校)がセンター三階部分に移転され、山谷の子どもたちを対象とする「城北学園」として衣替《ころもが》えされた。しかし、行政の介入はさらにつづいた。児童福祉と並行して、家族持ちの労働者に対して都営住宅を優先的に割り当てる住宅政策が実施されたのである。この政策には、集住を解消させ、家族を分散させる

5——もう一点、地名についても確認しておくべきだろう。寿町は公的な町名として現在も残り続けているのに対し、山谷という地名は六六年の町名変更により公的名称としては消滅した。したがってこの地名は、釜ヶ崎と同じく通称である。そして釜ヶ崎と同じく、その地名が帯びるイメージを抹消しようとする圧力にさらされてきた。山谷のドヤ街は、台東区と荒川区という行政区域をまたがって立地している。六〇年代に山谷対策が展開されるなかで、「荒川区側からは、「山谷」という名称を抹消《まっしょう》するようにという執拗《しつよう》な圧力がかかって」いた[今川、一九八七、三二七頁]。それゆえ、当初は「山谷福祉センター」として計画されていた施設は、「城北福祉センター」という名称で開設されたのだった。

意図が込められていた。西澤晃彦が家族の「治療」と呼ぶこの過程を経て、一九七〇年代の山谷は、単身男性労働者の空間へと純化された〔西澤、一九九五〕。これは、釜ヶ崎で採《と》られた対策の方向性と軌《き》を一《いつ》にするものであったといえよう。

とはいえ、総合的な空間改造という点では、山谷と釜ヶ崎はまったく対照的であった。東京都の山谷対策は、大阪に比べて小規模でありつづけたが、そこには「山谷を分散化させようとする意図」が一貫して働いていた。このような方針は、今川勲《いまがわいさお》の指摘によれば、「それ以前に政府が示したオリンピックのためのスラム対策に基づいて都内のスラム一掃《いっそう》をある程度まで達成したため、〔東京都が〕同様な方法を山谷にもあてはめようとした」ことによるものである〔一九八七、二八九－二九〇頁〕。この点が、東京におけるドヤ街の分散立地の一因となったものと考えられる。同じように、労働政策に関しても相違がみられる。東京都は六二年に山谷労働センターを設立し、六五年にはこれを城北福祉センター内に移転させた。この山谷労働センターは、釜ヶ崎の西成労働福祉センターをモデルとするものであった〔同書、三三九頁〕。よって無料職業紹介の認可を得ているものの、じっさいには職業紹介機能はごく限定的にしか行なわれず、相対《あいたい》方式（➡77、147頁）として制度化されることすらないまま、青空労働市場が放置されていた。

これに対して寿町における政策の展開は、山谷とも釜ヶ崎とも異なる、独自の経緯をたどった。たしかに、寿町においても六〇年代から家族や子どもの境遇《きょうぐう》は対策の焦点となり、これらの活動拠点として、六五年には寿生活館が建設された。ただし、寿町において公営住宅は地域内に建設され、家族の政策的な分散化は行なわれていない。さらに寿町では、寿生活館を軸とした住民運動や自主管理闘争が展開するなど、他のドヤ街にはみられない軌跡が生み出されていく——後述するように、この固有の軌跡こそが、寿町において労働運動を生み出していった。

これら自治体による政策のみならず、政府もまた三大ドヤ街に関与した。六六年の不良住宅地区改善懇談会の場においては、釜ヶ崎と並ぶ対策対象地区として山谷が取り上げられている。第2章でみたように、この懇談会の議論を受けて釜ヶ崎では、あいりん総合センター建設をはじめとする大規模な空間改造が行なわれた。これに対し山谷では、六八年に東京都山谷対策本部が設置されたのみで、大規模な空間改造は行なわれていない。この対応の違いの要因としては、東京都が六四年オリンピック対策以来の分散化方針を固持しつづけた一方で、七〇年万博を控えた大阪では、ちょうどこの時期に労働力確保が重大な政策課題として浮上していたことが挙げられるだろう(⬇153頁)。

また寿町では、地域での失業が無視しえぬ問題となっていた一九七四年に、労働省・雇用促進事業団・神奈川県・横浜市の手により、寿町総合労働福祉会館が建設された。建設されたタイミングこそ異なるが、無料職業安定所や診療所などの労働・福祉施設を擁《よう》し、上階には市営住宅が建設された、地上九階建てのこの建設物は、あいりん総合センターに比肩《ひけん》する外観をもっていた(ただし、職業紹介機能は山谷と同じく著《いちじる》しく限定されていた)。このような経緯を経て、山谷と寿町は、日雇労働市場でありドヤ街でもあるという、釜ヶ崎と同じ性質をもちながらも、それぞれ独特の空間的構成を有するにいたったのである。

笹島がたどった戦後の系譜は、他の場所と大きく異なる。第一に、笹島のドヤ街では一九七六年に大規模な火災が発生し、三五軒のドヤが焼失した。この火災を契機に名古屋市はドヤの再建を禁止し、あわせて土地区画整理事業を進めて「不法建築」の撤去《てっきょ》を進めた。この結果、八一年頃までにドヤ街は解体され、笹島は「朝だけの寄せ場」になった［藤井・田巻、二〇〇三、九一頁］。第二に、一九六〇年代以降、山谷・釜ヶ崎・寿町は特別対策の「主要地区」とされ、諸施設が建設されたのに対し、笹島が国政レベルの対策の対象地域となることはなかった［同書、一〇三頁］。笹島は、ドヤ街を有することなく、また、あいりん総合センターのような大規模施設もみられないような、特異な寄せ場へと変貌《へんぼう》させられたのである。▼6

笹島の特異性

このように笹島の空間構成は、山谷・寿町・釜ヶ崎とは決定的に異なる。笹島はむしろ、川崎の「ハラッパ」や広島の「ドン」、福岡の「築港《ちっこう》」といった、全国に点在する他の寄せ場に近い空間である。にもかかわらず、なぜドヤ街を有さない笹島は、「山谷－寿－笹島－釜ヶ崎」というかたちで、「寄せ場」概念の一翼《いちよく》を担う空間となったのか。結論を先取りしていえば、笹島とは、七〇年代にいちはやく運動が芽吹《めぶ》いた数少ない場所のひとつだったのだ。前章でみたように、「寄せ場」という概念の条件のひとつは、「ドヤ街」とは異なり、それが下からの運動のなかで生み出されたという点にある。「寄せ場」という言葉を高らかに掲げたそれらの運動は、それぞれの場所の論理にしたがって展開し、それゆえに固有の差異を有していた。違いを有しながら、それぞれの場所は「–」で結びあわされ、絡み合いの空間を形成していったのである。では、このような横断の動き、この絡み合いの空間が形成される条件とは、何だったのだろうか。

飛び火する運動——「山谷–釜ヶ崎」

はやくも一九六〇年代初頭から、山谷と釜ヶ崎は共振しあっていた。ふたつの場所の暴動史を並べてみよう（**表**5–2）。一九六一年八月に釜ヶ崎で第一次暴動（➡222頁）が起きたとき、山谷ではすでに、三次にわたる暴動が繰り広げられていた。それ以降、ふたつの場所のあいだを振動するように、暴動が起こりつづけている。この表をみると、有象無象《うぞうむぞう》が山谷と釜ヶ崎とを往還しているかのような、流動のイメージが浮かび上がってこよう。事実、たとえば一九七四年に発行された『山谷地域における簡易宿所宿泊者の実態研究報告書』によれば、山谷の労働者の多くは、他のドヤ街での生活経験を有していたとされる▼7［東京都民生局山谷対策室、一九七四、一三〇頁］。山谷と釜ヶ崎とは、労働者の身体が群れとなって流動する地勢の両極としてある。この意味で、「山谷－釜ヶ崎」という接続表記は的確なのだ。

七〇年代初頭の運動の地勢もまた、共振しあっていた。七二年六月に暴力手配師追放釜ヶ崎共闘会議（釜共闘➡192頁）が結成されてからわずか二ヶ月後、山谷ではこれに呼応して悪質業者追放現場闘争委員会（以下、現闘委と略す）が結成された。七〇年に釜ヶ崎で越冬闘争（➡192、239、252、258頁）が始動したその二年後には、山谷で第一回の越冬闘争が取り組まれた。夏祭り（➡252頁）は、山谷・釜ヶ崎ともに、その第一回が七二年に開催された（ただし、山谷での主催は現闘委ではなく、東京日雇労働組合と全港湾山谷分会であった）。釜ヶ崎で取り組まれた実践は、暴動がそうであったように、すぐさま山谷へと飛び火していったのである。その背後には、労働者の流動に身を投じた、活動家の流動の地勢がある。

山谷の六八年

山谷の運動史において注目すべき点は、六〇年代後半の時点で、暴動を直接行動へと転化する政治文化がすでに台頭していた、ということである。「山谷労働者にとって、暴動とは……かれらの〝解放区〟をつくろうとする、妥協の余地のない階級闘争なのである」、そう論じた竹中労《たけなかろう》は、暴動を生起させる場所の論理を、以下のように鮮やかに書き記している。

表5-2　1970年代までの山谷、釜ヶ崎の暴動史

年	月	日	釜ヶ崎	山谷
1959	10	22		第1次暴動
1960	1	1		第2次暴動
	7	26		第3次暴動
1961	8	1	第1次暴動	
1962	11	23		第4次暴動
1963	5	17	第2次暴動	
	12	31	第3次暴動	
1964	6	16		第5次暴動
	8	14		第6次暴動
1966	3	15	第4次暴動	
	5	28	第5次暴動	
	6	21	第6次暴動	
	8	26	第7次暴動	
	8	27		第7次暴動
1967	6	2	第8次暴動	
	8	17		第8次暴動
1968	6	15		第9次暴動
	6	17		第10次暴動
	6	20		第11次暴動
	7	9		第12次暴動
1970	12	30	第9次暴動	
1971	5	25	第10次暴動	
	6	13	第11次暴動	
	9	11	第12次暴動	
1972	5	1	第13次暴動	
	5	28	第14次暴動	
	6	28	第15次暴動	
	8	13	第16次暴動	
	9	11	第17次暴動	
	10	3	第18次暴動	
	10	10	第19次暴動	
1973	4	30	第20次暴動	
	6	14	第21次暴動	
	9	11		第13次暴動

山谷については山谷問題研究会（1975）にもとづいている。

6——このほか笹島に対する政策の展開過程のより詳細な分析については、田巻［一九九九］を参照されたい。

7——具体的には、調査対象者一一七名のうち、「釜ヶ崎・寿町などのドヤ街に住んだこと「あり」」が三九名、「なし」が三四名、無回答が四四名であった。

暴動の準備がととのうのは、七月下旬である。梅雨《つゆ》あけの解放感は、山谷労働者に〝お祭り〟が近づいたことを告げ知らせる。飯場から血気《けっき》さかんな労働者たちが、ヤマに帰ってくる。仕事がある、酒もタラフク飲むことができよう、夏の山谷街頭は、ムシ暑いドヤから解放された夕涼《ゆうすず》みの群衆でみちあふれ、人間の体臭にむせかえる。ケンカ、酔っぱらい、交通事故——、ほんのささいな（しかし理由のある）事件の渦《うず》が、たちまち騒乱にエスカレートし、ドヤ街全域にひろがる。数百の群衆が、数千にふくれ上るのに、ものの十五分間を必要としない。山谷労働者は暴動を〝お祭り〟と呼び、あるいは「ヤマのストライキ」と称する。私たちは、山谷の夏の暴動が、ドヤ制度の抑圧を根底としながら、状況としては解放感にもとづいて生起されることに、とりわけ注目しなければならない。つまり暴動は、山谷労働者が人間回復の行動に立ち上がるに十分なエネルギーをたくわえた時点において、一挙に爆発するのである。裏がえしていうなら、山谷労働者は「暴動をおこしている情態《じょうたい》」こそ、もっとも人間として正常なのであり、「抑圧に耐えている日常」のほうが異常なのである。

［竹中、一九六九、一九〇頁、傍点は原文］

とりわけ六八年は、山谷において暴動と政治とが結合する重要な転換点であった。この年の六月一七日の第一〇次暴動は、「山谷暴動の力学を補足し、作為的に」創り出された［竹中、一九

六九、一九〇頁〕。また、この年には、暴動に発露《はつろ》されるエネルギーを拠り所とした、多様な実践が凝縮《ぎょうしゅく》されている。八月二三日には城北福祉センター四階にて「山谷＝ブラックパワー連帯集会」が、一一月三〇日には「山谷歌まつり」が開催された。後者に参加したひとりに、たとえば岡林信康《おかばやしのぶやす》がいる。「山谷ブルース」とは、このような状況のなかで生み出されたプロテスト・ソングだった。また、六九年の山谷メーデー前夜祭（四月三〇日）には、高石友也《たかいしともや》、高田渡《たかだわたる》が参加している。記録映画『さんや'68』が城北福祉センターにて上映されたのも、六九年五月のことだったという。六八年から六九年にかけ、たび重なる暴動とともに、山谷の政治表現は爆発的に開花していったのである。

船本洲治と山谷

だが、「山谷－釜ヶ崎」の運動史にとって六八年がもつ最大の重要性とは、広島からやってきた若者たちが、偶然にも暴動と遭遇《そうぐう》した事実だろう。そのひとりが、船本洲治であった。かれらが山谷をおとずれた意味を、竹中は次のように述べる。「鈴木国男《すずきくにお》、船本洲治の二人が、三里塚《さんりづか》闘争の帰途に山谷をおとずれて……圧倒的な暴動を現認したその時点から、山谷解放闘争の新しい歴史がはじまる」〔一九六九、一九六頁〕。

一九六四年、東京オリンピックが開催された年。船本洲治は広島大学に入学した。学生会館を根城《ねじろ》としつつ、ときおり釜ヶ崎など関西方面に出稼ぎに行っていた。六八年夏、学生会館に寄宿していた仲間の鈴木国男らとともに、三里塚闘争の現場に向かう。その帰りに、たまたま六八年七月の山谷暴動に出会ったのだ。暴動は、若者たちを引き寄せる狼煙《のろし》となった。船本は広島大学の仲間とともに、山谷解放委員会に合流し、六八年一〇月に結成された山谷自立合同労働組合（山自労）に参加する。しかしながら、すぐさま運動を率いていた梶大介《かじだいすけ》と袂《たもと》を分かち、六九年二月には独自に山自労を再結成。山谷解放闘争をさらに拡大させるべく、六九年には全都統一労働組合を結成した。この間、船本らは竹中労とともに、対都庁闘争における都庁乱入（六八年一一月）、山谷メーデー（六九年五月）、雑誌『裸賊』の発行など、数々の闘争と実践を繰り広げた。ところで、このような最中の六九年五月にまかれた署名不祥《ふしょう》のビラ「学生諸君に訴える」には、「流動的底辺労働者」という文言が記載された。船本はこの文言を継承し、のちに「流動的下層労働者」という概念を提示したのだ〔風間、二〇一五、一四六頁〕。この意味でも、六八－六九年は、「山谷－釜ヶ崎」の運動にとって原点であったといえる。

しかし、六八年を頂点とする「ながく暑い夜騒乱」（竹中労）に依拠した実践は、七〇年にかけて急速に退潮していく。表5－2に表わされているように、山谷における暴動史は、すでに幕が下ろされつつあった。広島の学生会館以来の仲間であり、船本とともに活動した中山幸雄（➡267頁）は、この時期を「非常につらい試行錯誤の時代だった」と振り返る。[8] その困難は、「谷山・ガン」名で七一年一二月に船本が記した以下の総括《そうかつ》文に表わされている。

この文の著者が自己批判しなければならぬ点はまさしくこの点である。暴動が現存秩序に対する反逆であること、居住区における闘争形態として下層労働者の現状打破への革命的エネルギーの発散であることを理解せず、辛棒《しんぼう》強く努力することを放棄し、全体の解党主義的傾向に押し流され、組織を再編し、山谷叛乱《はんらん》―山谷権力構築へ向ける戦略を展開する方向性を見出しえず、一ぺんの詩でお茶をにごしたことである。

［船本、一九八五、一八七頁］

ふたたび中山の回顧によれば、「暴動はいつでも起こせる」という手ごたえはたしかにあった。しかし、ヤクザや国家による労務支配の権力分析にまでは至らず、それらをいかに打ち破るかの展望を見出せないなか、実践は袋小路に陥っていた。

山谷から釜ヶ崎へ

そのような状況のなか、七二年一月頃から、船本は釜ヶ崎へと拠点を移した。その直後に、船本はふたたび劇的な状況に遭遇《そうぐう》することになった。それが、前章で論じた七二年五月の鈴木組闘争（➡247頁）である。日雇労働者たちが数の力をもって暴力手配師を謝罪させ、センターを自分たちの空間として領有したこの出来事は、労務支配の抑圧を突破する方途を、事実行為として示すものであったに違いない。[9] 前章で述べたように、この出来事を契機として釜ヶ崎における運動状況は急旋回《きゅうせんかい》し、翌月には釜共闘が結成された。そして、すぐさまこれに呼応しつつ、山谷においては八月に現闘委が結成されたのである。この経緯からすぐに明らかなように、山谷と釜ヶ崎の運動は、共振《きょうしん》しあいながら同一の地勢で展開していった。

> **殺《や》られたら殺りかえせ！　どずかれたら倍にしてかえせ！　正義の斗《たたか》いを完遂せよ！**　山谷の斗う仲間たち！　釜ヶ崎では、暴力手配師たちは完全に労働者に屈服し、手配師の組織「協力会」は、「一部の暴力的な悪質な手配師や業者のために良心的な手配師や業者が非常に迷惑している。今後はそういう一部の暴力手配師を一掃《いっそう》する。」という声明を出さざるをえなくなった。釜ヶ崎でできたことは山谷でもできる。俺たちは最大の支援をやる。共にガンバロウ。山谷の仲間の一人でも殺《ころ》されたら釜ヶ崎から殺《ばら》し屋をいくらでも派遣する。チンピラども覚悟しろ！
>
> ［一九七二年一二月釜共闘発行ビラ、太字は小見出し］

風間竜次によれば、この時期の現場闘争には、釜ヶ崎から労働者たちが大挙して駆けつけたのだという［風間、二〇一五、一五七頁］。それは、流動的下層労働者という言葉を、たしかなものとして感受させる光景だっただろう。

> 釜ヶ崎の闘いを圧殺せんとする敵の攻撃は、前線と後方の切断であり、分断である。
> ……闘いは前線と後方のあらゆる領域にわたって闘われるのであり、闘いは常に総力戦

体系の中での部分戦闘である。……この前線と後方の関係は、常にダイナミックな有機的な関係をもつ。そしてこのダイナミックな関係のもっともすぐれた状況は、たとえば、山谷が燃えれば釜ヶ崎が後方補給基地となり、釜ヶ崎が燃えれば山谷が後方補給基地となるような関係であり、この関係こそ流動的下層労働者の面目躍如《めんもくやくじょ》であろう。

［船本、一九八五、一二七頁、傍点は原文］

このような山谷と釜ヶ崎の共振関係は、資料5－1のポスターに描かれた「山谷＝釜ヶ崎」という表記にも明白に示されている。この七〇年代初頭の時期には、「寄せ場」が山谷や釜ヶ崎といった各ドヤ街を包括《ほうかつ》する概念として用いられることは、ほとんどない。だが、「山谷が燃え

8――中山幸雄氏への聞き取り［二〇〇九年三月一五日実施］。

9――船本が「流動的下層労働者」という言葉を生み出したことの歴史的かつ現代的な意義について、友常勉は次のように論じている。「たとえばある固有の闘争について、その固有の言語に習熟していなくても、連帯を求める暗黙のメッセージを言葉に込めることは可能だ。その身振りは、「事実行為で連帯すること」の作法を伝えることでもある。それは裏を返せば「黙ってやること」でもある。そのこと自体が「民衆に理解できるような」やり方がある。世界の過半を占める「流動的下層労働者」は不断に叛乱《はんらん》し、富裕者を恐怖させている。その叛乱は孤立しているが、叛乱の意味は常に「流動的下層労働者」である彼ら・彼女らには理解されている。「黙って」「わからぬように」「民衆に理解できるように」「事実行為で連帯する」闘争は彼ら・彼女らをそのつど結びつけている」［二〇一四、四四頁］。

資料5-1　**釜共闘・現闘委ポスター**（1972年）

れば釜ヶ崎が……釜ヶ崎が燃えれば山谷が……」という表現のうちには、やがて「山谷－寿－笹島－釜ヶ崎」という表記へと展開していく萌芽《ほうが》を見出すことができるだろう。

七〇年代初頭の「山谷－釜ヶ崎」闘争は、同一の地勢で展開していたがゆえに、その衰退もまた同時的であった。徹底的な弾圧と、七〇年代半ばの不況（⬇260頁）とが、釜共闘－現闘委を壊滅《かいめつ》へと追いやったのである。ふたつの場所を横断し、運動を率いた船本は、愛隣総合センター爆破の濡《ぬ》れ衣《ぎぬ》を着せられ、指名手配された（⬇259頁）。七五年六月二五日、潜行生活の果てに、沖縄嘉手納《かでな》基地ゲート前において、皇太子訪沖反対を叫びつつ焼身決起。この事件が冤罪《えんざい》であることが高裁判決にて確定したのは、ようやく八三年のことだった。

あらたに飛び火する運動——寿町

釜共闘と現闘委による「山谷－釜ヶ崎」闘争の地勢は、七〇年代半ばの不況と弾圧によって終息《しゅうそく》させられた。だが、地理とは複雑な過程だ。ひとつの場所での闘争の終息が、別の場所での起点や転換点ともなる。そのひとつが横浜の、寿町である。林真人《はやしまひと》は、この時期の寿町が「新しい日雇労働運動の前線基地として、各都市の寄せ場を結びつけながら、ますます越境的《えっきょう》な空間となっていった」と指摘する〔二〇一四、一三〇頁〕。また、一九九八年に発刊された寿支援者交流会編『第二十五次寿越冬《えっとう》ノート』は、この時期を次のように回顧する。「寄せ場の現在の活動の出発点が、山谷と釜ヶ崎では高度経済成長期の「熱い夏の叛乱《はんらん》」であったのに対し、寿は大量失業時代の「凍《い》てつく冬将軍《ふゆ》との闘い」でありました」〔一九九八、二四頁〕。寿町における日雇労働運動は、住民運動から占拠闘争へと旋回《せんかい》していく軌跡のうえに、失業と生存をめぐる闘争を起点として、結実していった[10]。

住民運動の時代

「生活館を中心として町が回転してゆく」〔野本、一九七七、二三七頁〕。寿町の住民運動の拠点となったのは、一九六五年に建設された寿生活館だった[11]（左の写真・資料5－2）。はじまりは、六八年五月に起きたドヤ火災である。この火災を受けて、罹災者《りさい》と寿生活館職員有志は罹災同盟を結成し、ドヤの経営者に対し補償を要求した。さらに、三ヶ月にわたる運動のなかで芽生えた住民の共同性を持続させるべく、生活館職員は同年八月に「寿しんぶん」を創刊していく。その紙面は、「寿の一人一人の意見や主張、何げない言葉が活字となって、ドヤの一軒一軒、一部屋一部屋へとていねいに配布されていった」〔村田、一九七九、四七〇頁〕。また、この時期の前後には、子ども会の結成（六六年）、寿保健の会

資料5-2 **寿生活館**
（2016年、筆者撮影）

の結成（六七年）、寿盆踊り大会の開催（六八年）など、大小の活動が次々と芽生えていった。[12] 六九年四月、こうした紆余曲折《うよきょくせつ》を経て、寿地区自治会が結成される。それはまさに、「寿における活動家の総力をあげての運動の結果」だった〔村田、一九七九、四七〇頁〕。役員名簿に名前を連ねたのは、建設・港湾労働者八名、ドヤの管理人六名、食堂店主三名、福祉センター職員二名、印刷業・大学講師が各一名である〔野本、一九七七、二三〇頁〕。日雇労働者を中心としつつ、幅広い主体が結集したことがわかる。自治会は青空《あおぞら》集会を開きつつ、「誰が集まり、誰が発言するかわからないけれど、そこに参加した人たちの意志を尊重していけば、そこに参加した人たちの意思で見事に運営」されていった〔村田、一九七九、四七一頁〕。そうして、夜間銀行の開設を行政に実現させ、年末年始対策を実施するなどの成果を積み重ねた。

「山谷－釜ヶ崎」において一九七二年は、鈴木組闘争が生起し、釜共闘・現闘委が結成された画期であった。同じ七二年は、寿町では、住民運動が頂点に達した年である。この年、寿生活館は四階建《だて》へと増築され、「屋内のたまり場」〔野本、一九七七、四六頁〕が生み出された。重要なのは、新たに生み出された三・四階部分が、労働者や地域住民の自主管理によって運営されたということである。「寿の労働者は、ひとたび、自分が、この街の主人公だと気づけば、ドンドン自分たちで行動を起こしてゆく……。問題なのは、そうした活力を生み出す場、広場、たまり場を解放し、無数につくり出すことなのである」〔同書、五九頁〕。生活館職員の立場からそう記した野本三吉《のもとさんきち》（加藤彰彦）は、寿生活館という「たまり場」に生み出された住民自治のありようを、以下のように書き綴《つづ》っている。

こうした方向は、労働者同志《ママ》の交流の場を積極的に生かし、さまざまな形のグループ、仲間が生まれ、新しい集団創造の芽が育ってゆくことを援助してゆこうという姿勢であったと思う。こうした動きの中で、卓球部、野球部、囲碁、将棋クラブなどが誕生し、

10―― 以下での寿町の記述は、青木［二〇〇〇］や山本［二〇〇八］、林［二〇一四］などの先行研究の知見を踏まえつつ、筆者が独自に行なった聞き取り調査にもとづいて、諸資料を再解釈したものである。上記の研究のなかでも、寿町における運動の展開過程については、とくに林［二〇一四］が詳細に分析している。

11―― 寿生活館は、寿町で活動していたボランティアの青年たちが建設を要求し、一九六五年に横浜市が建設した建物である［野本、一九七九、二八八］。建設当初は二階建ての建物として開館し、一階が財団法人神奈川県労働福祉会館、二階が横浜市民生局の生活相談所となっていた。この当時の生活館の業務は、「炭鉱離職者の急増など、子どもも含めて戸籍のない住民が多く、法的援護が受けられない住民の立場を法内にしていくことや、未就学児童への対応も大きな比重を占めていた」［寿支援者交流会、一九九八、九九頁］。また、これと並行して、同六五年には共働き家庭の幼児を主対象とする寿保育園が神奈川県労働福祉協会によって設立。つづけて、ドヤ居住者の子女を対象とする寿福祉センター保育園（六八年）、セツルメント活動や学童保育の拠点である寿福祉センター（六九年）が、ともに神奈川県匡済会《きょうさいかい》によって設立された。

12―― このような住民運動の高まりは、釜ヶ崎や山谷において繰り返された暴動から、各地の反公害運動、アメリカにおける黒人解放運動に至るまで、国内的かつグローバルな状況に鼓舞《こぶ》されたものでもあった［佐藤、一九七六、六九－七〇頁］。

それぞれに生活館職員が加わり、そのインサイダーとして、集団づくりに賭《か》けていったのであった。……さらにまた、生活館四階を利用していた日雇労働者を中心として「働く仲間の集《つど》い」（四八・七・三）がうまれ、生活館四階を、労働者自身の手で自主管理して「日曜開館」が行われるようにもなったのであった。／こうした動きは、生活館そのものを、自分たちのものだとする意識の高揚《こうよう》であって、その頂点にたつのが、生活館四階の図書館の自主管理であった。／それまで、本の貸出しをするのは、生活館職員の仕事だったが、図書室常連の人たちで自分の本を持ってきて寄附してくれたり、花やお菓子、お茶を持ちこんでくれる人、掃除をしてくれる人などが現われ、貸出しも自分たちでローテーションを組んでやろうということになったのである。〔加藤、一九七六、二三二－二三三頁〕

しかし、七二年に住民自治が頂点に達した直後、状況は一転する。未曾有《みぞう》の不況の波が寿町を襲い、住民たちは失業の沼底へと突き落とされたのだった。

自治から占拠へ

七四年秋頃から、不況による失業が、目に見えて急増しはじめた。街《まち》は、職を失い、飢えを抱える労働者たちで溢れ返っていく。最後の頼みの綱である寿生活館に駆け込む労働者の列は際限なしに増え続け、その機能はパンク寸前に追いやられていた。そのような最中の七四年一〇月、政府主導で寿町総合労働福祉会館が開設される。この建設により、娯楽室や図書館などの生活館四階の機能は、総合労働福祉会館に移設される方針とされ、閉鎖されてしまった。この措置は、住民自治の実践に深刻な打撃を与えるものだった。

なによりこのとき、「寄り場」が潰《つぶ》された。六八年以降の住民運動のなかで培《つちか》われた自主管理文化は、寿生活館という場所でこそ積み重ねられたものだ。他方で総合労働福祉会館は「ひじょうに管理者的な発想で運営が行われているため、今まで生活館で生まれてきた、さまざまの自主的な行動力は、すっかり姿を消してしまったのである」［野本、一九七七、五一頁］。また、総合労働福祉会館に併設して市営住宅が建設され、「この住宅には、家族持ちの寿の人たちが優先して入ったのだが、このことで、長屋《ながや》的につながりあっていた子どもたち、親たちの関係が、突然のごとく切れてしまった」［野本、一九七九、二九八頁］。これらの打撃は取り戻しようのない破壊であった。よりによって寿生活館四階の閉鎖は、不況期の只中《ただなか》において遂行された。労働者や住民の相互扶助《ふじょ》がもっとも必要とされ、住民自治の真価が問われる深刻かつ重大な局面において、肝心の拠点が失われてしまったのである。こうして六八年以降積み重ねられてきた住民運動は、頓挫《とんざ》させられていった。

だが、住民自治の文化は、思わぬかたちで引き継がれていく。この前年から、日雇労働者たちが自己を組織化しつつあったのだ。七三年七月一九日に寿町で起きた暴動——それは六五年六月・十月に二度の暴動が起きて以来の出来事であった——は、新たな政治の到来を告げる狼煙《のろし》であったといえよう。[13] この年の越冬の取り組みでは、日雇労働者の集団「寿立会」が中心となって越冬実行委員会が結成され、かれら労働者が活動の中心的主体となりつつあった。また、越冬活動の規模も拡大し、生活館全体が拠点となっていた〔野本、一九七七、七五－七六頁〕。そして、翌七四年の不況下の越冬期に突入していく。「日一日と急迫してくる不況と失業の波は、寿地区の日雇労働者自身の自衛行動へと追い込んで」いった〔加藤、一九七六、二三八頁〕。かれらは、上記の経緯により閉鎖された寿生活館の開放を求め、また、横浜スタジアム工事の求人をはじめとする「職よこせ」闘争を組織し、市役所や県庁へと押しかけた。[14] 横浜市は機動隊を投入しいったんかれらを排除したが、自身の生存を賭けて闘争に打って出た日雇労働者たちは、行政に真っ向から敵対する姿勢を貫き通した。こうして越冬の取り組みは、自治会主導の「年末年始対策」から、労働者による「越冬闘争」へと急旋回していったのである。

　今目の前では、日雇労働者の人々が目をランランと輝かし、闘志をむきだしにしている厳しい犯しがたい姿であった。その中の幾人かはいわゆる常連として相談に来ている人々であった。私は圧倒され、息をのんだ。……この闘いを支えた人々は間違いなく物言わぬ日雇労働者たちであった。運動を指導しているらしき七、八人の人々は常にいた。しかし、その人たちも、ただの日雇労働者につき動かされたのであって、結局は誰しもが〃指導者〃になれなかったのである。野本三吉にこの感じを伝えた時、彼は、「これまでの

牧歌《ぼっか》的運動の時代が終わったんだよ」と言ったものであった。〔村田、一九七九、四七六頁、傍点は原文〕

六〇年代から住民運動を支えつづけた村田由夫《むらたよしお》は、みずから怒りを表明しながら直接行動を繰り広げる日雇労働者たちの姿を目《ま》の当たりにして、そう書き記している。住民運動の挫折の局面を突破し、新たな政治状況を切り開いた主体は、住民である労働者自身にほかならなかった。

七四年以降の闘争の新局面において、攻防の拠点となったのはやはり、生活館だった。横浜市は、独自の事業であるパン券・宿泊券の発行を停止すると同時に、生活館の使用許可を打ち切る方針を出したのである。七五年二月二五日、ついに寿生活館は完全に閉鎖された。しかし

13――この暴動を受けて、野本三吉は以下のように書き記している。「注目したいのは、この十年間、こうした騒ぎがなかったということ、また港湾の合理化が進んできていて、深刻な不景気が迫っているという事実である。／この偶然的な出来ごとが、一つの方向を目指して動きはじめる時、寿町には美しき朝がくるかもしれないのである」〔一九七九、一三三頁〕。

14――具体的な経緯は以下のとおりである。越冬対策実行委員会は、生活館解放を含む要求を横浜市に突き付け、まず三・四階の自主管理を獲得した。また、神奈川県労働部に対して「職よこせ」闘争を展開し、初の越年資金支給をも勝ち取った。かくして越冬闘争の権利を獲得することには成功した。しかし、構造的な不況下にあって、年末年始を越しても求人が回復することはなく、あいかわらず労働者は失業にあえぐ状態がつづいた。そのような状況のなか、越冬対策実行委員会は一月一六日より、行政に対するさらなる要求行動を繰り広げていったのである。

日雇労働者たちは、生活館四階を占拠《せんきょ》し、ひるむことなく自主管理と炊き出しをつづけた。[15] こうして生活館の自主管理は、否応なく占拠闘争と化していった［林、二〇一四、一二〇頁］。七五年五月一八日、このような占拠闘争の渦中《かちゅう》から、寿日雇労働者組合が結成された。生活館の占拠が「不法」とされる状況が解かれたのは、七九年から八〇年にかけてのことだった［鹿児島、一九九八、四〇頁。林、二〇一四、一四九－一五一頁］。

自治と流動のはざまで

以上のように寿町の運動は、住民運動から占拠闘争へ、という軌跡をたどった。そこには、住民自治と流動性との、軋轢《あつれき》をはらんだ振幅が見出される。この点に関しまず指摘しておかなければならないのは、流動性の高い寄せ場において自治を成し遂げることの原理的な困難であろう。上述したように、六九年に結成された自治会には多数の日雇労働者が役員として参加していたが、固定した職場や住居をもたぬかれらは短期間で自治会を離脱せざるをえず、地元の自営業者など定住者のみがとどまる状態になっていた［野本、一九七七、二三一－二三三頁］。また越冬闘争にしても、前年の闘争を中心的に担った労働者は、翌年にはほとんどいなくなるのが常であった［同書、七八頁］。寿町における住民自治は、日雇労働者の流動性ゆえに地盤が崩れる危機、それゆえ定住者のみが主体となってしまう危機と、つねに表裏一体であったといえよう。

だが一方で、新しい政治の地勢《ちせい》を切り開いたのも、同じ流動性だった。寿町の労働市場は、山谷や釜ヶ崎と比べ、港湾労働の占める比重がきわめて大きい。そのような産業構成の相違ゆえに、不況と失業に本格的に突入する時期にズレが生まれ、寿町は一年ほど遅かった。わずかなズレであるように思われるかもしれないが、日雇労働者にとってその意味は重大である。七三年から七四年にかけて、山谷や釜ヶ崎で職を失った日雇労働者たちは、まだ仕事が残っている寿町へと流動していった。活動家もまた、この流動に身を投じていた。山谷・現闘委の活動家は、越冬闘争を組織すべく「一九七三年の夏頃から寿に来て、生活館に出入りしたり海水浴をしたりして〝なじみ〟の労働者を作って」いた。また、そこには釜ヶ崎からやって来た、釜共闘のメンバーの姿もあった〔田中、一九九八、四七頁〕。このようななかで、山谷や釜ヶ崎で積み重ねられた闘争の思想と実践が、寿町にも注ぎ込まれたのである。もちろん、それが住民運動とすみやかに混じり合ったわけではない。「この運動〔越冬闘争〕は、従来の住民運動を担ってきた人々と〝日雇労働者階級〟という明確な意義づけを持つ人々、古くから寿に住み、家庭的な雰囲気を持つ寿を愛する人々と最近寿に来て、この運動を怒りで持って《ママ》担おうとする人々との間に、運動の進め方で大きな混乱を産んだ」〔村田、一九七九、四七五頁〕。「山谷－釜ヶ崎」で結実しながら流動的下層労働者の実践と、寿町で培《つちか》われてきた住民運動とは、衝突や緊張を生み出しなが

15――このような状況のなか、生活館職員は、福祉センターを借りて生活相談をつづけ、七六年以降は閉ざされた生活館のシャッターの前で業務をはじめた〔川本、一九九八、九四頁〕。

から交差したのである。[16]日雇労働者が自己を組織化していく回路は、このような衝突のうねりのなかなかから切り開かれたのだった。

七五年の日雇労働者組合の結成は、寿町が山谷・釜ヶ崎と並び、寄せ場と称される転換点であった。そこに至るまでの道筋は、住民運動の系譜《けいふ》という縦糸と、「山谷－釜ヶ崎」から運ばれてきた流動的下層労働者の実践という横糸とが、もつれあう過程とみなければならない。そのことは、「寿日雇労働者組合」という名称そのもののなかに示唆されている。

寿の場合、山谷現闘や釜共闘ともちがって独自のものがあるんですね。日雇労働組合ではなく、日雇労働者組合と名付けた、その「者」に意味がある。つまり、生きている総体として一人一人の人間を大事にしていくという、そういう意味をこめて、だから、もっと幅広いものをここはもっていると思うんです。〔遠藤、一九七六、二二六頁〕

ここには、「山谷－釜ヶ崎－寿町」と絡み合いつつも、そこには包含《ほうがん》しえない独自の精神が表明されている。それが、寿町という場所に固有の実践として受け継がれた、住民自治の精神なのである。

さらに飛び火する運動——笹島

一九七五年、寿町を舞台としたドキュメンタリー映画『どっこい！人間節《ぶし》　寿・自由労働者の街』(小川プロ)が完成した。この作品の冒頭は、七四年の寿町労働者合同慰霊葬のシーンからはじまる。野本三吉が「寿地区の労働者の手で行われた、この葬儀は、今まで失われていた、ある共同意識への芽ばえのようなものを暗示させるものであった」と述べるように〔一九七七、五〇頁〕、それは寿生活館を拠点として培《つちか》われた自治活動の、集大成というべき行事だった。また

16——その後の展開は、こうした自治と流動との緊張関係を高めていく一方であった。第一に、東京や大阪など他の自治体が越冬対策を打ち切ることで、寿町にはいっそう多くの労働者が押し寄せつつあった。横浜市はこれをおそれ、パン券・宿泊券を打ち切ったのである。第二に、すでにメンバーのほとんどが定住者となっていた自治会にとって、終わりのみえぬ越冬対策は自身の責任をはるかに超えるものであった。それゆえ自治会は越冬対策から降りる旨《むね》を決断したのだが、それが市による越冬対策の打ち切りの口実とされてしまった。第三に、市が寿生活館を封鎖し、越冬実行委員会が占拠しながら敵対する構図のはざまで、住民運動の担い手たちは、ますますの緊張を強いられることになった。

偶然にもこの時期は、寿町が住民運動から労働者運動へと急旋回する転換点でもあり、このうねりのなかで映画上映そのものが運動のメディアとなった。「これまで、日雇労働者組合も、カンパや「どっこい人間節」の上映会で、ほんとうによく、ここまでやってこれたと思う」と書き記されるように、上映会は結成されたばかりの寿日雇労働者組合の支えとなった［同書、二三五頁］。のみならず映画の上映が、ときに出来事を生み出した。以下は七五年五月二五日の記録だ。

その夜、寿児童公園で小川プロの「どっこい人間節」の映画会があり、終ったあと、集まっていた労働者が、そのまま派出所へおしかけるかっこうになり、日頃の不満が爆発して、投石などがはじまり、近くで待機していた機動隊が五分後には出動するということで深夜まで、寿の街は、ジェラルミンの楯《たて》のニブイ光りと、重い機動隊の靴音、労働者の投げる石やビールビンで騒々しかったという。［野本、一九七九、三一七頁］

櫻田和也《さくらだかずや》によれば、映像は「反時代的な力」をもつ。その力とは、時空間を越えて出来事を再生=再現させ、その経験を共有させうる潜在性である。そうして映像は、人々の集合を生み出し、場所を生み出す自律《じりつ》的な力となる［二〇〇七］。じっさいそのような映像の潜在性は、そして、同じ空間に集まって上映を観るという経験の分有《ぶんゆう》は、ドヤ街という物的拠点をもたぬ没《ぼっ》場所的な土地に、寄せ場を根づかせる杭《くい》になったのだ。その土地が、名古屋の笹島である。

映像が生み出す場所

上述したように、笹島のドヤ街は七六年の大規模火災をきっかけに解体された。しかし、ドヤ街が失われたまさにその年が、運動が芽生えていく起点でもあった。前年の七五年九月、名古屋の化学工場で組合活動に携《たずさ》わっていた藤井《ふじい》克彦《かつひこ》は、東京で開催された労働運動活動家交流会に参加し、そこで上映された『どっこい！人間節』に衝撃を受けた。「私は、第三世界（発展途上国）の民衆と国内の底辺労働者の犠牲のうえに私たちの生活・豊かさが成り立っていると考えていて、この映画もただ観るだけではすまされない気持ちでした」［藤井・田巻、二〇〇三、一四八頁］。その思いを胸に藤井は、地元の名古屋で『どっこい！人間節』を上映する会」（以下、上映する会と略す）を結成した。七五年一二月、三日間の上映会は見事成功をおさめ、入場者五五二人、カンパは九万七〇〇〇円あまりが集まった。

上映する会は、引き続き寿町へのカンパに取り組むことを決め、まずは寿町の歴史に関する資料収集やビラ製作にとりかかった。その作業の最中に、足下の笹島で日雇労働者が失業にあえぎ、一一人もの労働者が路上で餓死した事実を知る。「不況で仕事を奪われ、死においやられていく日雇労働者の現実を、同じ労働者として黙認していていいのか？」［同書、一五一頁］。上映する会のメンバーは七六年一月から、名古屋駅周辺や構内で定期的なおにぎりとみそ汁配り（のちに「炊《た》き出《だ》し」という表現に変わっていく）を開始させた。こうして始まった名古屋駅での実践は、国鉄（現在のＪＲ）の圧力にさらされながら、また、労働者たちひとりひとりの声に向き合うことで、変転を遂げていく。まず、炊き出しをするなかで、医療からことごとく排除される労働者の現実に直面し、医療活動に取り組まざるを得なくなった。また、医療活動を積み重ねるなかで、労働者を食いものにしては死に追いやる医療の実態が次々と明るみになり、七六年五月には炊き出しを打ち切って医療活動のパトロールへとシフトしていった。さらにちょうどその時期、駅利用者からの「苦情」を名目として、名古屋駅に起居《ききょ》する野宿生活者に対し「実態調査」を実施したうえで、かれらを施設などに収容していくという市の方針が報じられた。上映する会のメンバーは、この方針に抗議し、対市《たい》交渉を行なうことによって、実態調査の実施をいったん中止させた。炊き出しの活動は、半年のあいだに、医療活動へ、さらには反《はん》排除闘争へと展開していったのである。

七六年一二月、第二回の越冬活動に備え、新たに「名古屋・越冬炊き出しの会」（以下、炊き出しの会と略す）が結成された。こうして、上映する会と炊き出しの会によって笹島の活動が担われていく態勢が整った。その直後、この両輪による活動は、はやくも重大な局面をむかえる。七七年九月末、野宿生活者を名古屋駅構内から追い出す「名古屋駅浄化作戦」を執行する方針を、国鉄が打ち出したのである。上映する会・炊き出しの会は、排除の中止と福祉行政の対応を求め、すぐさま抗議行動を起こしたものの、市当局からはなんら前向きな返答は得られなかった。この壁を打ち破るべくメンバーと野宿生活者たちは、一〇月一日から一三日にわたり、福祉事務所と市役所で座り込みの抗議を敢行《かんこう》した。このような直接行動によって、名古屋における初の越年対策をかろうじて獲得したものの、しかし一〇月二八日に名古屋駅からの強制排除は暴力的に遂行され、野宿生活者は厳寒《げんかん》の路上に追い出されてしまった。

野宿生活者支援から労働運動へ

当初は炊き出しから始まった活動であるが、その闘争領域は、医療や福祉、反排除闘争、越冬闘争へと、またたく間に広がっていった。だが、そのような広大な闘争領域を担うには、生まれたばかりの運動はあまりに脆弱《ぜいじゃく》だった。なにより、野宿生活者の現実に向き合いつつも、労働をめぐる領域にまで踏み込めずにいた。それゆえ、労働者から支援者に対し批判の声があがる場面も相次いだ。

私たち「『どっこい！人間節』を上映する会」は、重苦しい空気のなかで、日雇労働者の切実な要求・思いを踏まえていなかったと反省し、日雇労働者の闘いが生まれようとしている今、その闘いを支援する組織を作らねば、と話し合いました。

〔藤井・田巻、二〇〇三、一七九頁〕

七八年、そのような試行錯誤の果てに、新たな局面が切り開かれていった。この年の二月、上映する会を母体として、弾圧への救援活動を軸とする「名古屋労働者支援会議」（以下、支援会議と略す）が結成された。これを皮切りに、七〇年代末以降、笹島の運動は労働の領域へと急旋回していく。その旋回を駆動《くどう》させたのも、やはり、流動する労働者たちとの邂逅《かいこう》であった。

笹島で労働運動を担いつづけた大西豊《おおにしゆたか》は、七二年、組合活動に携わっていた会社の倒産を機に釜ヶ崎へと流れ入り、寄せ場の労働者となった。時はまさしく、鈴木組闘争（⬇247頁）の時代である。釜共闘のメンバーとして活動した大西は、不況と弾圧のなかで現場闘争が頓挫《とんざ》しゆく時期に、仕事を求めて広島や山谷や寿町、そして笹島を渡り歩いていた。その途上、笹島の吉田建設興業で働いているときに、残業代をめぐり抗議したところ社長に殴打されるという被害を受ける。七八年七月のことだった。大西は、その半年前に結成されたばかりの支援会議を知り、協力要請を行なう。そして、支援会議との共闘を繰り広げるなかで、七八年八月に名古屋寄せ場労働者の会を結成したのである。結成されるや否や、名古屋寄せ場労働者の会は、釜ヶ崎や山谷からの支援を受けつつ、会社や手配師に対する押しかけ争議などの直接行動を繰り広げた。そうしてついに、吉田建設興業からの謝罪を勝ち取った。

> この闘いの意義は、初めての日雇労働者の自主的闘争組織の結成と、支援会議との共闘、笹島初めての労働争議に寄せ場を支配するヤクザの暴力のオドシに屈せず勝利したこと、である。過小な時間外労働賃金の横行にみられるような労働法の無視、労働者に対するオドシ・暴行、労働者の泣き寝入りという暗黒の寄せ場に、光明がさし始めたと言える。
> ［大西、二〇〇六、五〇頁、傍点は引用者］

この一文に示されるように、七〇年代末以降の笹島では、政治的かつ空間的な実践が急速に切り開かれていった。七九－八〇年の越冬闘争においては、通称「オケラ公園」（西柳公園）において団結小屋が設置された。市の許可を得たわけではない、直接行動による占拠だった［大西、二〇〇六、五〇頁］。また、八二年に笹島日雇労働組合が結成されたのち、八五年には笹島労働者会館と笹島診療所が開設された。こうして笹島には、寄せ場と称されるべき実体と環境が、間違いなく創り出されたのである。

当初は『どっこい！人間節』の上映をきっかけとして芽生えた小さな集団性は、寿町の運動を辿《たど》り直すかのように、あるいは「山谷－釜ヶ崎」の闘争を回帰させるかのように、越冬闘争から現場闘争に至るまでの実践を、短期間のうちに生み出した。だが、それは単なる模倣《もほう》ではない。見過ごしてならないのは、これら運動の展開が、ドヤ街という拠点が失われる最中にあって再現されたという事実である。それは、いくつもの線が交差し、絡《から》み合い、蓄積されていく過程であったといえよう。そこで映像とは、ドヤ街なき土地に実践を生み出す杭《くい》となった。そして、労働者や活動家が絶えず流れ混じる偶然の出会いが、それらの実践をより深く根づかせていったのである。

寄せ場とはなにか——流動と過剰

このような移動ルートの方向やリズムの予測不可能性をふまえると、移動の流れは収容所へと吸い込まれて終わるわけではないだろう。しばらくそこにとどまることで、また別の新たな移動の流れとして、イタリアへ、ヨーロッパへと動き出す。移民たちは収容所において待つ、隠れる、とどまる、そこから逃れる。ときには捕まりたくなりまた戻ってくる……。このような予測できないリズムのなかで、移動という行為は展開されている。それはモビリティの流れを、別の流れへと改変するための切断地点・連結地点なのである。ここでも、移動が単なる地図上のある地点から別の地点まで移動する線のようには理解できないことが表れている。

［北川、二〇一〇、一六二頁］

いまや私たちは、寄せ場とはなにかという問いに対して、次のように答えることができるだろう。その欠かせない条件のひとつは、もちろん、前章で論じたような拠点性《きょてん》であり、労働者が空間をみずからのものとして領有《りょうゆう》する過程である。だが、もしそのような過程が釜ヶ崎という場所のみで完結したのであったら、「寄せ場」が山谷や寿町、笹島といった他所をも含みこむ概念となることは、なかったであろう。そこにはもうひとつ、決定的な条件がある。すなわち、それらの場所を互いに絡みあわせる、横断的な闘争の地勢《ちせい》である。本章でみたように、一九七〇年代前半、「山谷－釜ヶ崎」という接続で表わされた闘争の地勢は、「山谷－寿町－釜ヶ崎」へと、そして「山谷－寿町－笹島－釜ヶ崎」へと、飛び火していった。このように飛び火する闘争は、その過程が進むほどに、それら複数の場所をひとことで指し示し、共約《きょうやく》しうるような概念を結晶化させていった。それが、「寄せ場」という概念であった。こうして寄せ場とは、「全国各地の簡易宿所（ドヤ）街を軸にした居住地区を包括する概念」となったのだ〔中山、二〇〇四、二九二頁〕。

では、このような闘争の飛び火を可能にしていたものはなにか。その基盤には、間違いなく、群れをなして流動する労働者の身体があった。複数の身体が見えざる道を拓《ひら》き、そうして拓かれた道をたどって、さらに多くの身体が流動していった。「ここ〔釜ヶ崎〕へ、僕より前にここへ来てんのよね。来て、この霞町《かすみ》いうのをよう知ってたんよ、そこの霞町のことを」。この章の冒頭で紹介したI氏の語りを思い出してほしい。I氏の流動は、「山谷－寿町－笹島－釜ヶ崎」という数多の身体が流動する地下道の暗がりを、ただ地名だけを手がかりとしつつ、ライターひとつでたどるような軌跡であった。だからこそ彼の語りは、寄せ場では、ありふれた話としてある。「流動的下層労働者」という言葉を生み出した船本は、それを聞き逃しはしなかった。そこに彼は、集合的身体が生み出す地勢を嗅ぎとり、摑《つか》みとろうとしたのだ。

収容所を流転するヨーロッパの「不法」移民を論じるなかで北川眞也が指摘するように、かれらが生み出す地勢は、「単なる地図上のある地点から別の地点まで移動する線のようには理解できない」。江戸期の人足寄場に由来する「寄せ場」とは、奇《く》しくも収容所や監獄を名指す語彙でもある（⬇31頁の註9）。私たちが本章でみた流動的下層労働者は、地中海を超えヨーロッパを横断する移民たちと、同じ身体をもつ存在なのではないか。サンドロ・メッザードラは、このような移民たちの社会運動の中心的な要素として、自律《じりつ》性を、そして過剰性を見出した。かれらの移動に、「プッシュ−プル」や「需要−供給」からなる経済法則をあてがってみたところで、とうてい把握されえない。他方でその移動経路は、「家族」や「コミュニティ」といったシステムにもとづく認識の枠組みからも、絶えず逃れ去ってしまう。その移動は、いかなる地図をもってしても把握されえず、それゆえただ乱流としか言い表わしようがないのだ。メッザードラはこの乱流の渦《うず》こそ、階級闘争の根源的領域であると論じた。資本主義にとって、この「厄介な」移動性を制御し、捕獲《ほかく》することは、搾取《さくしゅ》を実現するうえで必須の条件としてある。[17] かたや移民の自律性とは、この捕獲装置から逃れ去り、台無しにすることにこそ賭《か》けられているのだ［Mezzadra, 2004＝二〇一五、二八三−三二六頁］。寄せ場労働者になじみの「トンコ」（⬇90頁）という言葉と実践が意味するのは、この逃走の自律性にほかならない。

この点を踏まえて、本書で論じたことを振り返ってみよう。寿町において、流動する労働者は、住民自治との緊張をはらんだ関係をたえず生み出しつづけた。山谷－釜ヶ崎において、たとえば釜共闘の結成後、労働者ひとりひとりはみずから「釜共闘」を名乗りだし、あっという間に中心メンバーですら全体像を把握できない生態系のようにさえなった。対してその直後の失業の時代には、職や生存を求め労働者たちが流れ去るなか、釜共闘・現闘委は一転して苦境に叩き込まれた。笹島では、そうして流れついた労働者たちの群れが、こんどは闘争を野宿《のじゅく》生活者支援から労働運動へと旋回《せんかい》させていった。活動家や支援者たちは、「ただの日雇労働者」[村田、一九七九、四七六頁]たちにつき動かされ、新たな実践や表現を生み出し、追い抜かれ、裏切られもした。流動する労働者の群れを、だれも統御することはできなかった。労働者の流動性は、つねに過剰であった。そもそも暴動とは社会運動にとって、それとしか言いようのない過剰ではないか。この章で顧《かえ》みた活動家たちは、それに引き寄せられ、また、それゆえに挫折さ

17――メッザードラが指摘するこの論点は、「ディープサウス」の一九二〇年代の労働史にみられる移動性・横断性と位階化・組織化との緊張関係を論じた、酒井隆史による次の論述とも重なり合う。「もともとこのような労働者の高い移動性は日露戦争のあたりには問題視され、あたらしい生産技術の展開に対応する労働力の要請とあいまって、企業内養成制度によるいわゆる「質の高い」子飼いの労働者の形成がもくろまれていたが、さらにそれに加えて、争議の激化に対応すべく資本が活用した戦略は、共済制度のような福祉政策であった。この規律と保障の戦略が排除すべく標的としたのは、「宵越しの金はもたぬ」といった気質をもち、気に喰わぬならばすぐに別の職場へと逃げてしまうとみなされた「わたり職人」的気質であった」[二〇一一、四四四－四四五頁、傍点は引用者]。

せられた。だが、かれらは挫折の苦悩のなかにあってさえ、みずからが引き受けた過剰をかたくなに肯定したのである。それは、見えざる道を拓《ひら》き、新たな空間を生み出しつづけるために、決して絶やしてはならぬ種火だったのだ。

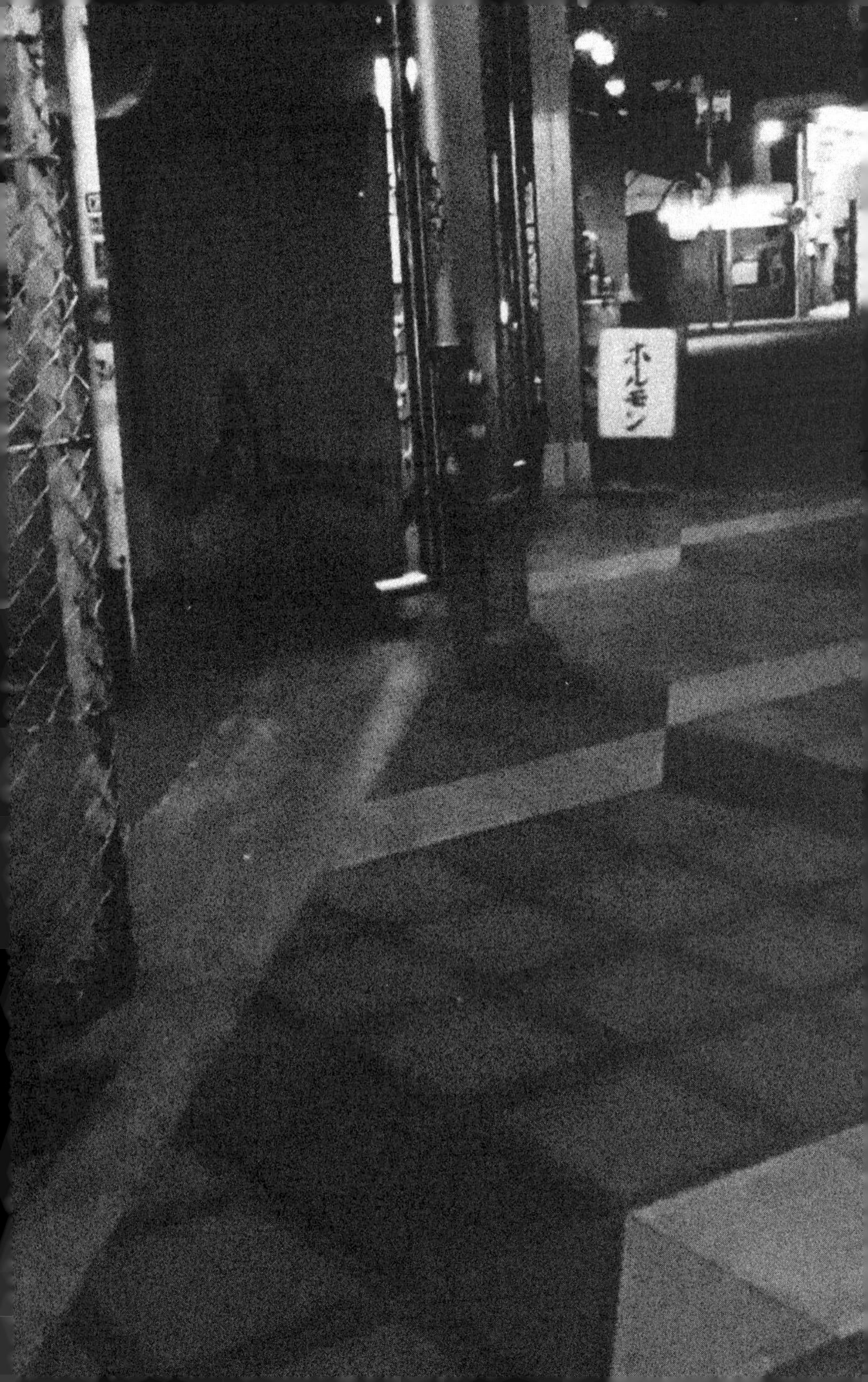
ホルモン

たちしょうべんきんし
立小便禁止

地下の都市、

終章

地表の都市

抑圧された者たちの伝統は、私たちが生きている〈非常事態〉が実は通常の状態なのだと、私たちに教えている。

〔Benjamin, 1940 = 一九九五、六五二頁〕

「新しい天使《アンゲルス・ノーヴス》」と題されたクレーの絵がある。それにはひとりの天使が描かれていて、この天使はじっと見詰めている何かから、いままさに遠ざかろうとしているかに見える。……彼は顔を過去の方に向けている。……きっと彼は、なろうことならそこにとどまり、死者たちを目覚めさせ、破壊されたものを寄せ集めて繋ぎ合わせたいのだろう。ところが楽園から嵐が吹きつけていて、それが彼の翼にはらまれ、あまりの激しさに天使はもはや翼を閉じることができない。この嵐が彼を、背を向けている未来の方へ引き留めがたく押し流してゆき、その間にも彼の眼前では、瓦礫の山が積み上がって天にも届かんばかりである。私たちが進歩と呼んでいるもの、それがこの嵐なのだ。

〔同書、六五三頁〕

これまでの議論は、二〇〇〇年から二〇一一年にかけて実施した調査研究にもとづくものだ。調査の時点では〈現在〉であった状況は、いまとなっては過去になろうとしている。その一〇余年は、空間をめぐる抗争に溢《あふ》れた時代だった。本書の冒頭に書き記した〇八年暴動をはじめ、大阪市内をはじめとする各公園でのテント村強制撤去《てっきょ》に抗する反《はん》排除闘争、釜ヶ崎における労働者の住民票消除《しょうじょ》への抗議行動[1]など、多種多様な闘争が、めまぐるしく展開された。どれほどの物質的・制度的な成果を勝ち取りえたか、ということが闘争を評価する物差しとされるならば——私自身は決してそのように考えないが——これらの闘争がたどった軌跡は、多くの場合は敗北の歴史であった。都市空間から貧民の姿をかき消そうとするジェントリフィケーションと私営化《しえいか》(privatization)の力は、公園や路上といった公共空間を次から次へと塗り替え、それらをテーマパーク的な消費空間へと変容させていった。釜ヶ崎もまた、大きく変容しつつあった。九〇年代以降、日雇《ひやとい》労働市場は縮小しつづけ、二〇〇〇年代以降のドヤ街は、流動する労働者の住《す》み処《か》から生活保護を受給する住人の定住地へ、さらには国内外の旅行客向けの宿へと転換していった。寄《よ》せ場《ば》としての釜ヶ崎は、解体されようとしている。

ところが、同じこの十年のあいだに、思わぬかたちで日雇労働市場が拡張されつつあることが、次第に明らかになっていった。すぐれた文化表現は、ときに都市的状況が向かう趨勢《すうせい》を鮮やかに予示するものである。筒井哲也《つついてつや》の漫画『予告犯』(二〇一一 - 一三年)は、そのひとつだ。パ

1——二〇〇六年、マスメディアや大阪市は、釜ヶ崎内の組合や支援施設に労働者が住民票を置く実態を問題視した。これを受けて翌〇七年三月以降、大阪市は三〇〇〇人以上の住民登録を抹消したのである。労働者の権利基盤を奪うこの行為に対し、幅広い抗議が繰り広げられた。

ワハラによりソフトウェア会社を不当解雇させられた主人公の奥田宏明は、日雇労働者になる。

所持金がまた底をつく
いつものように〝寄せ場〟で〝手配師〟の到着を待つ
ソフトウェア会社をクビになってから俺は日雇い労働者を始めた。
面接も履歴書も必要ない、ただその日にその場所にいれば人手《ひとで》として拾《ひろ》われる。

しかし、〝手配師〟に送り出された先は、暴力飯場《はんば》だった。労働者の命を虫けら同然に扱う親方の飯場に囲い込まれた主人公たち。いつ終わるともしれぬ奴隷労働の果てに、フィリピン出身の移民労働者「ヒョロ」が命を落とす。かれらは、仲間の死体を埋めさせてもみ消そうとする親方に歯向かって殴り殺し、トンコ（➡90頁）する。その先で行き着いた亡命空間は、ネットカフェであった。主人公たちは、虐《しいた》げられた人々に向け、サイバー空間にメッセージを拡散させる。そうして、「シンブンシ」を名乗る匿名《とくめい》的存在となりながら、ネットカフェを流転《るてん》しつつ、情報技術を駆使《くし》した復讐劇を繰り広げていく。

こうした『予告犯』の筋書きは、暴力飯場に囲い込まれた日雇労働者の命がけのトンコや、それを契機に生み出された釜共闘の闘争を、たしかに思い起こさせる。だが同時に、それとは似《に》て非なるものだということに、すぐさま気づかされもする。たとえば「俺が殺す、必ず殺す。

だから何も溜《た》め込むな」と訴えるかれらのメッセージに、かつてのスローガン「やられたらやりかえせ」が有していたはずの群れの熱気や祭りの解放感は、かけらもみられない。かれらのなす行為は、ネット空間での見せしめの暴力によって、虐《しいた》げられた人々の「鬱積《うっせき》」を解消させる。人々はその画面に釘付けとなり、受動的な観客の立場に押しとどめられるばかりだ。描かれる都市の風景もまた、無機質である。ネットカフェを舞台とする『予告犯』において、労働者でむせ返るドヤ街の街並みが描かれることはない。寄せ場は、携帯電話をつうじた「デジタル寄せ場」へと化し、ドヤ街はネットカフェへと成り代わった。『予告犯』が描き出すのは、ドヤ街を欠いたまま日雇労働市場が日常生活のなかに溶け込んでいく、現代都市の閉塞《へいそく》状況だ。

じっさい日雇労働市場の変質と拡張は、とどまることなく進行している。二〇一一年三月一一日、東日本大震災が起き、福島第一原発で原子炉がメルトダウンした。多くの人が知るように、「復興」という言葉のもと、被ばくを避けられない労働に、多数の「作業員」――なぜ「労働者」と呼ばれないのか――が動員されている。第1章でみた港湾運送業の重層的下請け構造は、建設業や製造業にも共通する特徴であった。原子力関連産業も、同様である。重層的下請け構造の最下層部で、いかなる経路を経て、どれだけの労働者たちが動員されていることか。そして、かれらがどのような労働を強いられ、犠牲となっているのか。その全体像は、闇のなかに隠されたままだ。

そのような状況から目を背けさせるかのように、二〇二〇年に東京オリンピックが開催されることが二〇一三年に決定された。東京改造プランの青写真が公表されたのち、カネと欲得にまみれた政治的ドタバタ劇が世間を騒がせた。ところでいったい誰が、都市改造の建設労働を担うのか。労働力をかき集めるために、政府は建設業分野での技能実習制度の規制を緩《ゆる》め、海外からの移民労働力を「実習生」――ここでもかれらは「労働者」とは呼ばれない――という名目で大々的に活用することを決定した。第2章で論じたように、かつて七〇年万博《ばんぱく》（⬇153、295頁）は、釜ヶ崎という空間を創り出した。そして、使い棄てた。同じことを二〇二〇年東京オリンピックでも繰り返してしまうのか。そのように自問することもなく、六四年オリンピックや七〇年万博は、経済成長の栄光として懐古《かいこ》されつづける。そのかたわらでは、会場予定地とされた公園から、野宿生活者が暴力的に立ち退かされている。

3・11を経てなお、都市は止まらない。労働者や住民の身体を蝕《むしば》み、生命力を搾《しぼ》り取りながら、巨大化しつづける。人間の生活のためにインフラがあるのではなく、インフラの資産価値が無に帰すのを防ぐために、生活や生命が延命剤として投与される。そのような転倒が、イデオロギーの糖衣で包まれることさえなく、まかり通っている。都市は、略奪と搾取《さくしゅ》の装置としての本性をさらけ出す。暴走するこの巨大な収奪装置は、ひとつひとつの出来事に絶望する暇《いとま》さえ与えぬまま、私たちを錯乱状態に陥れる。そうして人々を、向かう先には破綻しかありようのない未来へと進む回路に流し込み、途切れたはずの時間を無理矢理に再稼働させる。

開いた翼に吹きつける進歩という名の嵐に押し流されて、その顔を過去の方へと向けるヴァルター・ベンヤミンの「新しい天使」とは、現代が強いる時空間に流されまいと身もだえする、私たちの生そのものである。

「社会の総寄《そう》せ場化」や「釜ヶ崎の全国化」という言葉が用いられるようになったのは、二〇〇〇年代半ばのことだった。いまや、裏表はひっくり返された。例外的だったものが常態となり、非日常は日常となった。私たちはすでに、釜ヶ崎的状況を生きている。寄せ場の記憶をたどることは、単なるノスタルジアではない。過去は、私たちがどのような状況を生きているのかを測り直し、生き残る術《すべ》を手繰《たぐ》りよせるために、かろうじて手元に残された手がかりなのだ。締めくくりとなるこの章では、都市的状況が向かおうとしている趨勢《すうせい》について、考えをめぐらせてみたい。裏表がひっくり返った現在を地図化することはおよそ不可能であり、私の力量をはるかに超える。だが、寄せ場の記憶が耳打ちする声をたよりに歩《ほ》を進めるならば、その糸口を探り当てることができるだろう。ここに書き記すのは、状況の断片的なメモ書きをつなぎあわせた、フィールドノートである。

社会の総寄せ場化

釜ヶ崎に生きた詩人の寺島珠雄（➡180、218、227、244頁）は、流動的下層労働者の自律《じりつ》的な存在にこだわりつづけた書き手のひとりだった。第4章で述べたように、一九六〇年代後半に新聞等のマスメディアで当たり前に用いられていた「労務者《ろうむしゃ》」という表現を、日雇労働者に対する差別であるとしていちはやく告発した寺島は、七〇年代に入ると一転してこの言葉を積極的に用いるようになった。そうすることで、市民社会へと包摂《ほうせつ》され得ぬ寄せ場の自律性を浮き上がらせようとしたのである。ところで、「労務者こそが未来をわがものとする労働者である」〔船本、一九八五、五三頁〕と高らかに宣言した船本洲治（➡207、244、284、301頁）とは対照的に、寺島は未来に対しては固く口を閉ざし、ひたすら過去へと潜《もぐ》るのが常であった。しかしこの詩人が、将来的な下層労働者の展望を珍しくほのめかした箇所がある。

釜ヶ崎・山谷《さんや》などの流動的下層労働者群の存在は、いまのところ、資本主義体制が使い棄てのために造出する安価な労働者というふうに解されている。たしかに、大筋はそうである。つまり流動は初発において可視《かし》・不可視の強制によっているというわけだ。／

だが、それですべてが割り切れはしない。／主体的に流動を志向する層も、いまは明らかにある。たとえばヒッピーと呼ばれるような層、たとえばいわゆるアルバイトの継続で生活する層がまずそれだ。また、可視・不可視の強制で流動化した者のなかに、流動を主体的なものに変換している者は少なくない。［寺島、一九七八、一七六－一七七頁］

このようにして寺島は、日雇労働者の流動性のうちに、資本主義が強いる可視・不可視の強制のみならず、労働者みずからが流動を主体的なものに変換する契機《けいき》を見出す。だが、このように「流動的下層労働者」の将来的展望を口にするとき、現在からみるならば、彼はあまりに楽観的だったと言わざるを得ないのではないか。寺島が述べるような流動の主体性に対しては、一九八〇年代に「フリーター」という用語があてがわれるようになった。当初は主体的な響きを宿していたその言葉は、しかし、八〇年代後半以降の度重なる労働市場の規制緩和のなかで新自由主義的な用語として簒奪《さんだつ》され、資本と国家の要請に従って生み出されるような、強制的自由を意味するものと化してしまった。

「日雇労働者がリハーサルをし、フリーターが本番を演じている」［生田、二〇一六、二七四頁］と表現されるように、現代の「フリーター」や派遣労働者などのプレカリアートは、伝統的に釜ヶ崎の日雇労働者が背負わされてきた宿命をそのままに受け継ぎ、背負わされている。この点をもって「社会の総寄《そう》せ場化」が唱えられるのだが、そこには大きな断絶があることを見過ごしてはならないだろう。古くからの労働者と、次世代の労働者は、同じ境遇にありながら、別々の世界へと分け隔《へだ》てられているのだ。

たとえば仕事を探す際、かれらはまったく異なる経路をたどる。釜ヶ崎の日雇労働者であれば、早朝の寄せ場におもむき、手配師や業者と顔を合わせて就労《しゅうろう》するものだった。これに対し現代のプレカリアートは、携帯電話で翌日の仕事を探し、指定された集合場所へと向かい、そうして就労にたどりついていく。ビフォが表現するように、「労働者をよぶケータイの着信音が、その抽象的時間を網状《もうじょう》流動体に再結合する呼び鈴《よりん》なのである」[Berardi, 2009＝二〇〇九、四八頁]。かれらに必要なのは、早朝の寄せ場に足を運ぶことではなく、求人業者のパソコンに個人情報を登録すること、そしてなによりも、決してケータイを手放さないことである。

かたや居住の側面はどうか。二〇〇八年一〇月、大阪ミナミのビデオ試写室で起こった火災により、施設内で一五人が命を落とした。犠牲者のうち数名が身分証明を所持しておらず、身元がすぐに判明しなかったことから、このビデオ試写室が持たざる者の「安宿《やすやど》」として利用されていた実態が明らかとなった。このとき想起されるべきは、一九七〇年代の釜ヶ崎で多発したドヤ火災である。万博に向けた空間改造のなかで「カイコ棚《だな》式」や「カンオケ式」へと建て替えられ(➡160頁)、内部に小部屋を密集させたドヤは、中央部分に空洞をもつ、巨大な煙突のような構造となった。ひとたび火災が起きようものなら、火の手はあっという間に建物全体を包んだ。そればかりでなく、警察の指示により部屋から寝具が盗まれないよう（あるいは部屋からの投石を防ぐよう）窓には鉄格子《てつごうし》がはめられ、宿泊者は火災が起こった際の逃げ場を失った。これらのことから、七〇年代のドヤ火災で何人もの労働者が命を奪われたのである。▼2

二〇〇八年のビデオ試写室の火災においても、入り口が一ヶ所しかない構造によって、多数の犠牲者が生み出された。七〇年代の釜ヶ崎におけるドヤの悲劇は、かたちを変えて、現代都市のただなかで再現されたのである。この事件が明かしたのは、釜ヶ崎の日雇労働者に対してドヤが担ってきたのと同じ役割を、ビデオ試写室やネットカフェといった都市の消費施設が担っているという事実だった。

寄り場なき都市空間

携帯電話、ネットカフェ、ビデオ試写室――情報技術を装填《そうてん》したこれらの諸装置が、現代のプレカリアートをかつての労働世界から分け隔てている。マニュエル・カステルは、情報技術を梃子《てこ》として生み出されつつある現代社会特有の空間を、「フローの空間」と呼んだ。カステルに言わせれば、それは「商業社会ないし産業社会の組織化において「都市」や「地域」が担っていたものに比肩《ひけん》すべき、一つの空間形態」であり、そこにおいて「場所は消失しないまでも、その論理や意味はネットワークに吸収されてしまう」[Castells, 1999: 257]。フローの空間をつうじた都市化の過程は、面的な場所や地域を生み出す従来の論理を後退させて、点と線からなるネットワークの論理を前面化させる。ドヤが集積することで形成された釜ヶ崎という場所が、ケータイの個人的所有やネットカフェの点在にとって代わられつつある事態は、たしかにこの傾向を具現《ぐげん》しているようにみえる。

だが、そのような空間の再編を、変容する社会構造の「表現」と捉えるカステルの論は、当の構造が支配的になりゆく過程にこそ空間の政治が存することを、見落としてしまっているように思われる。その過程は、労働者たちの拠点を根こそぎにしようとする階級戦略そのものなのだ。だからこそアンディ・メリフィールドは、現代都市を支配しつつある空間の生産過程に対し、「ネオ・オスマン化」という名を与えた。オスマン化という言葉で示される一九世紀パリの都市改造の経験を踏まえつつ、メリフィールドは述べる。「二一世紀の大通りは……その多くが光ファイバーでデジタル化され、そうして物的空間のみならずサイバー空間をも爆発させている。ネオ・オスマン化とは、周辺化された人々についてなにごとかを語ることをもはや無意味にさせてしまうほどに、あらゆる場所で何百万人もの人々を周辺化させるような、グローバルな都市戦略である」[Merrifield, 2014: 29]。序章で述べたように(⬇37頁)、ジョルジュ・オスマンは、大通りの貫通《かんつう》によってパリの労働者街を解体させることで、労働者階級の力を奪った。これに対し現代のネオ・オスマン化の過程は、都市空間の隅々にサイバー空間の回路を走らせようとしている。

「デジタル寄せ場」による寄せ場の代替《だいたい》が意味するのは、労働者たちを特定の地点に、集合的にとどめおかねばならないという場所の縛《しば》りから、資本が解き放たれたということだ。その時々の労働力を必要とする業者にとってみれば、わざわざ釜ヶ崎のような労働力供給地に足を運ぶことは必ずしも必要ではない。いまやかれらは、登録された電話番号をつうじて集合場所の指示を送ることで、調達すべき労働者の頭数《あたまかず》を揃える術《すべ》を手にしているのだから。かくして、寄せ場は素通《すどお》りされる。労働者の伝統的な拠点であったその場所は、力を奪い取られ、解体の危機にさらされる。他方でサイバー空間へとつなぎ留められた次世代の労働者たちにとっては、かつてのドヤ街のような拠点は、あらかじめ奪われている。似たような境遇に置かれた者同士が群れと化すための物的条件を持たぬまま、かれらは「スムーズに」流動させられる。[3]

2――七〇年代釜ヶ崎のドヤ火災の概要は以下のとおりである。一九七五年三月一〇日、「千成《せんなり》ホテル」の火災による被害者は、死者四名、負傷者六四名に達した。その後も、七七年一一月二一日に「新大阪」の火災により二名が死亡、七八年四月二六日「北ぐに」の火災により一名が死亡するという惨事《さんじ》がつづいた。

このような事態を目前にするとき、序章で述べたように、釜ヶ崎が「寄せ場」とも「寄り場」とも言い換えられうる場所だったという事実が、あらためて重要となるだろう。釜ヶ崎とは、使い勝手の良い労働力を寄せ集めるべく、産業資本の要請によって生み出された空間である。しかし、釜ヶ崎という空間への労働者の凝集《ぎょうしゅう》は、資本にとって厄介な集合的身体を生み出す種火《たねび》ともなった。そこから、「寄り場」としての釜ヶ崎が生成したのである。そのありようを、いまいちど振り返ってみよう。

上述したように、釜ヶ崎が日雇労働力の供給地へと改造されるなかで、より多量の労働者人口を収容するべくドヤの大規模な建替《たてか》えが起こり、その内部構造は寝床《ねどこ》のみに特化した狭小な「個室」へと転換された。だからこそ、食べる、呑《の》む、語るといった日常生活の諸機能は、食堂や立ち呑《の》み屋、路上や公園など、街《まち》の至るところに拡がっていった。その当時を知る活動家は、次のように語っている。「〔ドヤの一室は〕畳《たたみ》一枚でしょ？　畳一枚で、夏になるとね、みんな表《おもて》に出て寝てるの。……もう、そんなドヤんなかで寝られないわけさ。大阪暑《あつ》くって。夜なんか、そこの通りが全部もう、寝てるわけ[4]」。あるいは、日雇労働者のY氏は、かつての居酒屋の活気をこう振り返る[5]。「あの時分でしたら居酒屋なんかはひと財産残してるやろな。もう人間で人間でなあ、もうあんだけの人間がどっから集まってきたと思うぐらいやな」。ここで注目したいのは、居酒屋で繰り広げられる労働者の会話だ。

（筆者――**飲み屋ってどういう話するの？**）

やっぱり世間話が多いな。仕事のことをな、「俺が行ったとこケタオチ（⬇248頁）やー、もう明日行かんぞー」いうてな。そんなんがな、話題になってな、呑んで、それで発散してた。

（筆者――**そこで職場の情報がまわるんですか？**）

そうそうそう。そんなんがな、〔労働者のあいだに〕拡《ひろ》がるやろ。そんなら朝手配に来るや

3――こうした寄せ場の解体と再編の傾向を、一九八〇年代の時点で山岡強一はすでに予見していた。「寄せ場の高齢化問題に付随《ふずい》しては、寄せ場にも来ないで新聞紙上の広告だけに依存している層の実態みたいなものを、もう一度見てみる必要があるんじゃないかな、と考えています。そういう層がけっこういて、新聞紙上がひとつの小さな労働市場みたいなものになっているっていうことがあるのかもしれない。……好況期だと山谷へ行けば、ちょっと若くても直ぐ鳶《とび》でなんぼか銭稼《ぜにかせ》げるんだけど、今はそんな時代ではない。万博だと大阪へ行けば、グループ組んで請け仕事すればいい銭稼げるっていう、そういう時代ではないからね。若い人も寄せ場に来なくなっているんじゃないか、と思います。……だって、寄せ場へ来てしまったら、仕事にありつくのも新聞で行くのとあんまり違わない単価でしょ。そしたら、流れてきて薄汚い人間と付き合うよりも、三畳間の安アパートにいて、仕事へ行って即《そく》帰ってくるとか、テレビでも見ているか、繁華街をふらついていればいいんだものね。その方がカッコイイし、と。そんなふうもあるんかなあ、と思ってるんです」〔山岡、一九九六、三六三―三六四頁〕。

4――全港湾西成分会活動家N氏への聞き取り、二〇〇五年九月一七日実施。

5――釜ヶ崎日雇労働者Y氏への聞き取り、二〇〇二年五月八日実施。

ろ、そしたら〔手配師の車に〕乗《の》れへんねん。その点はっきりしてたで。

本書で繰り返し論じたように、釜ヶ崎の労働市場を介した就労は、条件違反や暴力の危険がつねにつきまとい、最悪の場合にはヤクザの経営する飯場へと囲い込まれることもあった。このような「ケタオチ」労働を回避するために、労働者は路上や居酒屋で情報を交《かわ》し合っていた。釜ヶ崎の社交性には、かれら日雇労働者の日常的な抵抗の論理が内包《ないほう》されていたわけだ。

また、これまでたびたび引用した『労務者渡世《とせい》』〈⬇242頁〉の特集のひとつに、「らくがき——俺たちの情報」がある。あいりん総合センターや駅の構内、ガード下といった、釜ヶ崎の各所の壁に書き記された落書きをかき集めた特集だ。たとえば、次のような落書きが収録されている。「東大阪の藤田組／ヤクザ飯場／働いても金支払わず／行くな」。この落書きを紹介しつつ、『労務者渡世』はこう続ける。「これは地下鉄動物園前駅、作業服の丸源や立ちのみの足立酒店総本山の前の階段を降りて行ったところの便所にありました。東大阪市は飯場が多くて、藤田組というのが市内のどこにあるかはわかりません。しかし、名前さえ覚えとけば大丈夫です」〔寺島、一九七八、二三八頁〕。こうした情報は、一部一〇〇円で巷《ちまた》を流通する『労務者渡世』の誌面を媒介として、あるいは路上や居酒屋での数多《あまた》の会話をつうじて、労働者の身体を広く駆け巡ったことだろう。[6]『労務者渡世』が時代を超えて私たちに見せるものとは、第4章で論じたような、七〇年代・釜ヶ崎の寄り場の論理である。

これに対しネットカフェは、かつてのドヤとは異なり、集積して「街《まち》」を形成することはない。それは、駅前やロードサイドに分散して立地するばかりである。ひとりひとりを薄い壁で区切った室内は、釜ヶ崎の喧騒《けんそう》とは正反対に、いつも静まりかえっている。各室の個人はインターネットで遠い誰かに接続されていながら、隣室に住まう者との接触は厳格に封じられる。その空間内に共有しうるものはなにひとつ見当たらず、壁を隔てた者同士の社交は起こりようもない。空調の効いた室内で、パソコン画面を前にしながら、個人は個であることを果てしなく強いられ、群れとなることを許されない。そこにあるのは、牢屋のなかに拘束された身体《からだ》だ。じっさい、天井に設置された監視カメラが、狭い「個室」が居《い》並《なら》ぶフロアに目を光らせている。

6——ドヤ街における労働者間の情報伝達の速さについて、かつて山谷現闘委で活動したN氏は次のように振り返っている。「若い二〇代や三〇代は、仕事を求めて、かなり激しく流動してましたね。賃金の高いところは、すぐね、情報が伝わりますので、そっちへ流れていくんですよね。広島が高いといったら、釜《カマ》の辺《あたり》から、変な奴がドドーっと来るわけですよ。で、高かった、実際ね。（筆者——そういう情報って、どこで拡がるんですか？）人づてで。行って、帰ってきたら、ドヤで、ピャピャピャピャと……もんのすごい、情報は、早く伝わるんです。……やっぱり、生活基盤、ドヤっていう拠点、あなたがおっしゃったように、ちょこっと大きなドヤがあると、そういう貧民街があると、すぐ伝わります。もう、たちどころに。……情報早いんですよ、インターネットより早いんですね」［元現闘委活動家N氏への聞き取り、二〇〇九年三月一五日実施］。

聞こえてくるものといえば、どこの誰かもわからない住人の咳《せき》やいびきぐらいのものだろう。数時間単位のパック料金で切り売りされる時間の経過は、じっと佇《たたず》む身体と精神を、ひたすら追い詰めていくばかりだろう。「社会の総寄せ場化」に覆《おお》われた都市を支配するのは、動きを欠いた不気味な静止であり、地表への拘束である。

私営化とジェントリフィケーション

二〇〇〇年代とはまた、公共空間をめぐる占拠《せんきょ》闘争の時代だった。九〇年代以降の失業は、寄せ場の日雇労働者のみならず、一般労働市場の労働者からも職と住まいを奪った。大阪をはじめ大都市の公園や河川敷《じき》、ガード下には、野宿生活者の姿があふれかえった。住まいを奪われたとて、かれらはどこかの空間を占めねばならない。生活をつくり、身を守るために、ときには集住しなければならない。とくに大阪市内のさまざまな場所では、テント村が生み出されていった。それまで釜ヶ崎という例外的な空間に封じ込められてきた不安定就労、貧困、野宿といった問題は、都市全域へと爆発したのだ。そして、差別や襲撃、なにより排除の圧力に抗する占拠が、都市下層の闘争の最前線となった。

二〇〇六年、市内中心部の靭《うつぼ》公園・大阪城公園に起居《ききょ》していた野宿生活者のテント村に対し、行政代執行《ぎょうせいだいしっこう》が強行された。この措置に対し、野宿生活者や支援者は団結小屋をつくり、強制撤去を阻止すべく対抗行動を繰り広げた。翌〇七年には、こんどは市内南部の長居《ながい》公園でも行政代執行が動き出した。行政代執行という強権が乱発される事態は、まさに異常であった。この暴挙に対し、当事者や支援者は、演劇や太鼓を駆使した抵抗を繰り広げた。しかし、これらの激しい対抗にもかかわらず、行政代執行はとどこおりなく遂行され、テント村は跡形もなく消し去られた。現在、公園とその近隣は丸ごと塗り替えられている。公園のまわりには最先端の都心居住を謳《うた》うマンションやショッピングモールが、競い合うように建設されていった。大阪城公園の運営の主導権は、私企業の共同事業体へと貸し渡されてしまった。こうした帰結を踏まえるならば、テント村の強制撤去は、公園をたんに「適正化」するために行なわれたのではない。それは、ジェントリフィケーションを駆動させるための露払《つゆばら》いであった。つまり高所得の居住者を招き入れるための美観の押し売りであり、目ざわりな貧民の追い払いだったのだ。ジェントリフィケーションとは、そのスマートな外見とは裏腹に、むき出しの敵意に満ちた報復と失地回復の過程でもある。

釜ヶ崎のすぐそばに位置する天王寺《てんのうじ》公園の改造は、このような都市再編過程の先駆けである。

一九〇三年に開催された第五回内国勧業《ないこくかんぎょう》博覧会の跡地開発の一環として造成され、市内でも有数の広さを誇るこの公園では、もちろん、日雇労働者が憩《いこ》う姿や、野宿生活者が暮らす姿も当たり前のものだった。だが、アーバンルネッサンスの掛け声のもと都市開発が激化した八〇年代、公園の姿は急激に変わった。その幕開けは、一九八七年に公園を会場として開催された、天王寺博覧会だった。「いのち生き生き」というテーマを掲げた博覧会の開催目的は、来たるべき関西国際空港の開港に向け「大阪の南玄関」としてのイメージを売り出し、地域一帯を「活性化」させることにあった。この博覧会の開催には天王寺公園の再整備計画が織り込まれ、博覧会前後の二年間、公園は閉鎖された。そして九〇年二月に新規開園した際、利用者は驚くべき景観を目にすることになった。四一〇〇本の樹木が切り払われた跡には、コンクリートで固められた、無機質な空間が広がっていた。さらに、公園の全域が有料化され、高さ三メートルのフェンスが張り巡らされていたのである。公園改造の目的とは、日雇労働者や野宿生活者を締め出し、その姿を見えなくさせることにあった〔都市と公園ネットワーク、一九九四。永橋・土肥、一九九六〕。ジェントリフィケーションという概念がもつひとつの含意とは、「浄化《クレンジング》」である。

かつて丹羽《にわ》弘一《ひろかず》は、天王寺公園有料化が体現する「排除の風景」に対し、次のような問いを投げかけた。「雑木林を切り開き、あたかもその跡に植えられる苗木《なえぎ》のように移植された都市。これこそ支配－監視の空間の、最も完成された姿の一つではないだろうか」〔一九九八a、八六頁〕。この問いの重要度は、いっそう増している。駅前にそそり立つ「あべのハルカス」（資料6－1）

資料6-1　**釜ヶ崎から見た「あべのハルカス」**
（筆者撮影、2015年）

が象徴するように、公園周辺のジェントリフィケーションが急激に加速しているのだ。[7] このなかで天王寺公園は再改造され、二〇余年の年月を経て、ようやくフェンスが取り払われた。けれどもこのとき、公園そのものが消費空間へと様変《さまが》わりさせられていた。「てんしば」と命名されたエントランスエリアの運営は近鉄《きんてつ》不動産に託され、有料のカフェやレストランやフットサルコートが芝生の広場をずらりと取り囲む。目の前に拡がるのは、ショッピングモールとなんら変わらない空間だ。じっさい、リニューアルされた公園のなかでは、子どもを遊ばせるにも犬を散歩させるにも金《カネ》がかかる。したがって、フェンスの取り払いは、公共空間が寛容《かんよう》さを取り戻したことを意味するのではない。フェンスがもはや無用の長物とみえるほどに、公園の私営化と貧民の不可視化は徹底的に進行したのであり、長い時間をかけた浄化の過程が完了しようとしているのだ。天王寺駅前を起点としてジェントリフィケーションが四方八方に拡がるなか、その波は上町《うえまち》断層からあふれ出て、ついに釜ヶ崎へも押し寄せてきている[8]〔生田、二〇一六、九－四一頁〕。

ニール・スミスがいうように、ジェントリフィケーションとは階級的征服の過程である。またそれは、都市の社会史を塗り替える過程でもある。「新たなる都市の開拓者たちは、都市に磨きをかけ労働者階級の地理と歴史を拭《ぬぐ》い去ろうとしている。彼らは都市の地理を塗り替えることで、新しい未来を先取りし正当化しうるものへとその社会史を書き直す。……もともとの建築構造を物理的に抹消《まっしょう》してしまえば、社会の歴史と地理は消し去られる」〔Smith, 1996＝二〇一四、四五頁〕。いま、日雇労働者や野宿生活者を追い払うべく公園が有料化されたという歴史的事実や、それに抗する運動が巻き起こったという対抗の経験が、丸ごと消し去られようとしている。

これと同じような記憶の忘却と改ざんの過程は、大阪港でもみられることだ。一九八〇年代に「築港《ちっこう》」(⬇56頁)という名を拭《ぬぐ》い去りながら生み出された「天保山《てんぽうざん》」の再開発地は、いまでは周回遅れのさびれた様相を呈している。そのような過程を経て、再開発のフォーカスは反転し、築港の南側にスポットが当てられるようになった。このなかで「築港」という地名は、装いも新たにブランド化された。

二〇一五年、築港の南側に残存する赤煉瓦《あかれんが》倉庫には、クラシックカーを展示するミュージア

7――天王寺公園有料化後も、公園にかろうじて残された通行用の無料空間には、青空将棋などの営みがところ狭《せま》しと凝縮されていた。なかでも青空カラオケは、天王寺公園の名物というべき営みだった。大音響で歌声を響かせる青空カラオケの光景は、清潔だが無機質な有料空間に対抗するような、圧倒的な存在感をもっていたのである。だが二〇〇三年一二月に、この青空カラオケも行政代執行により強制排除された。いまは失われた青空カラオケの日常や抵抗は、ドキュメンタリー『公園』(監督・山川宗則)に記録されている。

8――二〇一六年三月、釜ヶ崎地域内の花園公園において、ついに行政代執行が遂行されたことをここに記さなければならない。

ムがオープンした。そこに併設《へいせつ》された高級ステーキハウスは、ドレスコードを課し、ハーフパンツやトレーナー、サンダルでの入店はお断りである。第1章や第3章で論じたように、この地はかつて、港湾労働者がひしめく労働の空間であり、「海のストライキ」(⬇174頁)が闘われた舞台であった。労働者たちは、汗と汚れにまみれながら、日々過酷な労働に携《たずさ》わっていた。ふたたび平井正治(⬇63、82、186頁)の言葉に耳を傾けよう。

この入浴でも、汚れ仕事で、とくにスクラップとか、黒鉛の粉末、牛や馬の生《なま》の皮のくさい蛆虫《うじむし》わいた、あんな仕事して上がってきた時いうのは、港区に風呂屋が何軒かあるけど、風呂屋の下足場《げそくば》に、その仕事に行った人は身体を洗って来てくださいと。風呂へ行くのに、汚れを先に、冬でも、職安の水道で洗って下足場に新聞敷《し》いて全部丸めこめておいて、そうでないと風呂へ入《い》れてくれへん。

〔平井、二〇一〇、一八四頁〕

この地に眠る港湾労働者たちの魂もまた、ドレスコードを課された高級ステーキハウスでは、入店お断りなのだろう。にもかかわらず、その店は謳《うた》う。「古きもの新しきものそれぞれの良さの融合、ヨーロッパの趣《おもむき》とアメリカのスタイリッシュさの融合……こだわりぬいた店内はまるで海外映画のワンシーン。過去、現在、そして未来へとここで生まれるお客様と、レストランの物語が時を超えて繋《つな》がれていく」。新たに生み出されつつある過去と未来の時空間のなかで、かつてこの地で生きてきた労働者の記憶は、抹殺される。

二〇一二年一〇月、大阪駅前のガード下で野宿をしていた五人の労働者が少年たちに襲撃され、富松国春《とみまつくにはる》さんが暴行の末に虐殺された。事件を報じた新聞記事は、こう伝える。「「もう少しで目がつぶれるところだった」と凄惨《せいさん》な事件について語った男性は先月下旬、「もう怖くていられない」と数十年にわたり慣れ親しんだ「寝床《ねどこ》」から突然、姿を消した」[9]。生田武志が論じるように、少年たちの暴力は、社会の奥深くに組み込まれた野宿生活者に対する構造的暴力を代執行する蛮行《ばんこう》だった［二〇〇五］。それは、一九八二年から八三年にかけて横浜で起きた「浮浪者」襲撃殺人事件以来、過去に何度となく繰り返され、いまなお作動をつづける暴力である。しかし、この凄惨な事件からわずか数年後の現在のガード下は、まるで何事もなかったかのような装いをみせている。駅前を中心とする梅田《うめだ》一帯は、都市開発の熱狂に沸《わ》き、多幸《たこう》症にとりつかれたような空気で覆われている。富松さんは、二度にわたり殺されたというべきではないか。一度目は、少年たちの手によって、生命を奪う殺害として。二度目は、富松さんたちがそこで確かに生きていたという、記憶の抹殺として。

9——『毎日新聞大阪市内版』、二〇一二年一一月九日。

寄り場のゆくえ

酒井隆史は『通天閣《つうてんかく》』において、新世界−釜ヶ崎を軸として裾野《すその》のように広がる地勢《ちせい》を、「ディープサウス」と呼んだ。そうして、その地勢のぬかるみに足を取られまいとして描き出される資本主義のユートピア的構想が、民衆のうごめきによって絶えず台無しにさせられる過程の内にこそ、「大阪的なもの」の本質があることを見抜いた〔二〇一一〕。市場原理のスローガンのもと資本主義が暴走し、ジェントリフィケーションが都心を食い荒らすなかで、ディープサウスの地勢は掘り崩され、「大阪的なもの」は自壊《じかい》させられようとしている。貧民がさまよう姿は、ビジネスや消費者を不愉快にさせてしまわないよう、用意周到に視界からかき消される。もちろん、貧民が「見えなくなる」ということが、貧民の非在を意味するわけではない。「総寄せ場化」がひろく覆《おお》い尽くしているならば、それだけ多数の貧民が生み出されているはずだと考えるのが、当然の推論だろう。けれども私たちは、推論の域を超えることができずにいる。現代の貧民は、生身の存在で都心に入場することを禁じられ、統計的数字にとどめおかれる。はたして都市的なるものは、息の根を止められてしまったのだろうか。寄り場が生成する可能性をどこかに見出すことは、いまなお可能だろうか。

いまいちど、私たちの来た道をたどり直そう。「流動的下層労働者」という概念を生み出すことで船本洲治が掴《つか》もうとしたのは、寄せ場の日雇労働者がもつ横断性の力であった。たとえば暴力飯場に囲い込まれるような危機に対し、命をかけてトンコすることは、寄せ場の日雇労働者が自身を守るための、もっとも基本的な実践術《サバイバル》だった。釜ヶ崎で仕事が尽きたならば、山谷《さんや》へ、寿町《ことぶきちょう》へ、笹島《ささしま》へと流動することもまた、労働者たちにとって当たり前の実践としてあった。第5章で論じたように、そのような流動の自律《じりつ》性を手放さなかったことが、日雇労働者の強みであり、力の根源だった。

そうであるなら、流動の自律性や力能《りきのう》が奪われるとき、それは寄せ場の労働者にとっての「死」を意味する。そう考えるならば、いわゆる「ホームレス問題」に対する捉え方もまったく違うものとなる。通常「ホームレス」という言葉が喚起《かんき》しがちなのは、市民社会の定住地を失い、あちらこちらを移動する生活を余儀なくされるという、「安定したホームの喪失」と「移動生活の強制」のイメージだ。しかし、こと寄せ場の労働者に関するかぎり、ありきたりのイメージは反転させられなければならない。労働市場から排除され、流動の自律性を奪われた労働者は、別の場所へと流動するための地下経路を塞《ふさ》がれ、地表へと縛り付けられるのだ。西澤晃彦が野宿生活を「檻《おり》のない牢獄《ろうごく》」と表現したのは、この意味で的確だった〔二〇一〇〕。労働者から流動の自律性が奪われるとき、「釜ヶ崎－山谷－寿町－笹島」を接辞《せつじ》で結びあわせるような関係的空間も、断ち切られる。このようにして寄せ場の地勢は、失われつつある。

けれどもまさにその地点から、別種の線が動き出し、新たな空間の政治が始動したことを見過ごしてはならない。二〇〇〇年代に撮られたドキュメンタリーは、それらの線のうごめきを、映像の運動として体現する。『関西公園 Public Blue』（監督・アンケ・ハーネマン）は、二〇〇六年に遂行された靭《うつぼ》公園の行政代執行を中心に、都市の占拠闘争を記録した映像作品である。この作品は、釜ヶ崎や大阪市内の各公園、河川敷やガード下など、都市に点在する公共空間を次々と横断し、ブルーのテントで彩られた野宿の生活と抵抗を映しだしていく。私たちの視線は、闘争のフロンティアをめぐり歩く運動のなかに投げ込まれる。また、闘争の舞台が移行するたびに、眼前にはそれらの位置をブルーに塗り分けた地図が映し出され、私たちは自分たちがいまどこにいるのかを知る。この経験のなかで、見えなかったはずの都市が、はっきり感受されるようになる。ハーネマン監督は、それら総体としての都市に「関西公園」という名を与えた。この名づけによって、そしてこの映像作品によって、断片的に生きられていた日常が結び合わされ、「関西公園」という架空《かくう》でありながら実在する都市が可視化されたのである。

靭公園・大阪城公園の強制撤去から一年後の、二〇〇七年一月三〇日。強制撤去の足音が迫りくる長居《ながい》公園のテント村には、突如として、木材で組み上げられた芝居の舞台が現れ出た。労働者たちのテント小屋をモニュメントへと仕立て上げたような、大がかりな造形だった。舞台のうえには、野宿生活者や、演劇や映画の関係者、フリーターなどが陣取《じんど》った。そうしてかれらは、強制撤去が遂行されるなかで、芝居を演じ、持たざる者たちの声を都市空間に響かせた。そのひとつひとつの声や仕草は、『長居青春酔《よい》夢歌《ゆめうた》』（監督・佐藤零郎）のうちに記録されている。ところでこの映像作品のなかでは、観る者を戸惑わせるような、劇的な場面転換が生じる。ある瞬間を境に映像の舞台は、長居公園テント村から釜ヶ崎へと、唐突に移行するのだ。カメラを釜ヶ崎へと引き寄せたものとは、二〇〇八年に起きた暴動であった。占拠と暴動というふたつの出来事に突き動かされながら、映像は独自の運動を体現させていく。それは、「釜ヶ崎－長居公園」をたどり直す

資料6-2　**長居公園テント村、芝居による抵抗**
（長居公園テント村記録班撮影、2007年）

ような、線の運動であるといえよう。すでに述べたように、二〇〇〇年代の都市のテント村は、釜ヶ崎に封じ込められていた諸問題があふれ出るなか、闘争のフロンティアが都市全域へと拡がることで生み出された。『長居青春酔夢歌』において、闘争のエッジであるテント村に入り込んだカメラは、この過程を逆走していくかのように、長居公園から釜ヶ崎へと折り返す線を描き出すのだ。

一方で『関西公園』は、断片化された場所を横断しては、点をつないで面を押し広げていく。他方の『長居青春酔夢歌』は、釜ヶ崎からテント村への離散《りさん》の過程を折り返しつつ、ふたつの場所を結ぶ線を描き出す。かような映像の運動は、実態としての流動と往来に裏打ちされたものだった。都市に生み出されたテント村は、それぞれ孤立しながら存立していたわけではない。野宿生活者や、支援者や活動家は、かけ離れたそれぞれの村々を互いに行き来しながら、占拠を繰り広げていた。各所に断片化されたかのようにみえる占拠闘争は、この流動と往来のなかで、総体としての都市を生み出していたのだ。

だがそれにしても、これらの作品に映し出される像は、労働者の熱気でむせ返る寄せ場・釜ヶ崎の原風景からは、遠くかけ離れているようにみえる。映し出されているのは、労働力としての価値を貪《むさぼ》りつくされた挙句《あげく》、路上へと放逐《ほうちく》された人々が、それでも生存しようともがく姿なのだから。けれども寄せ場という概念の形成過程をたどり直すとき、そのような生存の闘争もまた、この概念の系譜《けいふ》上にあることに気づく。第4章で論じた七〇年代初頭の釜共闘や現闘委の実践は、生産現場や労働市場の闘争の枠内にとどまるものではなかった。それらは、越冬闘争をはじめとする、再生産領域での生存闘争をも繰り広げたのだ。越冬《えっとう》闘争にはっきりとした意味を与えたのは、おそらく、船本洲治の言葉が初めてのことだった。

七二年五月二八日の対《たい》鈴木組闘争から、その後不屈に闘い抜かれた現場闘争の中から生み出された戦闘的青年労働者の組織釜共闘が、ただ単に青年労働者の利益のために闘うだけではなく、資本によって労働力商品としての価値を否定された病人、老人、資本の自己増殖の過程で廃人にされたアル中たちを引き受けようとしたこと、否《いな》、彼らが参加できる形で闘おうとしたこと、そして、敵と対決し、打ち勝つために衣食住総体の労働者階級の問題を解決しようとしたこと、これが越冬闘争の意味である。

〔船本、一九八五、一三六―一三八頁〕

二〇〇〇年代の占拠闘争とは、「黙って野たれ死ぬな」という言葉で表現されるこの闘争の種《たね》火《び》を、その身に引き継ぐ実践だった。[10] そこで賭《か》けられていたのもまた、過剰性と自律性だったのだ。

少しばかり詳しく論じてみよう。『労務者渡世』に所収されたテキスト「〝釜ヶ崎〟の歴史と栄光ある伝統について」は、日雇労働者の労働者性を、次のように高らかに謳《うた》いあげた。「労働者、建設者は、われわれである。万博を見よ。有名高層ビルを想え。新幹線を走らせた。高速道路はどうだ。何一ツ、吾々の手で成っていないものは、無い」〔労務者渡世編集委員会、一九七五b、四八頁〕。釜ヶ崎の「栄光ある伝統」において、インフラとは資本による生産物としてのみあるのではない。それは同時に、日雇労働者の手によってこそ生み出される建築作品であり、労働者たちの誇りの拠《よ》り所《どころ》でもあったのだ。それではこのような誇り高きかれらの労働者性は、失業によって奪われ、失われてしまったのだろうか。妻木進吾《つまきしんご》による優れた研究は、この問いを考えるうえで興味深い知見を与えてくれる。妻木は、野宿生活者の生活史データを丹念に読み解きつつ、「社会生活を拒否する者」とラベリングされる者たちの内面の奥深くに、徹底した「労働による自立」の意識が根差していることを見出した。かれらは、その生活の前史において内面化された労働規範《きはん》のゆえに、「誰の世話にもならず自前《じまえ》で生きていくこと」を強く希求する。だからこそ、自立支援施策等による市民社会からの保護や包摂《ほうせつ》をかたくなに拒み、過酷《かこく》極まりない野宿を生きるのである◀[11]〔二〇〇三〕。この知見を私たちの論に引き寄せて解釈するならば、上記の問いに対して、次のように答えることができるだろう。失業した果ての路上において、かれらの労働者性は喪失されるわけではない。それはむしろ、資本主義の論理とは関係なしに先鋭化し、せり上がっていく。そうして市民社会にとっての「社会病理」へと、自律的に、逸脱していくのだ。

10――　今川勲『現代棄民《きみん》考』の題名に示されるように、流動的下層労働者は、「棄民」とも名ざされる存在である。そのように名ざされる根拠は、かれらが故郷を追い払われた存在であるという事実だけにあるのではない。「資本主義における「不良労務者」は二重の意味において追放（隔離）される。一つは不良なる労働力商品としての生産過程からの追放であり、もう一つは秩序のカクラン者としての市民社会からの追放である」［船本、一九八五、五五頁、傍点は原文］。ここに書き記される「追放」とは、たどり着いた先の寄せ場において労働力としての価値を貪り尽くされた挙句《あげく》、「労務者」であることからも排除される事態である。この極限的な「棄民」の生において、構造的暴力は熾烈《しれつ》を極め、かれらは「市民社会からの追放」というむき出しの差別と敵意にさらされる。野宿者襲撃とは、まさにそのような暴力としてある。

11――　このような知見を踏まえて妻木は、野宿しつづけるという選択に「資本の論理に組み込まれない都市下層の主体的側面」を見出そうとする中根光敏［二〇〇一］の主張に対して、次のように反論する。「それは、「資本の論理」に徹頭徹尾、組み込まれているが故に、さらに言えば、その「包摂」の必然的帰結として、「資本の論理」からの「逸脱」を結果してしまう野宿者の姿である」［妻木、二〇〇三、三五頁］。野宿生活を「資本の論理に組み込まれない」主体性の現われとみるべきか、それとも「徹頭徹尾」そこに組み込まれたものとして考えるべきか、という問いに対しては、否《いな》でありかつ然《しか》りであると答えるしかない。重要なことは、メッザードラが移民について論じるように、かれらの主体性の生産を両義的な過程として捉え、そこに搾取と抵抗が争われる根底的な領域を見出すことである。「移民たちの搾取とは、移住過程と移住経験の全体を通じて突き止められなければならないものである。それは、搾取自体を可能にする条件としての、また搾取への潜在的な異議申し立ての物質的基盤としての、移民たちの行為主体性にいつも対峙《たいじ》することとなる。……この行為主体性、せめぎあわれ、矛盾に満ちた領域としての移民たちの主体性の生産こそが、本論で描こうとする移民の自律性アプローチの根底に位置するものにほかならない」［Mezzadra, 2004＝二〇一五、二八七頁、傍点は引用者］。

インフラの生産現場から放逐《ほうちく》されたこの過剰な労働者性は、やがて都市の公共空間に自身の仕事場を見出す。見事なまでの構造をもつテント小屋を、そこに築きあげるのだ。その所作には、寺島が表現するように、「地球修理業」や「地球の彫刻家」という言葉こそふさわしい〔二〇一三、八九頁〕。この「作品としての都市」（アンリ・ルフェーブル）は、資本主義的都市化に真っ向から対立する。都市にテント小屋を建設する行為は、不法占拠と呼ばれるのが常である。それというのも、かれらがなす行為は、あらゆる土地を私有や公有の財産とみなす資本主義の根源を揺さぶり、亀裂を入れるものだからだ。かれらは、地球を彫刻する所作をもって、資本主義に仇《あだ》なす空間を切り開き、その正当性に「否」の声を突きつける。[12] 商品化の論理が地表を覆《おお》い尽つくし、あらゆる空間が資本主義の生存へと供される現代都市の只中《ただなか》で、テント小屋の景観がもつ敵対性や解放性は、なおさら目を引くそれとなる。

　靭公園・大阪城公園や長居公園のテント村がそうであったように、そのようにして打ち込まれた杭《くい》は、やがて都市的なるものを体現する政治的な磁場となった。多種多様な人々を寄せ集めては、そこから各地へと闘争の線を走らせていったのである。その闘争の線は、ときに地球規模にまでたどりついたことを、私たちは忘れてはならない。二〇〇六年の靭公園・大阪城公園テント村、そして〇七年の長居公園テント村の反排除闘争には、持たざる者のネットワークである「NO‐VOX」が呼応した。かれらは、遠くパリの地において、日本政府観光局や大阪市パリ事務所を占拠しながら抗議行動を繰り広げたのだ。この出来事が明かすように、都市を占拠するという行為や表現は、世界的な共振を呼び覚ます潜在性をもつ。たとえば釜ヶ崎から生みだされた「地球の彫刻家」という語彙を、ロワー・イーストサイド（ニューヨーク）のガーデニング運動のなかで練り上げられた、次の言葉と重ね合わせてみよう。

ヴォルテールのシニカルな助言「君自らの庭を耕せ」は、もはや道徳に関与しないただの名文句なのだと考えることはできない。啓蒙時代以来、世界は相当に変化した。意味が移行したのだ。「君自らの庭を耕せ」は、今日、熱くラディカルな修辞《しゅうじ》であるように聞こえる。庭園を育てるということは——少なくとも潜在的には——一つの抵抗行為となるのだ。だが、このことは単なる拒絶の身振りなのではない。それは積極的な行動であり、実践なのだ。

［Wilson,1999＝二〇〇六、一一六頁］

庭を耕すこと、地球を彫刻すること。これらの表現は、かけ離れた土地で練り上げられた言葉

12——次のことを強調しておくべきだろう。二〇〇〇年代に乱発された行政代執行が攻撃の標的としていたのは、野宿生活者そのものではなく、かれらがつくり出すテント小屋だったのだ。それゆえ強制撤去後の公園や路上では、ある人は段ボールを片手に、またある人は自転車に最小限の生活品を積み、つねに移動を余儀なくされるような、「移動型」の野宿生活者が増加していった。

でありながら、かすかに共振している。隔てられた土地を通底するなにものか（それ）を感受するとき、その身体経験は、私たちがみずからの手に寄せ場＝寄り場を取り戻すための種火となろう。

　このような闘争の線は、かつて「寄せ場」を形成した労働者たちの圧倒的な流動——山谷－寿町－笹島－釜ヶ崎という、かけ離れた土地をつないだ群れ——に比べれば、あまりにか細くみえるかもしれない。だからこそ問われるのは、足下に地下経路を切り拓《ひら》き、新たな流動の線のうねりを生み出していく、私たち自身の叫びの力能である。地を横断する群れとなれ、君みずからの寄せ場をつくれ——過去からの声は、そう私たちに耳打ちしているように思われる。そのためにも、アスファルトの下に地霊たちのうごめきを察知する土地勘《かん》を、公園の片隅に地球的なものを嗅ぎとる嗅覚を、決して手放してはならない。そのような土地勘と嗅覚にこそ、都市に「寄せ場」を取り戻す可能性は賭《か》けられているのだから。

けた下制限高3.8M

はじめて釜ヶ崎に足を踏み入れてから、一六年もの年月が経ってしまった。最初のころは、釜ヶ崎や野宿の現場で出会う物事に、うろたえてばかりだった。自分なりの問いや視点を身につけるまで、とにかく街や現場に深く入っていこう、と決めた。数えきれないほどたくさんの方々に、教えを乞うた。労働者の方々が語ってくれる人生史のひとつひとつに、どんどん引き込まれていった。活動家や支援者の人々と対話するたびに、生きられた思想の重みに圧倒され、自分の勉強不足を恥じ入った。寄せ場に住まう巷の知識人や研究者——亡くなってしまった方も多い——は、いまでも私が畏怖する師匠である。

あとがき

そうこうしているうちに二〇〇九年になって、はたと気づいた。街の奥底までまだ辿り着けていないと感じていたものの、しかし、釜ヶ崎の研究に取り組み始めてから一〇年が経とうとしていた。このあたりで区切りをつけて自分の学んだことを書き上げておかないと、なにも形にすることなく終わってしまうのではないか——そうして本書を書くための作業に取り掛かりはじめたのだが、その作業にも長い時間をかけてしまった。そのようなわけで本書は、ひとつの到達点ではあるけれど、抜け落ちていることも多い。寄せ場の地層には、探索されていない領域がまだまだ奥深くに拡がっている。この本をきっかけに、つぎの誰かが探索を始めてくれたらと願う。

本書のいくつかの章は、調査研究を進めながら執筆した論考を下敷きにしている。それぞれの初出は左記のとおりだが、いずれの論考も、本書を執筆するにあたって全面的に書き改めている。

第1章「1950-60年代の港湾運送業における寄せ場・釜ヶ崎の機能」、『都市文化研究』(第七号、三四-四九頁)、二〇〇六年

第2章「「寄せ場」の生産過程における場所の構築と制度的実践——大阪・「釜ヶ崎」を事例として」、『人文地理』(第五五巻二号、一二一-一四三頁)、二〇〇三年

第3章「陸の暴動、海のストライキ」、『現代思想』(第四〇巻六号、青土社、一九六-二〇九頁)、二〇一二年

第4章「労働運動による空間の差異化の過程——1960-70年代の「寄せ場」釜ヶ崎における日雇労働運動を事例として」、『人文地理』(第六三巻四号、三二四-三四三頁)、二〇一一年

序　章、第5章、終　章——書下ろし

学部生の頃、東京で倫理学を学んでいた私に、地理学の世界へ飛び込むきっかけをつくってくださったのは、水内俊雄さん、大城直樹さんのお二方である(釜ヶ崎に足を踏み入れるきっかけを与えてくれたのも、水内さんだった)。飛び込んだ先の大阪市立大学では、丹羽弘一さんや加藤政洋さんをはじめとする諸先輩方の仕事から、「新しい地理学」の理論をふんだんに吸収することができた。若くして亡くなってしまった丹羽さんの研究者魂を、少しでも受け継いで行けたらと思う。二〇〇七年三月にそれまでの研究を、博士論文として提出した(本書の前半部分は、この博士論文の第II部を下敷きに

したものでもある）。博士論文を指導してくださり、危なっかしい研究活動を見守っていただいた、山野正彦さんにお礼申し上げます。

いま振り返れば、釜ヶ崎研究の「はじめの一歩」は、ささいな（しかし重大な）疑問だったと思う。都市の中心部に、なぜ釜ヶ崎のような場所が生み出されたのか、という疑問だ。それがきっかけとなって、二章のもととなる論文を執筆した。その調査の過程のなかでは、公益財団法人西成労働福祉センターや大阪府簡易宿所生活衛生同業組合のみなさんをはじめ、地域にかかわるさまざまな方々に、多大な協力をいただきました。

この論文を執筆した直後、全港湾西成分会が主催する日雇労働者学習会で研究成果を発表する機会を、同会の泊寛二さんや片田幹雄さんが与えてくださった。自分の研究を話す機会はこれまで多々あったけれど、これほど緊張した経験は後にも先にもない。学習会を終えたあとにご飯を食べながら、片田さんから論文への意見をもらった。「君の論文はドヤ街研究としてはおもしろいのだけれど、日雇労働者の労働現場はドヤ街にあるわけじゃない。だから、釜ヶ崎の半分しか描けていないと思う」。この片田さんの言葉を課題とするなかで、問題意識が深まっていった。研究の視野が大阪港へと拡がっていったのは、片田さんや泊さんのおかげである。お礼を申し上げるとともに、急逝された片田さんに哀悼の意を表します。

本書の後半部分は、博士論文を提出して以降の調査研究にもとづくものだ。調査を進めるうえでずっと頭にあったのは、「いまある日雇労働者の権利や社会保障は、暴動がなければ実現されることはなかったと私は思う」という、水野阿修羅さんの言葉だった。そして私自身も、二〇〇八年の暴動に出会ってしまっていた。これらの問題意識が、本書の後半部分を執筆する原動力となった。研究活動の大きなヒントを与えてくださった、水野阿修羅さんにお礼申し上げます。

終章は、いろいろなところに書いてきた論考から、必要な箇所を切り出しつつ、書き下ろしている。これを書くうえでの視点は、なにより、大阪市内の各公園テント村での経験からもたらされた。私がテント村にかかわりはじめたきっかけは、二〇〇〇年に「長居公園ききとりの会」の活動に参加したことだった。テント村で活動する人々は、釜ヶ崎の活動家・支援者よりも若い世代の人々が比較的多かった。けれども、その場でこそ釜共闘の実践や船本洲治の言葉は熱く語り継がれていた。テント村の現場で出会った同世代の人々は、私が尊敬してやまない友人たちだ。いつもありがとうございます。

このほかにも、お礼を申し上げなければならない方々はたくさんいる。すべての方のお名前を挙げることは難しいのですが、せめて本書で直接に引用あるいは参照した資料やデータの収集にご協力いただいた方々に、この場を借りてお礼を申し上げたいと思います。平井正治さん、上畑恵宣さん、中山幸雄さん、田中慈照さん、風間竜次さん、野崎健さん、井上登さん、藤井克彦さん、大西豊さん、鹿児島正明さん、Kさん、Mさん、Yさん、Gさん。ありがとうございました(もちろん、ほかにも調査研究の過程で聞き取り調査等にご協力いただいた方はたくさんおられます)。山西麻依さんと市崎鈴夫さんには、研究の補助作業をお手伝いいただきました。運動関係の資料収集に際しては、釜ヶ崎資料センターや大阪市立大学の西成情報アーカイブにお世話になりました。また、井上青龍氏による貴重な写真の掲載を許可してくださった、井上治子さんに深くお礼申し上げます。
小柳伸顕さん、水野阿修羅さん、池田浩士さんをはじめとする日本寄せ場学会のみなさんには、暖かく、そしてときに厳しく、研究者として鍛えていただきました。青木秀男さんや「ホームレス研究会」の同世代の研究者仲間からは、調査研究を進めるうえでたくさんの刺激と励みを与えていただきました。酒井隆史さん、櫻田和也さん、中村葉子さん、持木良太さん、佐藤零郎さん、北川眞也さんをはじめ、都市文化研究会やオペライズモ研究会の界隈のみなさんとの濃密な議論とアドバイスがなければ、この本を書き上げることはできませんでした。神戸大学の小笠原ゼミ(とりわけ杉田真理子さんと立石俊英さん)や空間論研究会のみなさんには、本書の企画段階や最終段階でアドバイスをいただきました。このほか、ここでは挙げきれなかったみなさまへも。ほんとうに、ありがとうございました。

洛北出版の竹中尚史さんとのお仕事は、『釜ヶ崎のススメ』につづき、これで二度目となった。竹中さんには、なかなか進まない執筆に辛抱強く付き合っていただいただけでなく、いくつものアドバイスや提案を、心のこもったお手紙とともにいただきました。感謝の言葉もありません。最後に、妹の玲子のもとに、この本が届きますように。そして、寄せ場を生きた無数の、無名の労働者の方々に。この本を捧げたいと思います。

二〇一六年七月

原口 剛

文献一覧

あ

青木秀男、一九八九、『寄せ場労働者の生と死』、明石書店。

――編、一九九九、『場所をあけろ!――寄せ場・ホームレスの社会学』、松籟社。

――、二〇〇〇、『現代日本の都市下層――寄せ場と野宿者と外国人労働者』、明石書店。

生田武志、二〇〇五、『〈野宿者襲撃〉論』、人文書院。

――、二〇一二、「釜ヶ崎と「西成特区」構想」、『現代思想』第四〇巻・第六号、青土社、一三〇-一三八頁。

――、二〇一六、『釜ヶ崎から――貧困と野宿の日本』、筑摩書房。

池内正憲、一九八三、「事件と当時の釜ヶ崎――デッチ上げを暴露する」、報告集刊行委員会編『砕け!弾圧――釜ヶ崎センター爆破事件デッチ上げ事件無罪判決確定報告』、一九-三五頁。

磯村英一・木村武夫・孝橋正一編、一九六一、『釜ヶ崎――スラムの生態』、ミネルヴァ書房。

いながきひろし、一九八九、『釜ヶ崎――炊き出しのうた』、海風社。

稲田七海、二〇一一、「変わりゆくまちと福祉の揺らぎ」、原口剛・稲田七海・白波瀬達也・平川隆啓編『釜ヶ崎のススメ』、洛北出版、三一九-三四四頁。

今川　勲、一九八七、『現代棄民考――「山谷」はいかにして形成されたか』、田畑書店。

上野英信、一九六七、『地の底の笑い話』、岩波書店。

上畑恵宣、二〇一二、『失業と貧困の原点――「釜ヶ崎」五〇年からみえるもの』、高菅出版。

牛草英晴、一九九三、「釜ヶ崎――人と街」、釜ヶ崎資料センター編『釜ヶ崎――歴史と現在』、三一書房、一一三-一六三頁。

江口英一、一九七九－一九八〇、『現代の「低所得者」（上・中・下）』、未來社。

海老一郎、二〇一一、「日雇労働者のまちの五〇年——高度経済成長～バブル経済」、原口剛・稲田七海・白波瀬達也・平川隆啓編『釜ヶ崎のススメ』、洛北出版、二〇七－二三四頁。

遠藤一雄、一九七六、「〝喰わせろ〟〝寝かせろ〟——地域運動から労働者組合運動へ」、『福祉紀要』第六・七・八合併号、神奈川県匡済会、一六九－二二六頁。

大阪市衛生局ほか、一九六三、『分室のあゆみ㈡』。

大阪市港湾局編、一九九九、『大阪築港100年　海からのまちづくり（中巻）』。

大阪市会編、一九六〇、『大阪市会会議録 昭和三五年三月 第一号 定例会第一回』。

——、一九六一a、『大阪市会会議録 昭和三六年三月 第二号 定例会第一回』。

——、一九六一b、『大阪市会決算特別委員会記録』。

——、一九七一、『通常予算に関する大阪市会常任委員会記録 昭和四六年度（一）』。

大阪市区画整理局、一九六七、『事業ニュース』第三一号。

——、一九七四、『事業ニュース』第四五号。

大阪市社会福祉協議会、一九五四a、『浪速区恵美校下における社会生活実態調査報告』。

——、一九五四b、『バラック密集地区実態調査報告』。

大阪市整地課管理係、一九六一、『浪速区馬淵、水崎町における公共施設及びその周辺部のスラムの実態について』。

大阪市西成保健所、一九六八、『保健所のあゆみ㈢』。

——、一九七一、『保健所のあゆみ㈣』。

——、一九七二、『保健所のあゆみ㈤』。

大阪市民生局庶務課、一九五七、『浪速区馬淵町の火災による罹災者の寮収容者実態調査』。

大阪市民生局福祉課、一九五七、『大阪市売春防止対策事業概要』。

大阪社会学研究会、一九六一、『実態調査資料集　大阪市浪速区恵美地区その1』。

――――、一九六六、「特集 釜ヶ崎実態調査」、『ソシオロジ』第八巻・第三号、一―一二一頁。

大阪少年補導協会編、一九六五、『少年補導』二月号。

大阪市立今池生活館・愛隣寮、一九七〇、『大阪市立今池生活館・愛隣寮退居世帯追跡調査』。

大阪都市協会編、一九六五、『大阪人』第一九巻。

大阪都市協会編、一九六六、『大阪人』第二〇巻。

大阪府議会編、一九六一、『定例大阪府議会常任委員会会議録 昭和三十六年十二月』。

――――、一九六六、『定例大阪府議会常任委員会会議録 昭和四十一年九月』。

――――、一九七〇、『一般並びに特別会計決算特別委員会会議録 昭和四十四年度』。

――――、一九七一、『定例大阪府議会常任委員会会議録（二）昭和四十六年九月』。

――――、一九七二a、『定例大阪府議会会議録 昭和四十六年五月』。

――――、一九七二b、『定例大阪府議会常任委員会会議録 昭和四十七年九月』。

――――、一九七二c、『定例大阪府議会会議録 昭和四十七年九月』。

――――、一九七三、『定例会常任委員会会議録 昭和四十八年二月』。

――――、一九七四、『定例会本会議会議録 昭和四十九年九月』。

大阪府警察本部、一九六一、『西成集団暴力事件の概要』。

大阪府労働部、一九五六、『港湾関係労務集第3集　大阪港における港湾労働者の実態調査』。

大阪府労働部職業安定課、一九五九、『労働市場概要 昭和三三年』。

――――、一九六一、『労働市場概要 昭和三六年』。

大阪府労働部職業管理課、一九六五、『労働市場概要 昭和三九年』。

か

大谷民郎、一九七二、『ニッポン釜ヶ崎――地図にない町』、番町書房。

大西　豊、二〇〇六、「笹島における私たちの歩み（第一回）――寄せ場労働者有志の会結成と闘い」、笹島労働者会館二一周年記念誌編集委員会編『自立と解放をめざして――笹島労働者会館二一周年記念誌』、四八―五〇頁。

大橋　薫、一九六二、『都市の下層社会』、誠信書房。

――、一九七二、『都市病理の構造』、川島書店。

沖野奈加志、一九七七、「アンコのストライキ――青手帳（日雇港湾労働者）の斗い」、労務者渡世編集委員会編『労務者渡世』第二一号、三六―四二頁。

鹿児島正明、一九九八、「自分の歩幅で歩く時代――鹿児島正明（寿日雇労働者組合委員長）に聞く」、寿支援者交流会編『第二十五次 寿越冬ノート――越冬四半世紀特別号』、三七―四三頁。

風間竜次、二〇一五、「「決起四〇年記念」船本洲治――釜共闘・現闘委時代の実践と思想」、『寄せ場』第二七号、一三八―一七二頁。

加藤彰彦、一九七六、「寿生活館ノート」、『福祉紀要』第六・七・八合併号、神奈川県匡済会、二二七―二九五頁。

加藤晴康ほか、一九九七、「〈座談会〉寄せ場と寄せ場学会の一〇年――変容する現実をどう捉えるか」、『寄せ場』第一〇号、五―三二頁。

加藤政洋、二〇〇二、『大阪のスラムと盛り場――近代都市と場所の系譜学』、創元社。

加藤祐治、一九九一、『現代日本における不安定就業労働者（増補改訂版）』、御茶の水書房。

釜ヶ崎救援会、一九七二、「釜ヶ崎レポート〈その3〉」、南大阪の旗編集委員会編『南大阪の旗』二―三号、一―五頁。

釜ヶ崎キリスト教協友会、二〇一一、『釜ヶ崎キリスト教協友会四〇年誌』。

釜共闘・山谷現闘委編集委員会、一九七四、『やられたらやりかえせ！――実録釜ヶ崎・山谷解放闘争』、田畑書店。

関西都市社会学研究会、一九六九、『あいりん地区簡易宿所調査』。

刈谷あゆみ編、二〇〇六、『不埒な希望――ホームレス／寄せ場をめぐる社会学』、松籟社。

川本友紀、一九九八、「生活館の三〇年略史」、寿支援者交流会編『第二十五次 寿越冬ノート――越冬四半世紀特別号』、九〇－九六頁。

北川眞也、二〇一〇、「移動＝運動＝存在としての移民――ヨーロッパの「入口」としてのイタリア・ランペドゥーザ島の収容所」、『VOL 04』、以文社、一四〇－一六八頁。

喜多村昌次郎、一九六四、『港湾労働の構造と変動』、成山堂書店。

寿支援者交流会編、一九九八、『第二十五次 寿越冬ノート――越冬四半世紀特別号』。

小柳伸顕、一九七八、『教育以前――あいりん小中学校物語』、田畑書店。

――、一九八〇、「都市社会学は釜ヶ崎差別を再生産する」、『季刊 釜ヶ崎』第一号、二一－三一頁。

――、一九九三、『風と大地と太陽と――アイヌ、中南米、釜ヶ崎との出会い』、日本基督教団出版部。

酒井隆史、二〇一一、『通天閣――新・日本資本主義発達史』、青土社。

嵯峨嘉子、一九九八、「戦後大阪市における「住所不定者」対策について――生活保護行政を中心に」、『社会問題研究』第四八巻・第一号、大阪府立大学社会福祉学部、七七－九八頁。

櫻田和也、二〇〇六、「プレカリアート共謀ノート」、『インパクション』第一五一号、インパクト出版会、二〇－三五頁。

――、二〇〇七、「反時代的・映像の居場所」、『現代思想』第三五巻・第一三号、青土社、一四七－一五五頁。

――、二〇〇八、「プレカリアート――現代のプロレタリア階級」、『共生社会研究』第三号、大阪市立大学共生社会研究会、二一六－二三七頁。

佐藤文寿、一九七六、「寿ドヤ街の子ども」、『福祉紀要』第六・七・八合併号、神奈川県匡済会、六六－八七頁。

山谷問題研究会、一九七五、『最下層の系譜(下巻)』、山谷自立推進協議会。

篠田　徹、二〇〇五、「パシフィック・サンディカリズム その3――全港湾と戦闘的インターナショナリズム」、『生活経済政策』第九七号、三八－四三頁。

白波瀬達也、二〇一五、『宗教の社会貢献を問い直す――ホームレス支援の現場から』、ナカニシヤ書店。

杉原薫・玉井金五、一九九六、「課題と方法」、杉原薫・玉井金五編『大正・大阪・スラム――もうひとつの日本近代史(増補版)』、新評論、九－二八頁。

清涼信泰、一九六一、「釜ガ崎――その未組織のエネルギー」、『別冊新日本文学2』、一六七－一七四頁。

芹沢　勇、一九七六、「総論」、『福祉紀要』第六・七・八合併号、神奈川県匡済会、三八－六五頁。

全港湾関西地方建設支部西成分会(全港湾西成分会)、一九八一、『全国の建設土木労働者団結せよ――釜ヶ崎解放一〇余年の歩み』。

全日本港湾労働組合(全港湾)、一九七二、『全港湾運動史 第一巻』、労働旬報社。

――、一九八七、『全港湾運動史 第二巻』、笠原書店。

――、一九八八、『港湾労働法闘争史――登録日雇労働者二〇年の闘い』。

全日本港湾労働組合関西地方本部(全港湾関西地本)、一九八九、『闘いは時を越えて――全港湾関西地本四〇年史』、関西労働旬報社。

た

竹中　労、一九六九、『山谷――都市反乱の原点』、全国自治研修協会。

田中俊夫、一九九八、「一人一人が鍛えられ自立していく――田中俊夫さん(ことぶき共同診療所)に越冬初期の頃を聞く」、寿支援者交流会編『第二十五次 寿越冬ノート――越冬四半世紀特別号』、四六－四七頁。

田巻松雄、一九九九、「寄せ場と行政――笹島を主な事例として」、青木秀男編『場所をあけろ!――寄せ場／

ホームレスの社会学』、松籟社、二二七-二五三頁。

土田英雄、一九六一、「四　住居(釜崎実態調査報告)」、『ソシオロジ』第八巻・第三号、二三-四二頁。

堤圭史郎、二〇一〇、「ホームレス・スタディーズへの招待」、青木秀男編『ホームレス・スタディーズ――排除と包摂のリアリティ』、ミネルヴァ書房、一-二九頁。

寺島珠雄編、一九七六、『労務者渡世――釜ヶ崎通信』、風媒社。

寺島珠雄、一九七八、『釜ヶ崎――旅の宿りの長いまち』、プレイガイドジャーナル社。

――編、二〇一三、『釜ヶ崎語彙集 1972-1973』、新宿書房。

天田乙丙、二〇〇一、『港運がわかる本(三訂版)』、成山堂書店。

東京都民生局山谷対策室、一九七四、『山谷地域における簡易宿所宿泊者の実態研究報告書』。

――、一九七九、『東京都山谷対策のあらまし 昭和五四年度』。

逃亡者こと内田、一九九五、『釜ヶ崎越冬小史――第1回から第23回まで』。

都市と公園ネットワーク、一九九四、『大阪発・公園SOS――私たちのコモンセンス』、都市文化社。

な

妻木進吾、二〇〇三、「野宿生活――「社会生活の拒否」という選択」、『ソシオロジ』第四八巻・第一号、二一-三七頁。

友常　勉、二〇一四、「流動的-下層-労働者」、『HAPAX Vol.2』、夜光社、三七-四五頁。

中根愛治、一九七六、「横浜港と日雇港湾労働」、『福祉紀要』第六・七・八合併号、神奈川県匡済会、一一-三七頁。

中根光敏、一九九六、「〝第一次暴動〟を基軸とした釜ヶ崎をめぐる社会問題の構成――行政対策を中心として」、『解放社会学研究』第一〇号、一六三-一八四頁。

――、二〇〇一、「寄せ場／野宿者を記述すること」、『解放社会学研究』第一五号、三-二五頁。

――、二〇〇六、「失われた風景から――寄せ場とはなんだったのか?」、刈谷あゆみ編『不埒な希望――

寄せ場／ホームレスの社会学』、松籟社、一九‐五五頁。

永橋為介・土肥真人、一九九六、「大阪市天王寺公園の管理の変遷と有料化が及ぼした野宿者排除の影響に関する研究」、『ランドスケープ研究』第五九巻・第五号、二一三‐二一六頁。

中村豊秋、一九七二、「釜ヶ崎夏祭りの呼びかけ（案）」、南大阪の旗編集委員会編『南大阪の旗』一‐一、五‐七頁。

中山幸雄、二〇〇四、「寄せ場と労働運動」、日本寄せ場学会編『寄せ場文献精読306選――近代日本の下層社会』、れんが書房、二九一‐三〇二頁。

西澤晃彦、一九九五、『隠蔽された外部――都市下層のエスノグラフィー』、彩流社。

――、二〇〇八、「貧者の居場所をめぐって――アイデンティティ問題としての貧困」、『寄せ場』第二一号、一三‐一八頁。

――、二〇一〇、『貧者の領域――誰が排除されているのか』、河出書房新社。

西成警察署防犯コーナー、一九九一、『あいりんの三〇年史』。

西成労働福祉センター、一九六三、『西成地域日雇労働者の就労と福祉のために――創設と事業の概要』。

――、一九六五、『西成地域日雇労働者の就労と福祉のためにⅢ――三九年度事業の報告』。

西山卯三、一九八〇、『日本のすまい（参）』、勁草書房。

丹羽弘一、一九九二、「「寄せ場」釜ヶ崎と「野宿者」――都市社会地理学的研究」、『人文地理』第四四巻・第五号、五四五‐五六四頁。

――、一九九三、「釜ヶ崎――暴動の景観」、釜ヶ崎資料センター編『釜ヶ崎――歴史と現在』、三一書房、一九七‐二二七頁。

――、一九九八a、「支配‐監視の空間、排除の風景」、大城直樹・荒山正彦編『空間から場所へ――地理学的想像力の探究』、古今書院、七六‐八七頁。

――――、一九九八b、「路上からの地理学――大阪ミナミからニシナリ釜ヶ崎へ」、大城直樹・荒山正彦編『空間から場所へ――地理学的想像力の探究』、古今書院、一七八―一九七頁。

野本三吉、一九七七、『寿生活館ノート――職場奪還への遠い道』。

――――、一九七九、『個人誌・生活者（増補改訂版）』、社会評論社。

は

橋爪紳也、一九九七、「天保山と賑いの伝統――遊園・桟橋・博覧会」、大阪市港湾局編『大阪築港100年――海からのまちづくり（上巻）』、三九五―四一一頁。

林　真人、二〇一四、『ホームレスと都市空間――収奪と異化、社会運動、資本―国家』、明石書店。

平井正治、二〇一〇、『無縁声声――日本資本主義残酷史（新版）』、藤原書店。

藤井克彦・田巻松雄、二〇〇三、『偏見から共生へ――名古屋発・ホームレス問題を考える』、風媒社。

船本洲治、一九八五、『黙って野たれ死ぬな――船本洲治遺稿集』、れんが書房新社。

報告集刊行委員会編、一九八三、『砕け！弾圧――釜ヶ崎センター爆破デッチ上げ事件無罪判決確定報告』。

本間啓一郎、一九九三、「釜ヶ崎小史試論」、釜ヶ崎資料センター編『釜ヶ崎――歴史と現在』、三一書房、二四―六七頁。

ま

益田光吉、一九六一、「釜ヶ崎実態調査報告（序）」、『ソシオロジ』第八巻・第三号、三―一二頁。

松沢哲成、二〇〇六、『天皇帝国の軌跡――「お上」崇拝・排外・排除の近代日本史』、れんが書房新社。

松村嘉久、二〇一一、「外国人旅行客が集い憩うまち、釜ヶ崎へ」、原口剛・稲田七海・白波瀬達也・平川隆啓編『釜ヶ崎のススメ』、洛北出版、三四五―三六九頁。

松本幸三郎、一九六一、「大阪市のスラム対策」、『都市問題研究』第一三巻・第五号、都市問題研究会、六〇―七二頁。

水内俊雄、二〇〇一、「地図・メディアに描かれた釜ヶ崎――大阪市西成区釜ヶ崎の批判的歴史地誌」、『人文研究』第五三巻・第三号、大阪市立大学文学部、一五一―一八六頁。

水野阿修羅、一九九七、『その日ぐらしはパラダイス』、ビレッジプレス。

三塚武男、一九六七、「港湾労働の近代化と港湾労働法の制定・実施――大阪港における船内荷役を中心に」、『人文学』第九二号、同志社大学人文学会、六〇‐一〇二頁。

宮本敏幸、一九七九、「全港湾共同雇用闘争の意味――港湾合理化に抗して仕事を守り抜く思想」、『月刊労働問題』第一一号、八〇‐八五頁。

村田由夫、一九七九、「混沌の中の生」、野本三吉『個人誌・生活者（増補改訂版）』、社会評論社、四六九‐四七九頁。

らや

山岡強一、一九九六、『山谷――やられたらやりかえせ』、現代企画室。

山本薫子、二〇〇八、『横浜・寿町と外国人――グローバル化する大都市インナーエリア』、福村出版。

吉村智博、二〇一二、『近代大阪の部落と寄せ場――都市の周縁社会史』、明石書店。

労働省職業安定局、一九七〇、『雇用対策法・職業安定法・緊急失業対策法』、労働行政研究所。

労働省職業安定局失業対策部、一九六七、『昭和四一年度失業対策年鑑』。

労務者渡世編集委員会編、一九七五a、『労務者渡世』第一〇号。

――、一九七五b、『労務者渡世』第一一号。

――、一九七六、『労務者渡世』第一八号。

日本語以外の文献

Benjamin, Walter, 1940, *Über den Begriff der Geschichte.*（＝一九九五、浅井健二郎編訳「歴史の概念について」、『ベンヤミン・コレクションI――近代の意味』、ちくま学芸文庫、六四五‐六六五頁）
Berardi, Franco, 2009, *Precarious Rhapsody: Semiocapitalism and the Pathology of Post-alpha Generation*, London: Minor Compositions.（＝二〇〇九、櫻田和也訳『プレカリアートの詩――記号資本主義の精神病理学』、河

出書房新社)
Bunge, William, 1979, Perspective on Theoretical Geography, *Annals of the Association of American Geographers*, Vol.69, No.1, pp.169-174.
Castells, Manuel, 1999, *Global Economy, Information Society, Cities and Regions.* (＝一九九九、大澤善信訳『都市・情報・グローバル経済』、青木書店)
Engels, Friedrich, 1887, *ZurWohnungsfrage.* (＝一九七六、村田陽一郎訳「住宅問題」、『マルクス＝エンゲルス全集第一八巻』、二〇三-二八五頁、大月書店)
Fanon, Frantz, 1961, *Les Dammès de la Terre,* Paris: Maspero.(＝一九九六、鈴木道彦・浦野衣子訳『地に呪われたる者』、みすず書房)
Harvey, David, 1973, *Social Justice and the City,* London: Edward Arnold. (＝一九八〇、竹内啓一・松本正美訳『都市と社会的不平等』、日本ブリタニカ)
――――, 1982, *The Limits to Capital*, Oxford: Basil Blackwell. (＝一九八九-一九九〇、水岡不二雄監訳『空間編成の経済理論(上・下)』、大明堂)
――――, 1985, *The Urbanization of Capital: Studies in the History and Theory of Capitalist Urbanization*, Baltimore and Oxford: The Johns Hopkins University Press and Basil Blackwell. (＝一九九一、水岡不二雄監訳『都市の資本論――都市空間形成の歴史と理論』、青木書店)
――――, 1989, *The Condition of Postmodernity*, Oxford: Blackwell. (＝一九九九、吉原直樹監訳『ポストモダニティの条件』、青木書店)
――――, 2009, *Cosmopolitanism and the Geography of Freedom,* New York: Columbia University Press. (＝二〇一三、大屋定晴・森田成也・中村好孝・岩崎明子訳『コスモポリタニズム――自由と変革の地理学』、作品社)
――――, 2011, *The Enigma of Capital and the Crisis of Capitalism,* London: Profile Books. (＝二〇一二、森田成也・大

屋定晴・中村好孝・新井田智幸訳『資本の〈謎〉――世界金融恐慌と21世紀型資本主義』、作品社）
Holloway, John, 2002, *Change the World without Taking Power: The Meaning of Revolution Today,* London: Pluto Press.（＝二〇〇九、大塚一志・四茂野修訳『権力を取らずに世界を変える』、同時代社）
Katz, Cindi, 2001, On the Grounds of Globalization: A Topography of Feminist Political Engagement, *Signs*, Vol.26, No.4, pp. 1213-1234.
Lefebvre, Henri, 1968, *Le droit à la ville*, Paris: Editions Anthropos.（＝二〇一一、森本和夫訳『都市への権利』、筑摩書房）
――――, 1970, *La Revolution Urbanine*, Paris: Editions Gallimard.（＝一九七四、今井成美訳『都市革命』、晶文社）
――――, 1974, *La Production de l'espace*, Paris: Editions Anthropos.（＝二〇〇〇、斎藤日出治訳『空間の生産』、青木書店）
Marx, Karl, 1953, *Grundrisse der Kritik der Politichen Ökonomie* (*Bohentwurf*), Berlin: Diets Verlag.（＝一九六一、高木幸二郎監訳『経済学批判要綱 第三分冊』、大月書店）
Massey, Doreen, 2005, *For Space*, Sage.（＝二〇一四、森正人・伊澤高志訳『空間のために』、月曜社）
Merrifield, Andrew, 1993, Place and Space: a Lefebvrian reconciliation, *Transactions of Institute of British Geographers*, New Series, Vol.18, No.4, pp.516-531.
Merrifield, Andy, 2014, *The New Urban Question*, London: Pluto Press.
Mezzadra, Sandro, 2004, *Diritto di fuga: Migrazioni, cittadinanza, globalizzazione,* Verona: Ombre Corte.（＝二〇一五、北川眞也訳『逃走の権利――移民、シティズンシップ、グローバル化』、人文書院）
Smith, Neil, 1996, *The New Urban Frontier: Gentrification and the Revanchist City,* London: Routledge.（＝二〇一四、原口剛訳『ジェントリフィケーションと報復都市――新たなる都市のフロンティア』、ミネルヴァ書房）
Wilson, Peter Lamborn, 1999, Avant Gardening, In Peter Lamborn Wilson and Bill Weinberg (eds.), *Avant Gardening:*

Ecological Struggle in the City and the World, New York: Autonomedia, pp.7-34.（＝二〇〇六、金田智之訳「アーバン・ガーデニング」、『VOL 01』、以文社、一一四－一二五頁）

Yang, Manuel, Takeshi Haraguchi, and Kazuya Sakurada, 2014, The Urban Working-Class Culture of Riot in Osaka and Los Angeles, In Benjamin Fraser (ed.), *Marxism and Urban Culture*, Lexington Books, pp.213-238.

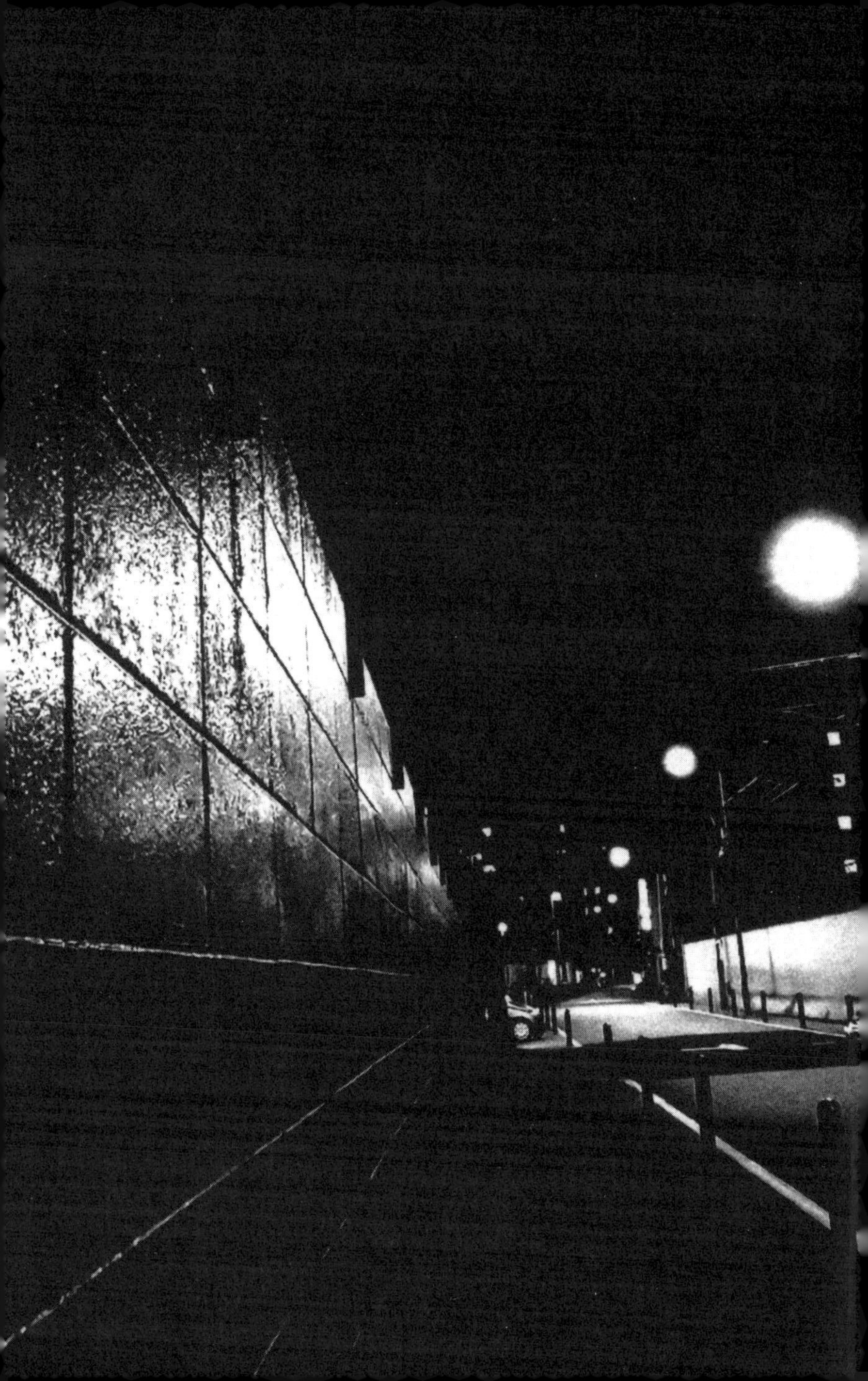

や

ら

ま

な

は

た

さ

か

索引

「文献一覧」，「あとがき」の頁数は含まない。記号(pic) は，写真，図表，地図が掲載されている頁を意味する。

あ

原口剛

Haraguchi Takeshi

1976年、千葉県に生まれ、鹿児島県で育つ。東京大学文学部にて倫理学を学んだのち、2000年より大阪市立大学文学研究科にて地理学を学ぶ。2007年、大阪市立大学文学研究科後期博士課程修了、博士（文学）。日本学術振興会特別研究員（PD）や大阪市立大学都市研究プラザ研究員などを経て、2012年より神戸大学大学院人文学研究科准教授。専門は都市社会地理学および都市論。共編著に『釜ヶ崎のススメ』（洛北出版 2011）など。訳書にニール・スミス『ジェントリフィケーションと報復都市 新たなる都市のフロンティア』（ミネルヴァ書房 2014）。共著に *Marxism and Urban Culture*（Lexington Books 2014）、『労働再審4　周縁労働力の移動と再編』（大月書店 2011）、『ホームレス・スタディーズ　排除と包摂のリアリティ』（ミネルヴァ書房 2010）、『地域調査ことはじめ　あるく・みる・かく』（ナカニシヤ出版 2007）、『都市空間の地理学』（ミネルヴァ書房 2006）など。

※ 本文中の、氏名や出典を記していない写真は、著者・原口が撮影した。

叫《さけ》びの都《と》市《し》　寄《よ》せ場《ば》、釜《かま》ヶ崎《さき》、流動的下層労働者《りゅうどうてきかそうろうどうしゃ》

2016年9月10日　初版第1刷発行
2021年6月10日　初版第2刷発行

四六判・総頁数410頁（全体416頁）

著者　原口 剛

発行者　竹 中 尚 史

本文組版・装幀　洛北出版編集

Cry of The Cities

発行所　洛北出版

606-8267
京都市左京区北白川西町 87-17
tel / fax　075-723-6305
info@rakuhoku-pub.jp
http://www.rakuhoku-pub.jp
郵便振替　00900-9-203939

Printed in Japan

印刷　シナノ書籍印刷

定価はカバーに表示しています
落丁・乱丁本はお取り替えいたします

ISBN 978-4-903127-25-5 C0036

親密性

レオ・ベルサーニ ＋ アダム・フィリップス 著　檜垣達哉 ＋ 宮澤由歌 訳

四六判・上製・252頁　定価（本体2,400円＋税）

暴力とは異なる仕方で、ナルシシズムを肥大させるのでもない仕方で、他者とむすびつくことは可能なのか？　クィア研究の理論家ベルサーニと、心理療法士フィリップスによる、「他者への／世界への暴力」の廃棄をめぐる、論争の書。

シネキャピタル

廣瀬 純 著　四六判・上製・192頁　定価（本体1,800円＋税）

シネキャピタル、それは、普通のイメージ＝労働者たちの不払い労働にもとづく、新手のカネ儲けの体制！ それは、どんなやり方で人々をタダ働きさせているのか？ それは、「金融／実体」経済の対立の彼方にあるものなのか？　オビの推薦文＝蓮實重彥。

密やかな教育　〈やおい・ボーイズラブ〉前史

石田美紀 著　四六判・上製・368頁　定価（本体2,600円＋税）

竹宮惠子のマンガ、栗本薫／中島梓の小説、そして雑誌『JUNE』の創刊と次世代創作者の育成……「やおい・ボーイズラブ」というジャンルもなかった時代にさかのぼり、新たな性愛表現の誕生と展開の歴史を描ききる。図版、多数収録。

妊 娠　あなたの妊娠と出生前検査の経験をおしえてください

柘植あづみ・菅野摂子・石黒眞里 共著

四六判・並製・650頁　定価（本体2,800円＋税）

胎児に障害があったら……さまざまな女性の、いくつもの、ただ一つの経験――この本は、375人の女性にアンケートした結果と、26人の女性にインタビューした結果をもとに、いまの日本で妊娠するとはどんな経験なのかを丁寧に描いています。

NO FUTURE　イタリア・アウトノミア運動史

フランコ・ベラルディ（ビフォ）著　廣瀬 純・北川眞也 訳・解説

四六判・並製・427頁　定価（本体2,800円＋税）

1977年――すべての転回が起こった年。イタリアでは、労働を人生のすべてとは考えない若者たちによる、激しい異議申し立て運動が爆発した。77年の数々の反乱が今日の私たちに宛てて発信していた、革新的・破壊的なメッセージを、メディア・アクティヴィストであるビフォが描きだす。

排除型社会　後期近代における犯罪・雇用・差異

ジョック・ヤング 著　青木秀男・岸 政彦・伊藤泰郎・村澤真保呂 訳

四六判・並製・542頁　定価（本体2,800円＋税）

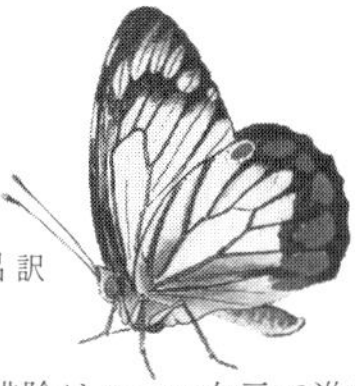

「包摂型社会」から「排除型社会」への移行にともない、排除は3つの次元で進行した。⑴労働市場からの排除。⑵人々のあいだの社会的排除。⑶犯罪予防における排除的活動——新たな形態のコミュニティや雇用、八百長のない報酬配分をどう実現するか。

立身出世と下半身　男子学生の性的身体の管理の歴史

澁谷知美 著　四六判・上製・605頁　定価（本体2,600円＋税）

少年たちを管理した大人と、管理された少年たちの世界へ——。大人たちは、どのようにして少年たちの性を管理しようとしたのか？　大人たちは、少年ひいては男性の性や身体を、どのように見ていたのか？　この疑問を解明するため、過去の、教師や医師による発言、学校や軍隊、同窓会関連の書類、受験雑誌、性雑誌を渉猟する。

主婦と労働のもつれ　その争点と運動

村上 潔 著　四六判・上製・334頁　定価（本体3,200円＋税）

「働かざるをえない主婦」、そして「勤めていない主婦」は、戦後の日本社会において、どのように位置づけられてきたのか／こなかったのか？　当事者たちは、どのように応答し、運動してきたのか？　「主婦的状況」の過去と現在を問う。

レズビアン・アイデンティティーズ

堀江有里 著　四六判・並製・364頁　定価（本体2,400円＋税）

生きがたさへの、怒り——「わたしは、使い古された言葉〈アイデンティティ〉のなかに、その限界だけでなく、未完の可能性をみつけだしてみたい。とくに、わたし自身がこだわってきたレズビアン（たち）をめぐる〈アイデンティティーズ〉の可能性について、えがいてみたい。」——たった一度の、代替できない、渾身の、一冊。

抵抗の場へ　あらゆる境界を越えるために　マサオ・ミヨシ自らを語る

マサオ・ミヨシ×吉本光宏 著　四六判・上製・384頁　定価（本体2,800円＋税）

アメリカで英文学教授となるまでの過去、ベトナム戦争、チョムスキーやサイードとの出会い、「我々日本人」という国民国家……知識を考える者として自らの軌跡をたどりながら、人文科学と大学が今なすべきことを提言するミヨシの肉声の記録。

汝の敵を愛せ

アルフォンソ・リンギス 著　中村裕子 訳　田崎英明 解説

四六判・上製・320頁　定価（本体2,600円＋税）

イースター島、日本、ジャワ、ブラジル……旅をすみかとする哲学者リンギスが、異邦の土地で暮らすなかで出会った強烈な体験から、理性を出しぬき凌駕する、情動や熱情のありかを描きだす。自分を浪費することの（危険な）悦びへのガイド。

何も共有していない者たちの共同体

アルフォンソ・リンギス 著　野谷啓二 訳　田崎英明・堀田義太郎 解説

四六判・上製・284頁　定価（本体2,600円＋税）

私たちと何も共有するもののない――人種的つながりも、言語も、宗教も、経済的な利害関係もない――人びとの死が、私たちと関係しているのではないか？ すべての「クズ共」のために、出来事に身をさらし、その悦びと官能を謳いあげるリンギスの代表作。

いまなぜ精神分析なのか　抑うつ社会のなかで

エリザベート・ルディネスコ 著　信友建志・笹田恭史 訳

四六判・上製・268頁　定価（本体2,400円＋税）

こころをモノとしてあつかう抑うつ社会のなかで、薬による療法が全盛をほこっている。精神分析なんて、いらない？　精神分析100年の歴史をふりかえりながら、この疑問に、フランスの精神分析家が、真正面から答える。

食人の形而上学　ポスト構造主義的人類学への道

エドゥアルド・ヴィヴェイロス・デ・カストロ 著　檜垣立哉・山崎吾郎 訳

四六判・並製・380頁　定価（本体2,800円＋税）

ブラジルから出現した、マイナー科学としての人類学。アマゾンの視点からみれば、動物もまた視点であり、死者もまた視点である。それゆえ、アンチ・ナルシスは、拒絶する――人間と自己の視点を固定し、他者の中に別の自己の姿をみるナルシス的な試みを。なされるべきは、小さな差異のナルシシズムではなく、多様体を増殖させるアンチ・ナルシシズムである。

出来事のポリティクス　知－政治と新たな協働

マウリツィオ・ラッツァラート 著　村澤真保呂・中倉智徳 訳

四六判・上製・384頁　定価（本体2,800円＋税）

現代の資本主義と労働運動に起こった深い変容を描きだすとともに、不安定生活者による社会運動をつうじて、新たな労働論、コミュニケーション論を提唱する。創造性を企業から、いかに奪い返すか？　イタリア出身の新鋭の思想家、初の邦訳。

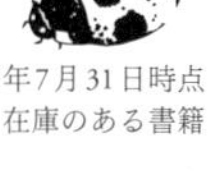

2016年7月31日時点
在庫のある書籍